KB038297

우린 최고의 기획자다
교육 너머 교육을 기획하는 사람들

우린 최고의 기획자다

교육 너머 교육을 기획하는 사람들

저사 안혜숙 정동완

이상(異常)한 교육자
이상(理想)을 꿈꾸는 교육자

우리에게 매일은 가뜩이나 새롭게 개척해가야 하는 삶인데, 코로나라는 새로운 상황은 알 수 없는 내일의 모습을 더욱 모호하게 만든다. 언택트, 뉴 노멀, 뉴 휴먼 등 새로운 용어의 등장과 함께 우리 삶의 모습은 코로나 이전과 이후의 삶으로 극명하게 갈린다.

'비가 오나 눈이 오나 바람이 부나…'
매일 학교에 가지 않으면 큰일 나는 줄 알았던 일반적인 생각이 깨
어지는 경험을 한다. 뉴 노멀 시대를 살아가면서 느끼는 사회의 변
화나 그 존재감도 다르다. 성실하게 수업을 준비해서 교실에 들어
가 수업하였다면, 강제로 4차 산업혁명 시대를 당겨 온몸으로 체험
하고 있다. 이제 교육자는 동영상 촬영, 온라인 수업, 각종 협업 도
구나 기기들을 자유자재로 다룰 줄 알아야 수업도 잘한다.

교육 기획자가 여기저기 나타난다. 혼자 튀지 않고 조용히 있는 것
을 미덕으로 여기는 세계에 차츰 이름을 알리며 존재감을 드러내는
이들이 많아진다. 교육너머에서 교육을 기획하는 사람들은 새로운
시대를 완벽하게 맞을 준비가 되어 있다. 온라인 활동이 지금처럼
활성화되기 전에 이미 전국 각지에서 온라인상에서 일을 기획하고
협업 툴을 사용해 실행하며, 그 완성된 콘텐츠를 만들어 온 사람들
이다. 교육의 상향평준화를 외치며 그 이상을 꿈꾸며 나아가는 길
을 개척하면서 엎어지고 깨어진다.

새로운 모습으로 삶을 디자인하고 싶은 그대여, 교육을 디자인하
라. 디자인을 그림 그린다고 이해하면 큰 오산이다. 요즘 디자인은
외양적인 것만을 의미하지는 않는다. 단순히 미술에만 국한되지 않
는 디자인은 움직이는 동사이자 수사학적인 개념을 포함한다. 디자
인은 아리스토텔레스에서부터 르네상스 시대를 거쳐 오늘날에는 인간
의 기술 문화를 다루는 교양 학문으로 등장하기도 했다. 디자인에

대한 이런 해석은 모 대기업의 신경영 모델에 디자인을 기업의 핵심 가치로 강조하면서 등장했고, 미술적인 용어로서 디자인이라는 국한된 이미지를 탈바꿈시켰다.

디자인의 의미는 주어진 상황을 보다 나은 것으로 바꾸는 목적을 달성하기 위한 기획을 고안하는 탐구 수단으로서 과정을 말한다. 이는 단순 기호나 이미지 또는 물건을 넘어 실행과 서비스 아이디어와 시스템을 의미한다. 기업에서 디자인이라는 가치를 새롭게 재해석해서 들인 이유는 기존 경영 방식인 제품과 산업 중심의 이론은 재창조에 한계를 가졌기 때문이다. 이렇게 디자인은 사물의 본질을 파악하고 그 본질의 이해를 근거로 새로운 것을 창조하는 도구로 재탄생하게 되었다.

기업가의 시각으로 본 디자인으로서의 경영은 혁신이다. 더 진화하는 제품과 서비스의 디자인 속에서 과거를 되돌아보고 다시 새로운 미래를 조망하는 과정을 통해 기업의 조직을 끊임없이 발전적으로 디자인해 나가는 것이다. 그게 4차 산업혁명 시대의 신경영방식이고 주된 핵심 가치를 변화라고 읽어냈다.

교육에도 디자인은 변화의 시작이라고 말할 수 있다. 디자인이 단순히 미적인 아름다움을 주는 부가적 요소라고 여기지 마라. 디자인은 당신의 삶을 재창조할 소중한 자산이자 핵심 승부수가 될 것이다. 이 책에서 말하는 디자인은 바로 아이디어이고 기획력이다. 이 디자인 능력이 더 나은 교육으로 기획하고픈 사람에게 새로운 삶을 살게 해 줄 핵심 역량이 되어줄 것이다. 또한, 삶에 활력을 주고 자신의 강점을 찾아 살려서 계속 성장하게 할 엔진이 되어줄 것이다. 삶에서 다른 사람과 다른 생각, 목표는 기존의 생활을 뛰어넘어 재창조와 재구성할 기획의 도구이다.

평범하게 살았던 교육자여, 이제 당신의 삶을 이상(異常)하게 디자인하고 싶은가?

먼저, 언어부터 바꿔라. 우리의 생각은 기초적으로 사용하는 언어에 붙들려 있다. 긍정적인 언어 습관이 무엇보다 중요하다.

둘째, 당신의 삶 구석구석에 당신의 철학을 담아 디자인하라. 자신만의 브랜드로 아이덴티티를 정해 노력해야 한다. 디자인의 경쟁력은 인재다. 남과 다른 아이디어를 가지고 교육전문가로 거듭나서 영향력을 발휘해 내 사람으로 만들어야 한다. 남과 다른 아이디어가 없다고 고민하지 마라. 이 책에 소개된 여러 가지 방법 중 가장 마음에 드는 것을 정해서 차근차근 실천해도 된다.

셋째, 새로운 비전을 내고 그 비전을 구체화하기 위해 다양한 사람들과 소통하고, 연결하고, 조율하라. 나만 가진 지식은 소용이 없다. 충분히 공유되고 공감이 되어야 비로소 가치가 있다.

이 책에는 이상(理想)을 꿈꾼 이상(異常)한 교육자들이 어떻게 일을 꾸미고 도모했으며, 진행되었는지에 대한 기록이고 교육의 상향 평준화를 위해 현장에서 활동한 성장 과정과 그 노하우를 담았다. 지난 3년간의 고민과, 프로젝트 진행과 컨트롤타워 운영에서 발생하는 크고 작은 소란에서 얻은 교훈과, 주말과 한가한 저녁의 여가 없이 오직 일, 일, 일에 중독된 치열한 삶의 결과물과 성공했다 알려진 비슷한 사례도 찾아 묶었다.

한 두 사람의 움직임이 얼마나 소중한지 또한 그 결과도 얼마나 확대되었는지 이 책에서 확인해 새롭게 시작할 힘을 얻길 바란다. 또한 늘 지지하는 여러분이 있기에, 여러분 덕분에 이렇게 활동하고 있어 늘 앞으로 한 걸음 나아갈 수 있음을 진심으로 감사드린다.

뉴 노멀 시대를 맞아 새로운 리더가 되어 역량을 키우려는 선생님과 학생, 삶을 멋지게 디자인하고 싶은 모든 분에게 도움이 되길 바라며 코로나로 인해 아직도 불안한 변종 바이러스의 공포가 어서 지나가길 희망한다.

저자 일동

저자 소개

수석교사 **안혜숙**

교육봉사단체 오늘과내일의학교 사무국장

EBS 진학마스터 심화과정 강사

티셀파원격연수원 강의의 품격, 학생자존감, 교사 자존감,

행복한 수업 만들기 강사, 팟캐스트 진학주책쇼, 초등주책쇼 진행

<단행본>

초등 교사를 위한 12가지 Tips(박영스토리)

사(思)고치면 영어가 된다(박영스토리) ㅣ 공학계열 진로 진학 직업(왕의서재)

의학 생명 과학 계열의 진로 진학 직업(서울문화사) ㅣ 협력수업의 실제(춘교대출판사)

공부끝판왕(꿈구두) ㅣ 진로끝판왕1, 2(꿈구두) ㅣ 중학생활끝판왕(꿈구두)

진로진학상담교사 **정동완**

교육봉사단체 오늘과내일의학교 회장

EBS 영어 진로 진학 대표 강사

EBS & 티셀파원격연수원 9개 강좌 PM 및 대표강사

약 60권 이상의 교육 단행본 저자, 전국 단위 강의 800회 이상

팟캐스트 진학주책쇼, 초등주책쇼 진행

청크 앱 8종 개발

<단행본>

끝판왕 시리즈 면접끝판왕 외 10종(꿈구두) ㅣ 지금 너에게 필요한 말들(미디어숲)

나만의 학생부 만들기(넥서스에듀) ㅣ 나는 탐구보고서로 대학 간다(미디어숲)

어법만 딱!(꿈틀) ㅣ 세상을 디자인 하라(진한M&B), 초등생활백서(서울문화사)

드디어 공부가 되기 시작했다(우먼센스북) 외 50권 이상

검토진 소개

강동철 인천 덕신고등학교

강영구 오정초등학교

구정모 대구여자상업고등학교

김대근 경기 창현고등학교

김미강 김해 수남초등학교

김미래 서울 장평중학교

김성수 함일여자중학교

김이헌 별내중학교

김정미 인천 영종고등학교

김현실 경기 양주백석고등학교

김현지 가야고등학교

박예진 인덕원고등학교

박화정 선학중학교

백영남 송정동초등학교

신문경 부평고등학교

신종원 경북대학교

여민정 동지여자고등학교

윤수정 충북 경덕중학교

윤지혜 정동고등학교

윤현덕 천의초등학교

이경효 퍼팩트교육컨설팅

이나미 양청고등학교

이이슬 한백중학교

임명희 여수중앙여자고등학교

장현아 한국지문적성연구소

전명숙 학부모님

정지혜 한국교원대부설고등학교

정태자 스터디에듀

주재균 해남공업고등학교

지현아 광영고등학교

최윤영 대평초등학교

황성재 송파중학교

추천서

꿈을 이루기 위해 노력을 경주해야 할 때 힘이 되어줄 수 있는 강력한 조언으로 무장한 책입니다. 하던 일이 좌초되어 힘이 빠질 때, 아이디어가 고갈되었을 때, 자신의 능력에 의심이 갈 때 오아시스처럼 갈증을 해소해 줄 책이라고 생각합니다.

한국교원대부설고등학교 정지혜 선생님

어떤 교사가 학생들에게 가장 많은 가르침을 줄 수 있는 교사일까? 교과 내용을 효과적으로 전달하는 수업을 하는 교사일 수도 있고, 학생들에게 따뜻한 조언과 진심 어린 걱정을 해줄 수 있는 교사일 수도 있다. 아직도 나는 학생들에게 더 좋은 교사가 되기 위해서 꾸준히 고민하고 노력하지만, '교사로서의 교사'보다도 학생들에게 더 많은 가르침을 줄 수 있는 교사는 '사람으로서의 교사'라고 생각한다. 교사의 역할을 성실하게 수행하는 것에서 더 나아가, 한 명의 사람으로서 끊임없이 발전하려 노력하고 긍정적으로 자신의 삶을 개척해나가는 선생님을 볼 때 학생들에게 진정한 배움이 일어나지 않을까 하는 생각이 들었다. 이 책을 통해, 나도 이상(理想)을 꿈꾸는 이상(異常)한 교사가 되고자 한다.

장평중학교 김미래 선생님

코로나 펜데믹으로 신음하고 있는 우리 학교가 더이상 정상으로 돌아갈 수 없다는 두려움에 사로잡힌 현(現) 상태를 우리(교사)는 당연한 것처럼 목도하고 있다. 그렇지만, 이러한 비정상적인 이상(異常)한 상태에서도 이상(理想)이 있는 교사들이 이상을 꿈꾸며 변화를 말한다. '이상한 교사'는 잿빛 미래로 점철된 언론의 홍수 속에서 한 줄기 빛처럼 희망을 속삭이고 있다. 빛이 되고 희망이 되는 교사가 되어 우리의 미래가 되어줄 아이들이 빛과 소금으로 성장할 수 있도록, 그리고 함께 실현할 수 있도록 하는 힘과 확신을 얻었다.

함열여자중학교 김성수 선생님

업무 특성상 고교 선생님을 많이 만난다. 본인의 일에 열정이 넘치는 분, 학생들을 자신의 자녀처럼 아끼는 분도 계신다. 책의 제목인 이상한 교사들은 정상의 반대가 아닌 이상향을 좇는다는 의도라고 생각한다. 그들이 원하는 이상은 무엇일까? 교사의 전문성을 통해서 교육의 정상화, 나아가 교육의 상향평준화를 원하는 것일 것이다. 4차 산업혁명 시대에 뒤처지지 않는 역량을 배우고 싶다면, 이 책을 읽어보길 권한다.

경북대학교 신종원 선생님

누구나 생각은 마음대로 하고 때로는 거대한(?) 꿈을 꿀 수도 있지만, 그것을 삶의 현장에서 계획하고 실천하고, 디자인하여 다른 사람들을 세우고 함께 나누는 것은 쉬운 일이 아닐 것이다. 아니, 무척 어려운 일이다. 이 일을 해낸 멋진 분이 계신다. 바로 상향평준화님과 오늘과내일의학교이다. 지금도 끊임없이 콘텐츠 개발과 프로그램 연구 등으로 현장의 선생님과도 함께 할 수 있는 것을 모색하는 모습을 보면 존경과 깊은 감사를 드린다. 저를 포함한 학교 현장에서 고민하고 힘들어하는 많은 선생님이 이 귀한 책을 통하여 다시 한번 삶의 힘을 얻고 우리의 현존하는 미래인 학생들에게 더 집중하는 기회가 되었으면 좋겠다.
모든 현장의 선생님들을 응원합니다.

대구여자상업고등학교 구정모 선생님

오랫동안 묵직하게 자리를 지키고 있던 교직 사회가 지진 같은 시대를 지나고 있는 이때, 오히려 도전하고 불가능했던 것들을 뛰어넘으며 새 시대를 이끌어 가는 교사들이 이 책을 통해 전면으로 나설 수 있기를 바랍니다.

선학중학교 박화정 선생님

자신감이 부족하여 아직 어떤 일을 시도하지 못하거나 습관을 고쳐서 자기 계발을 하고 싶다면 이 책의 내용이 도움 될 거에요~!

영종고등학교 김정미 선생님

다양한 정보가 집약되어 있어서 시간 가는 줄 모르고 읽고 있는 자기 자신을 발견하게 될 것입니다.

정동고등학교 윤지혜 선생님

새로운 시대(솔플 시대 → 팀플 시대) 이상(理想)을 꿈꾼 이상(異常)한 교사의 활동모습을 협업 모습을 상세하게 알 수 있습니다. 요즘 선생님과 소통이 잘 안 되시는 선생님들께 강추(강력 추천) 드립니다.

천의초등학교 윤현덕 선생님

아주 작은 실천으로 꿈이 현실화되는 것이 가능하다는 것을 보여주는 책. '자기자비'에 대해 이해하며, 꿈꾸던 교육관을 현실에서 실현하는 즐거움을 경험하고 싶은 선생님들께 이 책을 추천합니다.

양청고등학교 이나미 선생님

새로운 도전을 꿈꾸시거나, 한발 앞선 세상을 경험하고 가르치고자 하시는 분들에게 도움이 될 내용으로 채워져 있습니다. 변화하는 새로운 세상에 먼저 길을 만들어 가는 개척자에 동참하고 싶으시다면 이 책을 읽기를 추천드립니다.

스테디에듀 정태자 선생님

이렇게 노력하시는, 교직을 다르게 바라보시는 분의 글을 읽을 수 있어서 저를 돌아볼 기회와 앞으로 나아갈 수 있는 동력이 생겼습니다. 감사드리며 꼭 좋은 책으로 많은 사람에게 좋은 영향력으로 나아가길 기원합니다.

송파중학교 황성재 선생님

Contents

괴로운 시련처럼 보이는 것이
뜻밖의 좋은 일일 때가 많다.

오스카 와일드

다름에서 가끔
만나는 희망

1

늘 도전하는 교육자는
외롭다_____

그 결심은 이렇게 살다가는 교사라는 본질적 가치를 지닌 존재로 남기보다 연구학교 업무부장으로 이 학교, 저 학교 다니며 일만 하다 늙어질 것만 같은 위기감이 주는 아우성이었다.

"저는 영어 장기심화연수에 가겠습니다."

이 말은 연구학교 보고회 발표를 준비하던 학교를 발칵 뒤집어 놓았고, 교장선생님과 마라톤 논의 끝에 파견근무 장기심화연수가 아닌 사이버연수로 합의를 보았다. 그렇게 학교에 출근하여 수업과 업무를 하고, 밤에는 영어공부를 하는 6개월 여정의 시작이었다. 교직에 발을 들여놓은 후로 늘 치열하게 살아왔지만, 2010년 이후 내 삶은 맨땅에 헤딩의 연속이었다.

나름 무엇이든 잘 할 수 있다는 자신감이 있었
으나, 어린 나이에 떠안은 많은 일은 무엇을 위한
연구학교 운영이며, 업무인지 회의감이 들게 만들
었다. 교사라는 소명으로 학급을 경영하고 제자들의 성장을 보는
교육자보다 학교문화는 그저 업무를 잘하는 일꾼이 필요한 것 같
았기 때문이다. 교육자로서 새로운 나를 찾아 더 성장해야 한다는
절박함은 나로 하여금 영어공부에 문을 두드리게 했다. 사실 국어
전공자인 내게 영어는 생소한 분야였다. 하지만 그렇게 시작한 공
부에서 오랜만에 공부에의 열정을 불살랐고 차츰 성장하기 시작했
다. 장기심화연수를 마친 후, 원어민의 말을 이해할 수 있었고 이후
발탁된 해외연수 코디네이터라는 역할은 영어를 자유롭게 구사하
도록 도왔으며, 기적같이 미국 대학에서 온라인 과정에 참여할 수
있는 기회로 이어졌다.

영어와 영어교육, 원어민 영어수업 컨설팅에 몰두하다 더 수업에
집중하고 싶어 수석교사가 되었다. 새로운 길을 가는 즐거움에 시
간 가는 줄 모르고 지내다, 수석 5년차에 도전할 게 없을까 하는 생
각이 들었다. 이제는 영어 관련 책을 쓰고 싶었다. 우연히 초대된
단톡방에서 영어책 집필관련 내용을 보았고, 상향평준화님을 만나
게 되었다. 그리고 누구보다 치열한 고민과 노력을 하는 교육자 그
룹을 만났다. 그때 만났던 샘들은 한 목소리로 말했다. 우리에게
는 꿈이 있다고. 우리의 학생들이 그들의 진로에서 실패하고 넘어
지며 찾아갈 미래에 대한 꿈, 진정한 진로라 함은 우선은 진학이라

는 형태를 가지고 시작된다는 깨달음. 그렇게 시작된 작은 행보가 모여 팀을 이루고 그 팀은 이제 단체가 되었다. 우리는 소외된 곳에 진로진학의 핵심 정보가 공유되는 모습, 큰돈을 지불해야만 접근 가능한 고급 정보가 무료로 나눠지는 모습을 그렸다. 우리의 교육이 희망이 되고 그들의 배움이 될 터전이 될 수 있음을 이야기하는 꿈, 그런 꿈을 가진 스승 아래 배운 학생이 점차 늘어나고 함께 노력하는 부모님이 생겨나 이 세상이 더 살기 좋은 곳이 되는 꿈을 함께 꾸었다.

오늘과내일의학교라는 네트워크의 기초를 세우고 내실을 다져 튼튼하게 하며, 밖으론 학생과 부모님께 정보를 알리기에 힘썼다. 나도 진로진학에 대해 배워가며 함께 노력하고 좋은 프로젝트나 무료 강의가 기획되면 잘 운영되도록 노력하였다.

그 과정에서 여러 전문가와 집필 작업을 하게 되고, 중·고등 진로진학 관련 단행본을 출간하였으며, 각종 연수도 촬영하게 되었다. 이제 우린 한 목소리로 같은 이야기를 한다. 지난 3년간 자나 깨나 교육의 상향평준화를 위해 노력한 과정이었는데, 지금에 이르니 고지에 올랐다는 느낌보다 이제부터 정말 시작이라는 생각이 든다고 말이다. 하지만 그 시작이 더 이상 두렵거나 외롭지 않음은 함께 걸어갈 사람들이, 지치거나 멈춰 설 때 손을 내밀어줄 동료가 있기 때문이다. 우리 모두 교육을 변화시키고자 시작했지만 결국 변화해야 하는 것은 '나 자신'부터였다. 교육상향평준화를 위해 좋은 토양과 기초를 만들어 준비해야 한다고 생각했는데, 결국 가장 행복해진 존재는 '나'였다.

무슨 일을 하든지 그 속도보다 중요한 것은 방향이다. 앞으로 나아갈 목표에서 스스로를 성찰하는 것이 우선이다.

이러한 고민이 없는 교육자는 남의 말에 휘둘리고 큰 물결에 휩쓸려 이리저리 헤매며 다니다 무엇을 하고 있는지 몰라 아무것도 못하고 멈출 때가 올 것이다.

같은 꿈을 꾸는 동료를 함께 머물다 보니 어느새 진로진학에 대한 전문가가 되어가고 있다. 가끔 사람들이 내게 초등 수석교사인데 어떻게 진로진학을 하냐고 묻는다. 같은 꿈을 가지고 나아가는데 어느 학교급인지 따지는 것이 그리 중요할까? 우선 급한 필요부터 채워놓고 이제 차차 아래 학교 급으로 내려가려 한다. 아직 준비가 되어 있지 않은 초등학교까지 우리가 하는 일이 파급되길 바라며 오늘도 열심히 움직이리라. 꿈은 꾸는 것이 아니라 실행하는 것이기 때문이다.

[라틴어 수업][1]에 따르면 보통의 라틴어의 성적은 4단계로 매겨진다고 한다.

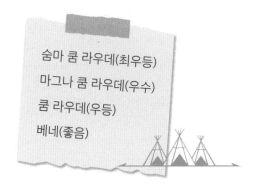

숨마 쿰 라우데(최우등)
마그나 쿰 라우데(우수)
쿰 라우데(우등)
베네(좋음)

나도 이대로 점수를 매기며 나아가려 한다. 혹여 넘어져도 그것은 값진 실패가 될 것이므로 망해도 좋다. 최악이 오더라도 그것은 여전히 '베네'가 될 것이기 때문이다. 혹여 다른 사람에게서 받는 객관적인 평가가 우리를 '숨마 쿰 라우데'라 하지 않아도 우리는 '숨마 쿰 라우데'라는 존재감으로 계속 나아갈 것이다. 그게 이제껏 삶에서 배운 대로, 꿈을 실행하며 행동할 때 얻어지는 기쁨이다.

---

1) 라틴어수업. 한동일. 흐름출판. 2017

②

어쩌다보니 10권 책을 기획해온 이상한 교육자가 되다

나만의 책을 쓰고 싶어 단독 저자로 도전했던 첫 저작 작업이 있었다. 시작의 패기와 다르게 처참히 무너지는 경험이 되었다. 글을 잘 쓰고 싶어 관련 조사와 글쓰기에 몇 달 밤을 새고, 오가는 시간이 아까워 비행기로 서울에 있는 출판사에 다니며 노력했지만, 그 책은 출간되지 않았다. 아픈 기억이지만 오히려 감사하게 된 일이다. 이 과정을 거치면서, 저자보다 기획자의 역할이 나와 잘 맞는다는 것을 알았다. 원고를 쓰려 차분히 집중하면 가능한 일이긴 하나 온전히 그것에만 가만히 앉아 꼼꼼하게 하는 것이 어려운 기질인데다, 워낙 벌여놓은 일이 많아서 그럴 여유가 없는 상황도 한 몫 한다.

아이디어가 떠오르면 기획에 돌입한다. 책의 컨셉을 잡고, 목차를 구상하고, 방향을 잡아 저자를 모집하는 프로세스로 지난 10여년 간 꾸준히 프로젝트를 운영하니 어느덧 70권 이상의 단행본 기획자가 되었다. 그 외에 9개의 원격연수를 기획하였고, 현재 7개의 연수를 EBS원격연수원과 티셀파원격연수원에서 운영 중이다.

상향평준화의 모토로 고군분투할 때, 같은 뜻을 품고 함께하는 동료가 많아지면서 나의 생각은 점점 구체화되었다. 시스템이 갖춰지면서 현재 오늘과내일의학교 밴드 회원 약 2만 5천명, 오프라인의 정회원 모임인 오늘과내일의학교의 회원 약 180명, 각 프로젝트 방과 교사, 지역 방에서 약 5천 명 이상의 분들이 함께해 주신다.

팀이 함께하는 노력은 두려움을 설렘으로, 외로움을 자신감과 당당함으로 변하게 만든다. 3년이라는 긴 시간 동안 쉼 없이 최선을 다하며, 서로를 토닥이며 앞서거니 뒤서거니
이끌어준 조력자가 많다. 모든 프로젝트를 자신이 주인인 듯 치열하게 고민을 나누며 실행에 옮겨준 선생님, 교육전문가, 강의나 연수가 끝난 후에도 그 감동과 배움을 놓지 않고 응원하는 학생과 지지해 주시는 학부모님이 계신다. 이렇게 교육 동지로서의 응원과 지지를 보여준 분들에게 고백하고 싶다. 좋은 수업을 꿈꾸는 선생님을 돕고 싶어서, 진로를 고민하는 학생들에게 꿈이 되기 위해, 아이를 위해 늘 고민하고 걱정하시는 부모님을 위해 이 일을 시작했지만 가장 도움을 받은 존재는 바로 나였다고 말이다.

정제되지 않은 아이디어를 실험으로 던지고, 일부터 벌여, 사고 칠 준비 만반인 내게 꼼꼼함과 섬세함으로 뒷받침해 주는 고마운 팀이 있다. 내가 던져 놓은, 아직 영글지 않은 프로젝트 운영의 기초 전체를 맡아 온몸으로 부딪혀 시스템을 만들고 다시 다른 사람들이 이끌어 갈 수 있게 넘기는 포괄적인 역량으로 똘똘 뭉친 동료다. 앞으로 나서도 빛날 역량이 충분한데도 부족한 나를 앞서 세워주고 뒤에서 백업하며 개인적으로 유리한 기회를 다른 사람에게 양보하는 배려심이 뛰어난 진짜 상향평준화 프로젝트의 주인공이다.

혼자서 시작했으나 무모해 보였던 도전은 이제 상향평준화를 지지하고, 돕고, 기꺼이 그 비전에 함께하는 여러분이 있어 여기까지 왔고, 앞으로도 나아갈 것이다. 나의 진심과 열정이 때로는 왜곡되어 전달되고, 치기 어린 시샘과 비방에 얼룩지기도 하지만, 쓰러지지 않는 이유는 이렇게 함께하며 나의 버팀목이 되어주는 사람들이 있기 때문이다. 때로는 논쟁과 의견 차이로 한 템포 쉬어가기도 하나, 그 순간에도 우리는 성장하고 있다. 수없이 흔들리고 상처받는 나를 세워주고 내가 가야 할 방향을 비추어준 불빛은 바로 여러분이다. 그래서 오늘도 묵묵히 앞으로 걸어갈 힘을 얻는다.

나는 멈추지 않을 것이다.

（3）

기획! 그것까지 해야할까

 이 책을 보는 독자들은 목차를 훑으면서 의아한 마음이 들었을 것이다. '학생을 가르치는 교육자인데 기획이니, 브랜딩이니, 이런 것들이 무엇 때문에 필요하지?'하고 말이다. 또 교사 신분으로 과연 할 수나 있는 일들인지에 대한 의구심도 생길 수 있다.

 수업을 준비해서 실행하는 교사라면, 교사는 이미 시간마다 기획하고 있다. 효과적인 교수법[2]에 따르면, 교사는 수업 시간 중 평균 2분마다 새로운 결정을 내리게 된다고 한다. 이는 수업이 정해진 대로 흘러갈 수만 있는 것이 아니며, 수업이 생각한 대로 쉬운 것도 아니라는 의미라고 보게 만든다. 교사와 그가 이끄는 한 반의 학생들이 함께 목적을 향해 나아가야 하는 것이기 때문이다. 이를 통해 수업은 마치 그것이 살아있는 생물처럼 시시각각 변할 수 있다는 것을 보여준다.

---

2) 게리 D. 보리히 외. 아카데미프레스. 2011

요즘에는 '수업을 디자인한다'라고 표현하기도 하는데, 이것이 기획과 비슷하다. 나에겐 한 주 전에 수업을 미리 짜면서, 수업노트에 기록하고 준비하는 습관이 있다. 교육과정의 성취기준, 수업 내용, 핵심 요소, 교과서의 순서나 구성, 학생의 학습 능력 등을 고려해 체계적으로 준비한다. 이전의 수업노트 기록을 참고하여 체크할 특이 사항, 이전 수업의 피드백을 참고하기도 한다. 수업을 진행하면서도 학생의 참여도와 성취기준 도달 정보를 파악하며 계속 수정하거나 조정하여 준비한 것을 투입한다. 그리고 수업 종료 후

에 잘 된 요소, 다음 수업에 꼭 확인해야 할 것과 수정할 사항을 적어둔다. 나에겐 이 수업노트가 곧 교사로서 나만의 브랜딩이 될 자원이다.

이 책에선 교육자로서의 면모보다 더 외적인, 다른 방향으로 본 기획과 브랜딩을 담았다. 그 이유는 '우린 교사니까', '그런 것들은 우리랑 다르니까', '그런 주제는 교사로서의 우아함을 잃는 일이니까'라는 생각에서 벗어나길 바라기 때문이다. 4차 산업혁명의 진입으로 사회가 변하고 있고, 이제는 변해야만 생존할 수 있다고 사회학자들은 말한다. 새로운 사회의 변곡점이 이미 시작되었다고들 하는데[3], 안일하게 '우리는 달라[4].', '우리는 학생을 가르치느라 바빠.' 혹은 '교사도 중요하지만, 개인 삶의 워라벨도 무척 중요해.'라

---

3) [거대한 가속]이란 책에서 스콧 갤러웨이 교수는 이미 모든 추세가 10년 앞당겨지고 사회의 변곡점이 포스트 코로나로 인해 더 빨리 시작되었다고 말한다.

4) 실제로도 대부분 학창시절에 공부도 잘하고, 주변 어른들에게 성실하다고 칭찬을 많이 받은 사람들이 모인 집단이긴 하다.

는 틀 안에 갇힌 모습도 본다.

주식으로 돈을 벌었다는 사람이 많아서인지 요즘 주식 열풍이
불고 있는데, 주식투자의 기본 원칙이 달걀을 한 바구니에 담지 말
라는 것이다. 갑자기 웬 주식이야? 라고 생각할 수 있다. 나는 주식
투자의 기본 원칙을 우리의 삶에도 적용해보라고 권하고 싶다. 이
제까지 선배들이 해오던 구태의연한 방식을 언제까지 고수할 것인
가? 사회는 변하고 있고, 우리도 변해야 한다. 10년 이후에도 같은
모습으로 같은 직장에 있을 거라고 생각하는가? 아니, 정말 지금과
같은 직장의 구조나 형태가 유지될까? 교육자에게 이제까지와 다
른 변화의 바람이 불 거라고 예상한다.

기업이나 사회에서 새로운 이론이나 방법이 나오면
그것이 제일 마지막에 도달하는 곳이 교직이라는 이
야기를 들었다. 이미 지나가 버려 안 쓰는 개념과 방
법이 뒤늦게 유행할 때가 많다. 내가 늘 아쉽게 생각하는 것은 교
사 집단이 매우 성실하고 모범적이지만, 변화에 소극적인 태도를
보인다는 점이다. 교사 집단 안에서 새로운 일을 하거나 남과 다른
행보를 보이면, 그것이 옳던지, 그르던지 그 사람은 표적처럼 집단
공격의 대상이 된다. 새로운 직종이 투입되면 그들을 배척하거나
인정하지 않으려는 성향도 보인다. 부당하고 부조리한 일이 벌어
져도 자신의 의견을 내기보다 회피하고 머무르는 때도 있다. 그런
경향이 있는데, 하물며 MZ세대인 학생들이 보이는 특이한 행동은

교육자에게 어떻게 받아들여질까? 나는 그렇게 살지 않으면서 너희들은 나와 다르게 하라고 말할 수 있을까? 이것이 우리에게 놓인 딜레마라고 생각한다.

미국 와튼 대학의 국제경영학 교수 마우로 F. 기옌은 그의 저서 [2030 축의 전환][5]에서 시간은 우리를 기다려 주지 않는다고 외친다. No Boundary 시대가 온다. 이전에는 경계가 명확해 서로의 영역을 존중하고 터치하지 않았으나, 점점 그 경계가 허물어지고 있다. 학교에서 가르쳐진 단순 지식은 더이상 힘을 발휘하지 못한다. 학생들은 지식을 찾아 이용하는 방법을 알아내 평생 학습자로서 새로운 시대를 살아갈 인재로 자라나야 한다. 그리고 그들이 자신의 진로에서 희망하는 직업이나 직종이 바뀌고 사라져도, 없었던 직종이 새롭게 생겨나도, 자신만의 강점으로 든든하게 헤쳐나갈 인재로 성장시켜야 할 사명이 우리 교육자에게 주어지는 시대이기도 하다.

이 책이 스스로 자신이 무엇을 할 수 있는지 경험하고 도전하고 느껴보라는 제안이 될 것이다. 교육자가 할 수 있는 일의 도전기를 보며 생각하는 형태가 될 수 있고, 혹은 여러 조사를 통해 넣은 정보를 자신의 상황이나 강점에 맞게 골라서 투입해 보는 양상도 될 것이다. 그게 무엇이든 부딪히고 경험하면 자신의 잠재력이 될 것이다. 도전과 작은 성공이 쌓이면 그것이 한계를 벗어나는 길이 된

5) 2030 축의 전환. 마우로 기옌. 리더스북. 2021

다. 자신의 잠재력이 파악되고 이를 다룰 수 있다는 자신감이 들게 되면, 그 힘은 더 강력해진다.

우린 매일 새 길을 간다. 새롭게 결심한 일이 여러분의 도전이 될 것이다. 부딪히다 넘어질 수도, 실패할 수도 있다. 한 번도 실수를 안 한 사람은 완벽해서가 아니다. 새로운 시도를 안 해보았기 때문이기도 하다. 심리학에서 게으른 완벽주의자라는 말이 있다. 이런 사람은 자신이 할 수 없을 거라고 확신하거나, 본인의 능력과 성공의 관계가 멀다고 느끼면 아예 시도조차 안 한다. 여기가 한계라고 스스로 정해놓고 그것에 지지 말자. 자신을 믿고 도전하는 것이 중요하다. 한계 극복의 메시지가 필요할 때도 있다. 이때는 다른 사람을 관찰하며 배워야 한다고 생각한다. 다른 사람은 성공이나 행복을 위해 무엇을 하였는지, 어떤 생각을 실천했는지 다음 장부터 살펴보라. 그게 여러분의 실천 근육을 키워 줄 밑받침이 될 거라 확신한다.

하지 말아야 할 것을
효율적으로 하는 것보다
더 비생산적인 것은 없다.

피터 드러커

I

교육자의 기적:
변장술의 성공

1

Why
아이디어는
변화이고 미래다 ───────────────

요즘 기획이라는 말을 자주 접하게 된다. 어느 기업 또는 기관이나 조직, 정부 부처에 기획이란 단어가 없는 부서는 아마 한 곳도 없을 것이다. 기획재정부, 인사기획처, 영업기획, 경영기획 등등. 기획이라는 낱말이 여기저기 붙는다. 기획 상품, 기획기사, 공연기획, 출판기획, 마케팅 기획… 등 인터넷 검색 사이트에서 기획이라는 낱말을 검색어로 넣으면 여러 가지 다양하게 기획이 붙은 제목이나 기사를 찾을 수 있다. 교직에서 전문직으로 전직을 희망한다면 교육전문직 시험에 지원할 수 있는데, 그 시험에 기획서 작성이 있다.

계획보다 거창하고 전문적인 뉘앙스라 능력이 매우 뛰어난 사람만이 하는 업무 같아 매력 있는 말, 기획의 정확한 뜻이 궁금해진다. 사전적 의미로 기획은 간단히 어떤 일을 계획하는 것이라 설명할 수 있다. '어라? 기획이 단순히 계획이라는 말이야? 그렇게 평범하다고?'생각할 수 있는데, 사실 그렇다. 이 기획이라는 말의 공통점은 미래지향적이다. 나는 이 책에서 교육자의 다른 삶에 이런 미래지향적인 느낌을 담으려 한다. 이제껏 살아온 아이디어 기획의 길, 그 내용을 아낌없이 풀리라.

기획이란 무엇일까? 먼저, 기획의 의미를 정보와 아이디어를 바탕으로 새로운 생각을 창출하기 위한 지적 작업이라고 설명하련다. 이런 설명을 붙인 이유는 끊임없이 머릿속에서 나오는 아이디어를 스스로 실험하는 마음으로 계획을 짜고, 실행하며 좌충우돌 부딪히고 살았기 때문이다. 기획 초반엔 때때로 성공했고 대부분은 실패했다. 시간이 지나 경험이 쌓이는 어느 지점이 되면 그때부터 대부분 성공한다. 간혹 실패하는 요인은 기획이 문제가 아니라 사람에 있다.

"샘, 진짜 대단하세요. 언제 이런 일을 다 하세요?"

라고 말하는 사람이 많은데 그들과 다른 게 없다. 그저 나의 머리에서 화수분처럼 생각이 나와서 '그것을 어떻게 풀어낼까?' 늘 고민하며 움직였다. 그랬더니 진짜 나에게 재미있는 일이 되었고 앞으로도 그렇게 살고자 한다.

둘째, 기획은 어떤 상황을 풀기 위해 그 해결책을 내어놓거나 계획을 수정하는 행동이다. 아이디어가 생기면 이를 구체화하려 전문가를 모은다. 그들과 함께 아이디어의 이미지를 묘사하여 구상을 가다듬고 다시 좁히는 작업을 반복한다. 그러면 아이디어는 완벽한 기획안으로 만들어진다. 초반에는 각자의 거친 생각을 듣는 브레인스토밍이 중요하나 후반으로 갈수록 생각을 모으고 요약하며 정리하는 게 중요하다. 진짜 알맹이만을 골라 그걸 주워 담는 기획자의 예리한 판단력이 관건이다.

셋째, 기획은 변화를 이끄는 것이다. 변화를 주도하고 실제로도 변해야 하는 것, 그것이 기획이다. 변화하지 않으려면 굳이 아이디어를 꺼내 생각하고 고민하고, 사람을 모을 필요가 없다. 변화하려니 생각을 하게 되고, 방법을 찾아 사람을 모으고, 그 생각과 방법을 실행으로 이끄는 것이다. 기획이 변화를 이끄니 기획으로 미래가 열린다. 개인 진로, 공부, 관계, 논문 작성, 사업, 스타트업, 집필, 프로젝트, 회사 업무 등 모든 분야에 해당이 된다.

혹시 당신이 기획하려는 이유가 남보다 더 잘나기 위해, 남과 다르게 보이기 위한 것이라면 시작부터 잘못된 것이다. 기획의 의미를 남을 뛰어넘거나 그들과 경쟁해서 이겨야 한다고 받아들이는 경우가 종종 있다. 기획은 남과 비교하는 경쟁이 아니다. 이전의 시대는 대량 생산을 위한 대량 인재를 키워내기 위해 사회가 원하는 인재상은 포디즘이라는 패러다임에 맞춰졌다. 그 시대에는 다수의 경쟁에서 살아남기 위해 더 빨리, 더 많이, 더 열심히 해야 한다는 강박에 사로잡혀 그 안에 매몰되어 있었다. 개인의 톡톡 튀는 아이디어나 남다른 행보는 무시당하기 일쑤였고 새로운 생각은 별나다고 여겨지거나 엉뚱한 것으로 치부되었다.

이제는 포스트 포디즘의 시대이다. 오직 한 사람을 위한 맞춤형 상품이 늘고 있다. 요즘 '1인'이라는 말을 심심찮게 들어봤을 것이다. 1인 기업, 1인 출판, 1인 미디어, 1인용 게임, 1인용 소파 등 그 분야와 기획 상품이 어마어마하다. 이제는 대량보다는 소량이고, 모두보다 개인의 필요에 관심을 기울여 서비스를 디자인하는 시대다. 기획은 남과 다르게 생각하는 것을 의미하고 이는 자신과의 경쟁이다. 당신의 변화, 엉뚱 발랄함, 그것이 미래를 여는 기획의 핵심 키워드다.

엉뚱 발랄한 상상이 없었다면, 지금 우리가 늘 접하던 것이 아닌 신박한 상품은 이 세상에 나오지 못했을 것이다.

'전화를 걸려면 꼭 손으로 숫자를 눌러야 해?'

'선풍기에 날개가 없어도 바람이 시원하게 나올 방법은 없을까?'

이러한 상식을 뒤엎는 생각을 통해 만들어진 상품이 '호버링[6] 터치'와 '날개 없는 선풍기'다. 생각의 습관에서 패턴을 뒤집는 것은

---

6) 호버링은 헬리콥터처럼 공중에 떠 있는 상태를 말한다. 호버링 터치란 손이 스마트폰에 닿지 않고 공중에 있는 상태에서 실행 명령을 내리는 기술을 의미한다. 상품에 따라 근접 터치, 플로팅 터치, 에어뷰로도 불린다.

어렵다. 전화를 걸려면 손으로 숫자로 터치하는 것이 당연했지, 다른 아이디어를 생각하지 못했다. 선풍기에서 가장 중요한 부분은 바로 날개라고 보는 게 일반적인 상식이었다. 바람을 일으키는 기계의 핵심인 날개가 없으면 어떻게 바람이 생길까. 하지만 상식을 찢어버리고 세상에 나온 두 제품은 출시하자마자 대박이 났다.

비영리 NGO 단체와 광고기획사 Y&R이 공동 개발한 비누 (Hope Soap) 속에는 아이들이 좋아하는 장난감이 숨어있다. 손을 자주 씻을수록 장난감을 더 빨리 얻게 되기 때문에 아이들은 손을 씻는 것을 즐긴다. 이 상품의 개발은 저개발 국가 어린이들의 질병 예방을 목적으로 이루어졌다. 공공의 목적을 위한 비누 아이디어 개발은 "아프면 너만 손해니까 손을 자주 씻어."라고 아이들에게 윽박지르지 않고, 아이들이 즐겁고도 자연스레 손을 씻게 하는 넛지 효과의 좋은 모델이다.

상품에 대한 모든 정보를 공개해서 믿음과 신뢰로 매출을 올리는 회사도 있다. 국내 의류회사 칸투칸은 패션산업에서 지속가능성 기준을 새로 세웠다. 옷감의 소재, 옷감이 만들어지는 과정, 소요 비용, 가격 책정 방법, 얼마나 팔려서 실제 이윤이 얼마나 발생했는지를 모두 오픈한다. 또한 의류 제조와 유통과정 혁신으로 가격도 쏙 뺐다. 단순 상품 아이디어가 아닌 서비스 아이디어 하나만 바꾸어도 변화를 일으키고 그것은 미래를 열어준다.

기발함과 엉뚱함과 아이디어가 있다고 기획이 바로 되지는 않는다. 누구에게나 아이디어는 있을 수 있다. 그것을 실행에 옮기느냐 마느냐가 중요해진다. 우리가 아는 성공한 사람 모두 아이디어를 실행에 옮겨서 대박이 난 것이다.

낯설게 바라보는 마음 새김

1. 나만의 아이디어를 찾아 적어 보자.

2. 이 아이디어가 성공적으로 실행되게 하려면 무엇이 필요할까?

3. 아이디어를 스스로 실행하기 힘들다면, 어떤 전략을 사용하면 좋을까? 여기에 필요한 인재는 어떤 사람이고 누가 적당할지도 적어 보자.

2

Why
생각의 구체화는 요약이다 _____

'이런 걸 해보면 어떨까?'라는 아이디어가 떠올라서 그걸 기획해 진행한다고 하니, 사람들은 입을 모아 이렇게 말한다.

"생각은 많으나 뭘 해야 할지 모르겠다."
"일상에 쫓겨 어제 일도 잘 생각도 안 난다."
"아무 생각이 없다. 그냥 일상을 살아간다."
"무슨 생각부터 해야 하는 건지 알려주면 좋겠다."

모두 기획이라는 낱말의 무게와 전문적일 거라는 환상에 빠져 오인하고 있을 뿐이다. 우리는 일상을 살아가면서 여러 생각을 무심히 그냥 흘려보내고 있어 자신에게 특별한 생각이 없다고 스스로 규정한다. 아이디어맨이 되어 내 안의 생각을 구체화하고 싶다면 떠오른 아이디어를 요약해보자. 그리고 이것을 연습하고 습관으로 만들자. 생각을 하려고 애쓰는 것보다 머릿속에 드는 생각을 구체화하도록 요약하는 것이 필요하다. 요약하는 쉽고 간단한 연습을 해보자. 점심때가 다가와 오늘의 점심 메뉴를 골라야 하는 상황이라고 가정해 본다. 먼저, 메모지에 주변 식당에서 먹을 수 있는 음식을 적어 보자. 주변 식당의 메뉴를 생각하며 다음과 같이 적는다.

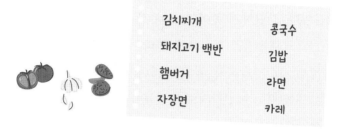

김치찌개   콩국수

돼지고기 백반   김밥

햄버거   라면

자장면   카레

점심 메뉴로 먹을 만한 것을 적었다. 이 음식을 다 먹을 수는 없으니 한 가지만 정해야 한다. 메뉴 옆에 점심 식사로 적당하지 않은 이유를 써 보자.

그제 먹었다 — 김치찌개   콩국수 ← 어제 먹었다

돼지고기 백반   김밥 — 양이 넘 적다

건강에 안 좋다 — 햄버거   라면 — 퇴근할 때까지 버티려면 배고프다

건강에 안 좋다 — 자장면   카레 — 소화가 잘 안된다

점심 메뉴로 정하지 말아야 할 이유를 간단히 적어 보니 점심 메뉴로 돼지고기 백반을 선정할 이유가 명확해진다. 간단한 점심 메뉴 정하기부터 구체적인 업무나 할 일, 공부 계획 등에 이렇게 생각을 요약하는 방식을 사용하면 좋다. 누구나 머리로 알고 있다고 생각한 것을 써 보라고 했을 때, 막상 멍해지는 경험을 한 적이 있을 것이다. 그 이유는 알고 있다고 생각하고 있었지만 사실 몰랐기 때문이다. 간단하게 종이에 쓰는 작업은 스스로 어떤 사실에 대해 아는지 모르는지를 확실하게 한다. 생각의 구체화를 위해 요약하는 방법으로 연습하자. 앞으로 나아가야 할 목표나 기획의 실행과제를 세울 때도 마찬가지로 그것들을 구체적으로 확실하게 인식하여 실제적인 실행계획을 만드는 역할을 한다.

생각을 구체적으로 표현하라고 말하면 다들 대단한 기획서를 만들어내려 애쓴다. 대개 멋진 글과 이에 알맞은 무게를 주는 수십 장 넘어가는 기획서 작성을 상상해 낸다. 기획서를 쓰려 책상 앞에 패기 넘치게 앉았건만, 한글 프로그램을 열고 하얀 모니터와 자판을 대하는 순간 머릿속도 하얗게 된다. 넘쳐나던 생각은 뿌연 안개와 같아서 자취를 찾을 수 없고 그저 막막하게 된다. 그래서 기획서의 기초가 될 메모가 중요하다. 생각나는 대로 일단 마인드맵처럼 쭉 적고 거기서 핵심 단어를 뽑고, 이를 다시 왜, 어떻게, 무엇을 하는지로 연결하면 된다. 이리저리 머릿속을 떠오른 생각을 저장하려면 메모하는 습관을 들이는 게 좋다. 어느 순간 생각나는 아이디어나 영감을 그냥 놓치지 말고 적는 것이다. 또는 할 일 리스트를 적어도 좋다.

우선순위를 매겨 처리하면서 꼭 내가 할 일이 아니면 남에게 맡기고 시간을 낭비하지 않는 것도 기술이다. 나도 할 일 리스트를 만들어 지워가면서 일을 하고, 새로운 프로젝트를 구상하면서 생각나는 컨셉과 아이디어는 꼭 연습장에 적었다가 저작에 그 키워드를 활용한다.

사람들에게 존경받는 유명한 인물에게도 메모하는 습관이 있다. 링컨은 항상 모자 속에 연필과 종이를 넣어 다녔고, 슈베르트는 하얀 와이셔츠에 틈틈이 악상을 그렸다. 빌 게이츠는 악몽 메모라 불리는 불길한 생각의 기록을 하는 것으로 알려졌다. 우리의 프로젝트도 사람들의 필요를 물어보거나 질문의 키워드를 모아 정리해 저작에 활용한다. 내가 모든 아이디어를 낼 필요도 없다. 주변에 물어가며 필요한 찾고 그 실행 전략을 찾아 진행해도 된다. 같은 방법으로 다산 정약용은 18년 동안의 유배에서 메모한 자료를 모아 책을 냈는데 그게 무려 500여 권이나 된다.

기획서로 다시 돌아가자. 기획서는 장황할 필요가 없다. 온갖 미사여구를 붙여 분량만 늘인다면 아이디어 실행과는 상관이 없는 기획서가 될 것이다. 실행 기획서는 Why, How, What이 명확하게 나타나도록 쓰면 된다. 요즘같이 바쁘고 시간 없는 세월에 누가 장문의 기획서를 꼼꼼히 읽겠는가. 한 장으로 요약하면 보는 사람도 빠르게 내용 파악이 가능하다. 이런 생각을 하다 우연히 흥미롭게 읽은 책이 있는데, 바로 [도요타에서 종이 한 장으로 요약하는 기술]이다. 저자가 도요타 회사에 취직한 후, 선배에게 배운 한 장 요약하는 기술로 어떻게 기획서나 보고서 업무의 효율성을 추구하였는지를 자세히 풀었다. 여기서도 공문서나 보고서의 한 장으로 요약하자고 주장하고 있어서 역시 내 생각이 틀리지 않았다고 확인하며 만족했다.

일을 잘하는 사람에게는 소위 일머리가 있다고 한다. 일머리란 일 전체를 조직하는 틀을 의미한다. 이 일머리를 영어로 찾으면 단어가 없다. 아마 가장 근접한 단어는 Competence(능숙함)일 것이다. 일머리가 있는 사람은 신속하고 정확하게 일 전체를 조망하고 정확하게 움직인다. 당연히 일머리가 있는 사람의 보고서도 간결하면서 핵심을 짚어낼 것이다. 요약된 보고서를 한 장에 담으려면 전체를 보며 생각을 정리하고 일머리를 잡아야 한다. 그 생각의 깊고 넓은 결과가 깔끔하게 담기는 것이 한 장 보고서이다.

한 장 요약 보고서를 만드는 순서는 다음과 같다.

●●**첫째** 키워드를 모아 적는다.
생각의 기초가 되는 정보를 적어야 하는 게 우선이다. 내가 써야 할 재료를 찾아 무엇이 있나 주제에 맞게 나열해 보는 것이다. 앞의 점심 메뉴 정하기처럼 써 보자. 빈칸을 만들어 키워드 중심으로 나열해 나가면서 그 칸을 채우는 방법도 좋다. 너무 간단한가? 키워드 쓰는 것을 만만하게 보지 않길 바란다. 의외로 정한 주제의 키워드 채우기를 힘들어하는 사람이 많다. 생각이 닫혀 있는 사람일수록 점심 메뉴 몇 가지 적기라는 간단한 것도 한참 걸린다.

●● **둘째** 무엇을 위한 문서인지 목적을 명확히 한다.

당신이 작성하는 것이 발표할 프레젠테이션 자료인지, 업무 보고서인지 즉 누가 읽는 서류인지 정확히 파악해야 한다. 내가 하고 싶은 말만 적힌 서류는 그 목적을 잃어버린다. 나는 이 일에 대해 잘 알고 있는 사람이라 보고서나 서류가 필요치 않다고 상대방이 알고 싶은 것은 빼고 내가 말하고 싶은 내용만 적어서는 상대방의 반응이나 설득을 기대할 수 없다. 보고서를 읽는 상대가 협력업체 사람인지, 다른 부서의 사람인지, 직급은 무엇인지 구체적으로 생각한다.

혹시 당신의 직급이 다른 사람보다 위라면 서류 작성의 목적은 더 신중해야 한다. 어떤 업무를 다른 사람에게 위임하고, 프로젝트를 어떻게 조율해서 기한 안에 끝낼 것인지 등, 보고 자료에 담을 내용에 대한 고민도 깊어진다. 혹은 기안한 서류가 최고 책임자의 결재를 마치면 대외적으로 시행되는 공식 문서가 되어 외부로 나갈 경우도 있을 것이다.

●● **셋째** 보고서를 본 사람이 어떤 반응을 보일지를 기대하는지 생

각하고 작성한다. 보고서를 읽은 사람이 제일 먼저 가질 의문이 무엇일까? 상대방의 입장으로 생각하자. 그러면 서류의 작성 방향도 정해질 것이다. 아까 적은 키워드에 내용 보태기를 하는 것이다. 점심 메뉴로 적합하지 않은 이유를 가지를 치며 썼던 것과 같은 이치다. 수업을 기획한다면 성취기준 대비 이 수업이 왜 필요한지, 구체적으로 수업목표를 진행에서 어떻게 적용할지, 무슨 도구를 사용할지를 고민해서 적을 것이다. 만약, 이 책을 읽는 사람이 일반 회사에 근무한다면 보고서의 전개 방향은 Why, How, What의 관점에서 왜 이런 일이 필요한지, 어떤 점이 좋은지, 어떻게 알리고 어떤 자원을 쓸 것인지, 기대하는 효과나 반응은 무엇인지 차근차근 가지를 뻗어 적어야 한다.

●● **넷째** 예상되는 질문에 한 마디로 대답할 핵심 키워드를 넣는다.

상대방이 가장 알고 싶어 할 질문을 골라 한 마디로 대답할 수 있는 키워드를 정해서 작성한다. 만약 요약이 어렵다면 첫째, 둘째, 셋째 순으로 논리를 세워 정리하는 방법도 추천한다.

한 장 보고서(기획서) 만들기

1. 키워드를 먼저 적어 보자.
2. 어떤 목적의 보고서(기획서)인지 간단히 정리하자.
3. 이 문서를 보는 사람에게 기대하는 반응을 써 보자.
4. 이 문서의 핵심 단어를 5개로 요약해 적자.
5. 위 핵심 단어를 중심으로 주요 질문과 그 답변을 간략히 적어 보자.
6. 위 답변에 근거를 2가지씩 넣고 논리적인 이유가 되도록 살을 붙이자.
   (5번에서 명확히 정리되었다면 6번은 패스해도 된다.)

How

루틴을 만들라,
습관이 중요하다

좋은 습관 형성을 위해 널리 알려진 방법을 무조건 따라 하는 것을 추천하지 않는다. 앞의 성공에 대한 단상과 같은 맥락이다. 남의 성공 경험을 그대로 가져와 나에게 적용하는 것처럼 무모한 일은 없다. 습관도 마찬가지다. 나의 성향과 삶에 맞는 나만의 습관을 찾아 꾸준히 해야 한다. 물론 삶의 목적과 기획에 도움이 되는 중요한 습관이 필요하다.

취업포털 인크루트에서 직장인 663명에게 '직장인의 성공하는 생활습관'이라는 주제로 설문조사를 실시하였다. 이 중 성공한 사람의 생활습관을 따라 한 적이 있는지 물었는데 응답자의 52%가 그렇다고 했다. 반대로 성공한 사람의 생활습관을 따라 하다 실패한 적이 있는지에 대한 응답으로, 원상 복귀되었다고 응답한 사람은 71%나 나왔고, 따라 한 대로 습관이 생긴 응답자가 24%, 전혀 도움이 되지 못한 경우도 5%였다. 이처럼 '따라 하기'는 실패한다. 간혹 성공하기도 하는데, 이는 부단한 노력의 결과라기보다 성공한 응답자의 기질이나 성향에 적합하기 때문일 것이다. 남이 성공한 방법을 따라 한다고 꼭 성공할 수 없다. 하지만 성공한 사람의 좋은 습관이 당신의 기질과 성향에 알맞다면 시도할만하다.

레오나르도 다빈치에겐 주어진 일을 천천히 꼼꼼하게 마무리하는 습관이 있었다. 그는 모나리자를 그리는데 10년 이상 공을 들였다. 미완이긴 하나, 모나리자는 그가 얼마나 꼼꼼하고 사려 깊은 사람인지 그 성향을 파악하게 해 준다. 모나리자 그림이 보여주는 그의 습관은 충분히 생각하고 계획을 세우되, 정해지면 꿋꿋이 밀고 나가는 것이다. 레오나르도의 성격은 나와 비슷하다. 나는 충분히 고려하고 생각했으면 계획대로 밀고 나간다. 그 실행에서 다른 사람의 조언이나 좋은 방법은 수렴하기도 하나 전체를 흔들 정도는 아니다. 다만 의도치 않게 중간에 계획이 수정되거나 처음으로 돌아가면 분노와 동시에 스트레스를 받는 성향이기도 하다.

미국 토크쇼의 여왕 오프라 윈프리는 잠들기 전에 명상하는 습관이 있다고 한다. 그녀의 유명세와 더불어 어린 시절의 불우한 과거도 드러나 그녀의 트라우마를 자극하는 일이 생겼다. 이때 극심한 고통을 받았지만, 오프라는 명상을 통해 극복했다고 한다. 어린 시절의 오프라에게 보통 사람도 감당하기 어려운 일이 일어났고, 아무에게도 알려지고 싶지 않은 일은 다시 고통을 들춰내었으나, 그녀는 명상으로 부정적 감정에서 벗어나 나타난 현상과 사실에 근거해 자신에게 벌어지는 일을 직시하고 풀어내려 했다.

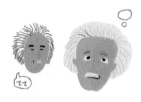

아인슈타인은 잠꾸러기이다. 그는 최선을 다하는 하루를 보내기 위해 하루 10시간은 자야 한다고 말했다. 실제로도 그는 충분한 수면 습관을 들였다. 충분한 수면은 인간에게 끝없는 창의성과 아이디어를 주는 기초라며 몸소 실천한 것이다. 무슨 일을 맡으면 잠이 안 오고, 오늘 해야 할 일을 끝내야 잠자리에 드는 나와는 참 반대되는 사람이다. 어떤 습관을 갖는 것이 옳다, 그르다는 판단보다 스스로 어떤 성향인지 알아차리는 것이 중요한 것 같다.

이케아를 만들었고, 20세기 가장 위대한 상인이라 불리는 잉바르 페오도르 캄프라드는 검소한 습관을 실천했다. 넘치는 재력에도 15년 이상 된 차를 타고, 옷은 벼룩시장에서 구하는 서민적인 행보를 즐긴다. 그는 사람들에게 고급 차를 타고, 화려한 업적을 세우는 것보다 자신의 강점을 믿고 행동하라고 조언한다.

투자의 귀재로 불리는 워렌 버핏이 취미 생활은 생각보다 소소하다. 그것은 브리지 게임과 우쿨렐레 연주이다. 그는 하루 24시간

같이 게임을 즐길 점잖은 3명의 수감자만 있다면 평생을 감옥에서 보내도 좋다고 할 정도로 브리지 게임 마니아이다. 단순한 게임이 머리 식히기에 중요하게 작용할 수 있는 것을 보여준다. 멍 때리기, 먼 산 바라보기처럼 바쁜 일상에서 찬찬히 마음 비워내기가 중요함을 알려주는 일화인 것 같다. 하지만 여기서 방점은 제대로 열심히 산 후, 비우기다. 매일 놀면서 비우기만 한다? 그건 어불성설일 것이다.

유명인의 습관을 적어 보니 왠지 그들에게서 남과 다른 면모들이 살짝 보인다. 이미 자신에게 맞는 습관 형성을 위해 계획한 기획자의 면모다. 이들도 하루아침에 습관을 들이지는 못했을 것이다. 좋은 습관을 루틴으로 만들자. 삶을 주도하고 기획하기 위한 좋은 습관은 필수 조건이다.

조선 후기의 화가인 백곡 김득신은 노력하는 사람의 롤모델이 된다. 그는 명문가에 태어났고 다른 사람보다 총명하다는 인정을 받았다. 하지만 천연두를 앓으면서 뇌 손상을 입어 기억력이 아둔해졌다. 보통 사람이 몇 번 읽으면 기억하는 것을 그는 매우 힘들어했다. 여러 번 읽어도 기억을 잘하지 못해 우리 생각을 넘어서는 횟수를 반복해 읽은 사람이다. 그는 사마천의 사기열전(史記列傳) 중 백이열전(伯夷列傳) 부분을 무려 1억 1만 3천 번이나 읽었다고 한다. 반복해서 읽어낸 숫자만 보아도 혀를 내두를 반복 학습의 끝판왕이다. 하지만 이렇게까지 읽어도 그는 금세 잊어먹기로도 유명했다.

어느 날 굉장한 시를 우연히 찾아 읽게 된 백곡은 그 시를 암송하려고 계속 되풀이하며 읽었다. 마침 찾아온 친구가 그가 무엇을 외우는지 보고는 한탄하며 말했다.

"이보게, 이 시는 백곡 자네가 지은 시 아닌가! 어허, 이 사람, 참!"

배운 것을 기억하기 위해 수없이 읽으며 외우려 애쓴 반복 학습의 대가 김득신은 만 번 이상 읽은 책을 골라 감상을 적는 작업과 시를 짓는 일을 했다. 그리고 이것으로 조선 후기의 최고 학자들에게 인정받아 62세에 과거에 급제한다. 반복 학습과 잊어버리기의 끝판왕 김득신의 묘비에는 다음의 글이 비문으로 적혔다고 한다.

"재주가 남보다 못하다고 스스로 위축되지 마십시오. 아무리 재주 없다 하여도 나만큼 재주 없는 사람이 세상에 또 있겠습니까. 그런 나조차 꿈을 이루었으니, 나를 봐서라도 포기하지 말고 노력하십시오. 노력하고 노력하며, 반복하고 반복하면 반드시 뜻을 이룰 것입니다."

낯설게 바라보는 마음 새김

1. 나의 강점이나 좋은 습관을 적어 보자.

2. 긍정적인 습관으로 들일만한 것을 적어 보자. 따라 하고 싶은 나의 기질과 맞는 좋은 습관을 적어도 된다.

4

How

나만의 브랜드로
브랜딩 하라

브랜딩에 대해 사람들이 가진 오해는 브랜딩을 하려면 '무엇'에 신경을 써야 한다고 생각하는 것이다. 사실 브랜딩은 How에 가깝다. 브랜드는 'OO화'하기 때문이다. 기획자도 기획자로서 나만의 특화된 브랜드가 있어야 한다. 나의 브랜딩 모토는 '상향평준화'이다. 이를 강의에서, 내가 운영하는 밴드와 단톡방 등 SNS에서 꾸준히 노출하였더니 어느 순간부터 상향평준화는 우리 네트워크에서 당연하게 여겨졌다.

단순 자기 계발이나 PR이 아닌 개인 브랜드가 필요한 시대다. 평범의 틀을 깨고 기획자로 탈바꿈하기 위해 무엇보다 '퍼스널 브랜딩'이 중요하다. 퍼스널 브랜딩이 되면 자신만의 철학을 기반으로 다양한 아이디어를 펼칠 수 있기 때문이다. 개인 브랜딩이 되어야 한다니 모두 1인 기업이나 독자적으로 혼자서 할 수 있는 것으로만 생각하지 말자. 브랜딩은 속한 조직에서, 직장에서, 학생의 공부와 진로에서, 논문에서, 기업의 기획서에 모두 활용이 가능하다. 자신이 속한 조직에서 차근차근 단계를 밟아 전략적인 퍼스널 브랜딩을 만든다면, 주변 사람들로부터 인정과 사랑을 받는 '000한 나'를 만들 수 있다.

이전에 우리 반 학생들과 이름 앞에 꾸며주는 말을 붙이고 서로 불러주는 규칙을 세웠던 적이 있다. 꾸며주는 말은 자신이 되고 싶은 것이나, 희망을 담아 만들었다. '씩씩한 00', '공부 잘하는 00이' 등 각자의 소망과 의미를 담았는데, 이름을 그렇게 부르니 학생들이 잔소리하지 않아도 성실히 노력하는 모습을 보였다. 학급 담임이었던 시절에 맡았던 반 중 가장 열심히 한 반을 꼽으라면 첫 번째로 거론할 만큼 최고의 한 해였다.

가브리엘 샤넬은 자신의 이름을 본떠 만든 의류 브랜드를 세계적인 패션 아이콘으로 키워냈다. 가난한 집안에서 태어나 부모를 일찍 여의고 카바레에서 노래하던 그녀는 이때의 예명을 코코라고 했다. 그 후 샤넬은 연예 생활을 접고 모자를 만들어 팔기 시작했다. 1916년 패션 컬렉션에서 그녀만의 새로운 디자인과 소재로 화제가 되며 유명해졌다. 그녀 이전에도 많은 디자이너가 새로운 스타일을 만들어 선보였는데, 어째서 그녀의 디자인이 유명해져서 오늘날까지 사랑받는 브랜드가 되었을까? 그것은 바로 그녀의 브랜딩 전략이 성공했기 때문이다. 샤넬은 자신의 생활을 아이디어의 기반으로 삼아 현대적인 여성의 이미지를 새롭게 제시했다. 몸매의 풍만함만을 여성상으로 강조하던 시대에 소년같이 마른 몸매와 짧은 헤어스타일은 파격 그 자체였다. 샤넬은 그녀만의 독특한 라이프 스타일을 응용, 이를 다시 마케팅으로 활용해 성공을 거두었고, 마침내 20세기 모든 여성에게 선망을 받는 아이콘으로 성장했다.

당신이 사업을 할 일도 없고, 물건을 팔 것도 아닌데 무슨 브랜딩인지, 당신만의 브랜딩을 어디서 찾아야 할지 막막한가? 꼭 사업을 해야만 브랜딩이 되는 게 아니다. 브랜딩의 의미를 이해하기 쉽게 다시 설명해보겠다. 당신이 직장에서 아무리 열심히 해도 윗분들은 무슨 일을 하는지 정확히 모를 수 있다. 그들도 자신에게 주어진 다양한 일을 하고 있으니 당신이 무엇을 하는가는 사실 생각 밖에 있을 가능성이 크다. 당신이 일한 것을 활동내용, 성과, 그 일을 통해 얻은 경험 등으로 간략하게 보고하는 것, 그 자체가 브랜딩이다. 겸손과 겸양이 미덕인데 잘난 척 떠벌리는 것이 어렵다고 생각하지 말자. 가만히 있으면 누구도 알아주지 않는다. 심지어 아무것도 하지 않는다고 생각할 수도 있다. 주변 사람에게 알리는 것이 좋다. 그게 조직 안에 속한 당신을 위한 브랜딩이다.

제대로 브랜딩을 하려면 어떻게 해야 할까? 먼저, 당신의 직무리스트를 만들자. 직장에선 당신을 고고하게 대우해 줄 인격체로 보지 않는다고 생각하자. 당신이 속한 곳에서 매달 월급이라는 일정 비용이 드는 하나의 상품과 같은 존재라고 생각하면 이해가 쉬울 것이다. 조직에서 당신의 가치를 더 드러낼 수 있도록 직무상 업적을 기록하고 장기 성과와 단기 성과로 나누어 알아보기 쉽게 정리하자. 당신 스스로 업무를 확실히 알고, 그를 통하여 성과를 파악하는 것은 스스로 자존감을 높일 기회이기도 하다. 조직도 여러분이 얼마나 성과를 올리고 기여했는지 수치로 보여주면 더 좋아할 것이다. 당신의 가치는 누가 만들어 주는 게 아니다. 성과를 기록하면서 당신이 맡은 일에 더 충실해져서 분명한 성과가 나타나도록 당신의 성과부터 기획하고 이를 수치로 잘 브랜딩하자.

흔히 교육을 백년지대계라고 하며, 교육의 성과를 단기간에 파악하기 어렵다고들 한다. 교육자로서의 성과를 판단하고 싶다면, 여러분 자신과 맡은 업무에서의 성과에 초점을 맞추는 것이 좋겠다. 늘 아쉽게 생각하지만, 아직도 학교 교사로서의 모습은 정말 가르치는 것에만 집중하지 못하는 게 현실이다. 진학지도를 잘해 좋은 대학에 보낼 능력이 있거나, 특정 업무를 잘해 믿고 맡길 수 있거나, 정보화 기기를 잘 다루어 학교에 도움이 되는 사람을 학교에서도 선호하지 않는가.

확실한 성과 수치가 있다면, 그 위에 스토리를 입혀보자. 이것만큼 효과적인 브랜딩도 없을 것이다. 한참 트로트 가수들이 나와서 대결해 마치 미스코리아처럼 진선미를 뽑는 TV 프로그램이 방영

된 적이 있었다. 실력도 실력이지만 이들이 가진 스토리에 시청자가 더 가슴 아파하고, 더 응원하고, 그들의 실적에 내 일같이 기뻐해 주었다. 온 나라가 그들의 순위에 같이 웃고 울었다. 실력에 스토리가 더해지면 유명해진다. 이전에 수행한 업무에서 결과, 문제 해결방법, 시한과 예산에 따른 프로젝트 기획 및 운영 등 과거 업적을 찾아 잘 짜보는 것이 좋다. 그 업적은 시작과 진행 과정, 결과를 분명히 해야 한다. 당신이 살아온 삶의 스토리에서 내용을 뽑아 구성하기 위해 이전에 만들었던, 혹은 작성했던 이력서, 다이어리, 성과 검토서를 살펴보자. 딱히 이런 포트폴리오가 없거나 문서로 기록하지 않아서 찾기 어렵다면 주변인에게 묻고 나온 이야기를 구체적으로 반영하는 것이 좋다.

스스로 '상향평준화'라는 브랜드를 만들어 밴드(오늘과내일의 학교)에서, 강의에 가서, 출간을 통해 꾸준히 알렸더니 팬덤이 형성되며 브랜딩의 효과가 드러나고 있다. 스토리는 이것이다. EBS에 가서 영어교사로 인터넷 강의를 멋지게 하고 꿈을 성취하고 싶었다. 그런데 사투리의 한계로 막상 영어강의에 기회가 좀처럼 오지 않았다. 그러다 대타로 들어간 학습법 강의에서 새로운 정보를 얻었고 이후 진로진학 강의 팀에 합류하면서 정말 좋은 정보가 많은데 그게 한 곳에만 몰려 있는 것을 보았다. 누구나에게 알려져야 할 그 정보를 가진 사람들이 대단한 권력으로 군림하는 것을 보고 이것은 아니라고 생각했다. 그래서 나온 게 상향평준화이고 이는 정보를 공유하자는 의미이다. 그래서 매일 좋은 정보를 공유하고 나누며, 현장에서 필요한 것을 찾아 저자들과 콘텐츠를 만들다 보니 브랜딩이 저절도 되었다.

브랜딩에 대해 이제 좀 이해가 되는가? 당신의 삶에서 일어난 모든 경험은 모두 귀하다. 브랜딩은 낯선 눈으로 자신을 들여다보는 것에서도 시작점이 될 수 있다. 당신의 강점을 찾아 어떻게 차별화할 것인지를 찾아 앞으로의 미래를 기획하는 것도 필요하다. 다음은 세상에 알려진 성공담에서 찾아낸 브랜딩 전략이다.

●●**첫째** 누구나 포기하는 일을 찾는다.

여러분이 속한 조직에서 그 누구도 해내지 못한 것을 최초 시도해 완성한다면 당신의 가치는 무조건 올라간다. 누구나 불가능하다고 여기는 일은 포기하기 쉽다. 당신의 가치를 올리고 싶다면 모두가 포기한 그 문제를 고민해 해결책을 제시해 보자. 누구나 남의 허물이나 잘못을 콕 집어내는 지적질은 쉽게 한다. 나는 이런 사람들에게 문제에 대한 지적보다 대안을 생각해 말해달라고 제안한다.

세계 최초의 김치냉장고는 누가 만들었을까? 바로 에어컨으로 인정받던 회사, 만도 위니아다. 당시에는 대형 회사인 삼성과 엘지만이 일반 냉장고의 크기로만 서로 비교하고 경쟁하는데 모든 사활을 걸었다. 그런데 만도 위니아가 아무도 생각해내지 못했던 김치냉장고를 출시해 삼성과 엘지전자의 허를 제대로 찔렀다. 프랑스에는 와인냉장고가 있고, 일본에는 생선 냉장고가 있다는데 우리나라의 중요 먹거리인 김치를 위한 냉장고는 왜 없을까라는 질문에서 김치냉장고의 발명이 시작되었다고 한다. 이때 위니아가 만들어낸 김치냉장고의 브랜딩 전략도 독특하다. 광고 카피를 들으면 모두 "맞아!"라고 외칠 것이다. 바로 '김치는 과학'이라는 말이다.

딤채라는 김치냉장고의 이름도 유래가 참 재밌다. 김치라는 말의 변천사를 찾아보면 침저-팀채-딤채-짐채-김채-김치로 불리었다고 한다. 위니아는 그 중 딤채를 골라 냉장고 이름으로 브랜딩했다. 김치냉장고의 최초 등장 이후, 한국의 모든 주부가 열광하며 김치냉장고를 샀는데, 그 브랜딩 파워 또한 막강해서 다들 '김치냉장고는 딤채'라는 인식을 갖게 했다. "나 딤채 사러 가.", "우리 집에 딤채 들여놨다."라고 자랑삼아 하는 말이 유행할 정도였다.

●●**둘째** 당신의 능력을 확장한다.

당신이 가진 재능을 최대로 발휘할 그릇을 만들고 그것을 발휘할 기회를 찾아야 한다. 인적 네트워크이든 배움의 공동체이든 큰 규모에서 치열하게 배워야 성장도 가능하다. 그 안에서 가진 능력을 최대한 확장하면 기회도 찾아온다. 준비가 기회를 부른다. 컴퓨터에서 가장 중요한 역할을 맡는 부품은 바로 CPU이다. 이는 기억, 해석, 연산, 제어라는 중요한 역할을 도맡기 때문에 컴퓨터의 대뇌라고 불린다. 컴퓨터의 부품 중 가장 비싼 부분이기도 하다. CPU는 컴퓨터 전체 성능의 처음과 끝을 책임진다. 즉 컴퓨터 성능이 좋으려면 CPU가 좋아야 한다는 뜻이다. 당신의 능력에서 CPU를 찾아 확장시켜야 한다. 당신의 CPU라 부를 수 있는 능력은 무엇인가. 그걸 찾기 위해 이것저것 부딪혀 보자. 실패하는 것도 괜찮다. 우리는 실패하면서 늘 성장했기 때문이다.

●● **셋째** 매일 꾸준히 실천한다.

나의 최고 능력이 어디까지 발현될지 최대한 실험하여 남들보다 더 잘할 수 있는 것을 찾아야 한다. 여러분의 능력을 적재적소에 활용하면 프로젝트를 수행하는 동안 당신의 가치는 상승할 것이다. 최고가 되려면 매일 작은 일부터 완벽하게 해내는 습관을 들이자. 매일 최고의 순간을 만들기 위해 노력해야 한다.

아침마다 교육뉴스를 훑는다. 여기저기 가입된 교육 밴드에서 최신 정보를 찾는다. 그리고는 사람들이 좋아할 만한 유용한 자료를 모아 속해있는 단톡방과 밴드에 다시 공유한다. 매일 아침 꾸준히 하는 일이다. 누구나 최고가 되고 싶어 하나, 이는 하루아침에 반짝하고 되는 게 아니다. 우리가 보여줄 수 있는 성실함에 사람들이 감동한다. 그게 매일 실천하는 브랜딩 방법의 하나이다.

매일 할 수 있는 일을 꾸준히 해보면, 처음엔 어려워도 노하우가 쌓이게 된다. 인천 국제공항은 12년 연속 세계 공항서비스 평가

1위를 달성하였는데 그 이유는 출입국과 수화물 수속 처리 시간을 최단 시간으로 줄였기 때문이다. 공항에서 지체하는 시간이 길어지면 그만큼 여행객의 불편 사항도 많아질 것이다. 공항에서 기대하는 가장 단순한 사실, 빠른 수속과 처리로 인정받는 것처럼 매일 실천할 수 있는 간단한 일에서 브랜딩이 필요하다. 당신의 할 수 있는 일을 꾸준히 하면서 최고라고 인정받는 것만큼 좋은 브랜딩 방법은 없다.

●● **넷째** 매일 새로운 마음으로 임한다.

'새로워지자'라는 말을 쓰니 고등학교 시절의 학교 교훈이 생각난다. "매일 배워 새로워지자."였는데, 이 순간에 딱 어울리는 것같다. 물론 이 말은 매일 다른 사람으로 바뀌라는 뜻이 아니다. 어제보다 더 나은 내일이라는 말이 딱 맞을 듯하다. 코로나로 인해 변화에 오래 걸렸던 일들이 매우 빨라졌다. 이전의 온라인 회의는 스카이프가 대세였다. 이제는 원격수업이 일상화되면서 줌(Zoom)의 사용을 모르는 사람은 거의 없을 것이다. 몇 개월 정도의 기간 동안 온라인 회의는 모두 줌으로 대체되었다.

4차 산업혁명, AI라며 들어온 4차 산업의 기술은 우리 일상의 변화를 요구한다. 누구도 예상치 못한 코로나-19 바이러스의 강타가 우리에게 위기를 준 것 같지만, 그로 인해 이전에는 안 되던 일들이 이를테면, 은행에 꼭 가야만 되었던 서류 발급이 비대면으로 처리 가능해 얼마나 편리한지 그 긍정적인 변화에도 주목해야 한다.

변화하는 시대에 맞춰 교육자인 당신도 유연성을 보여야 한다. 늘 그대로여서 좋은 한결같음의 가치도 어떤 상황에는 분명히 존재한다. 그러나 기획자라면, 리더이고 싶다면, 변화에 맞추어 빠르고 유연하게 대처하는 모습도 필요하다.

●●**다섯째** 당신이 아니면 안 되는 고유한 강점을 만든다.

시중에 팔리는 껌 중에 자일리톨 성분이 들어간 것은 종류가 꽤 되나 유독 특정 회사의 제품이 잘 팔린다. 소비자가 많이 선택하기 때문인데, 그 이유는 충치 발생을 억제하는 효과가 있는 성분을 식약청에서 인정받은 유일한 껌이기 때문이다. 다른 사람에게 없는 유일한 강점이 있어야 한다. 당신의 가치를 곰곰이 따져보자. 누구에게도 찾을 수 없거나 다른 사람이 할 수 없는 당신만의 강점이 무엇인가? 그것을 찾아 더 특별하게 만들자. 그런 강점이 있다면 당신이 더 매력적으로 보이게 만든다. 사람을 끄는 매력은 외모에만 있지 않다. 고유한 능력과 강점이 외부로 드러나면 그것이 당신을 더 매력적이게 만든다.

낯설게 바라보는 마음 새김

1. 나만의 좋은 습관이나 강점을 찾아 적어 보자.

2. 브랜딩의 5가지 방법 중에서 당신이 어떤 것을 할 수 있을지 한번 선택해 보자. 그리고 그 이유도 적어 보자.

5

What

똘끼 충만하라,
실패해봐야 안다

    몇 해 전 모임서 K는 전국투어 강의로 너무 바쁘다고 했다. 사람들은 K에게 전국단위 강사냐, 대단하다, 어떻게 그렇게 할 수 있는지 앞 다투어 물었다. 드러내놓지는 않았지만, 그에게 보내는 부러움, 질투와 시기가 섞인 질문이 쏟아졌고 모두 어떻게 된 것인지 알고 싶은 호기심에 눈이 반짝반짝했다. 이 이야기의 반전은 강사로 초청이 된 전국투어 강의가 아니란 점이다. 강의할 내용을 만들고, 장소를 대관해 실행하는 전국투어 셀프 기획 강의라는 사실이다. K는 전국 단위 강사가 되고 싶어 무료로 대관이 가능한 장소를 찾아 빌렸다. 활동하는 단체에 알려 참가자를 모집하고 간식비 정도를 받아 운영하는 강의를 진행하는 것이었다. 참가인원도 20~30명으로 소소한 규모였다. 몇 년이 지난 지금 K는 전국 단위 강사가 된 것 같다. 지금 여러 강의에서 강사로 나오고, 이름만 대면 알만한 강사와 큰 무대에서 함께 강연도 한다.

처음부터 기획을 잘하는 사람은 없다. 좋은 아이디어로 기획했다고 해도 그것을 지원할 팀이 없다면 그 실행 범위와 한계는 쉽사리 바닥을 드러낸다. 그러니 기획은 그만두어야 할까? 실패하기 위해 기획하고 실행하라고 말하고 싶다. 실패해봐야 안다. 실패에서 얻는 게 경험이다. 다른 사람들이 저 사람은 왜 저러지 싶은 눈초리로 쳐다볼 수 있으나 그게 두렵다면 아무것도 되지 않는다.

'이렇게 하니 안 되네.'
'저렇게 하니 이런 결과가 생기는구나.'
'실행 도중에 이런 이슈가 있구나.'

하는 실제 경험은 그 무엇과도 바꿀 수 없는 소중한 자산이 된다.

일반적으로 사람의 뇌는 80% 이상 성공에 대한 확신이 서야 실행 명령을 내리고 실제로 그렇게 행동한다고 한다. 그런데 범죄자의 뇌는 30%의 성공 가능성만 보여도 실행에 옮긴다고 하는 독특한 연구 결과가 있다. 뉴스를 보면 감방에 들어간 죄수가 한 행동이 금방 들통이 날 게 뻔한 일인데도 사기 등의 범죄행각을 벌여 '아이고, 저 사람은 왜 그랬을까?'라고 생각했던 의문이 풀린 통계 수치다.[7]

---

7) 버지니아 공대 신경과학자 리드 몬터교수가 이끄는 국제연구 사례

보통 사람은 어떤 일에 확신이 있어도 움직일까 말까 한다. 미리 걱정하다가 실패에 대한 불안감 때문에 망설이다 포기하고 만다. 우리는 실패해도 괜찮은 기획을 스스로 '뻘짓'이라고 부른다. '뻘짓'이기 때문에 괜찮다. 그냥 해본다. 해보고 아니면 그만이다. 이것 중 하나가 어쩌다 성공한다면 정말 감사할 일이다. 그 과정에서 남들이 이상하다고 생각하면 어떤가? 미리 주눅이 들 이유는 없다. 사실 사람들은 남에게 별로 관심이 없으니 눈치 보지 말자. 스스로 당당하게 나만의 똘끼를 빛내야 기획도 차츰 성공하게 된다.

자신만의 기획을 펼치기 위해 진정 원하는 것을 찾는 과정도 필요하다.

당신은 무엇을 원하는가?
어디에서 참 만족을 느끼는가?
무엇을 할 때 시간 가는 줄 모르고, 일을 마쳤을 때 보람을 느끼는가?

긍정정서와 삶의 의미에 대해 연구한 추병완 교수님의 논문에 따르면, 사람의 삶에 의미와 행복을 주는 요소로 원하는 일이나 직업에 전념하고 성취하는 것, 다른 사람과 친밀한 관계를 만들고 돕는 것, 신과 개인적 관계나 신앙생활 하는 것, 사회에 봉사와 공헌을 하고 후속 세대 양성하는 것 4가지를 든다. 당신의 삶의 목적은 무엇인가? 그 목적에 어떤 기획을 해야 더 풍성하고 의미 있는 삶을 만들지 진지하게 고민해 보라. 당신만의 삶의 의미와 행복을 주는 요소를 찾아 실행하는 게 기획의 핵심이다.

　기획은 성인만 하는 게 아니다. 청소년도 메이커가 되어 무엇이든 기획하다가 실패해 보아야 하고 주위 어른들은 이를 지지해 주어야 한다. 이른 나이에 경험한 실패는 오히려 성인기 삶에 더 큰 경험과 깊이를 주어 그들의 삶을 풍부하게 만들어 줄 수 있다. 어리다고 얕보지도 말고 어리다고 무조건 보호해야 하는 것이 아니다. 최근 연구에 따르면 보통의 청소년도 의미 있는 삶의 목적을 헌신적으로 추구할 수 있고, 청소년기에 삶의 목적을 발견하고 이를 목표 삼아 노력한다고 한다. 청소년이 더 자라 성인 초기나 중년기가 되면 청소년기에 세운 목적이 점점 진화하는 것을 확인하였다고 한다.

　나이가 많든 적든 누구나 성공에 관심이 많다. 사람들은 성공하고 싶어서 유명 인사의 자기개발서나 자서전을 읽으며 그들의 조언을 깊게 새기며 그들의 습관을 따라 하려 노력한다. 하지만 그들의 성공은 이미 우리의 삶과 한참 멀다. 뒤늦게 따라 한다고 따라갈 수나 있을까? 성공 확률 0%에 가까운 그들의 삶을 내가 살려고 열심히 밑줄을 쳐가며 성공 수기를 읽고 '그래! 내가 실패한 것은 이들처럼 살지 않아서야.'라고 외친다. 마치 영어 공부가 중요하다고, 영어를 잘하고 싶어서 그 분야에서 성공한 사람의 영어공부법을 따라 모두 열심히 하지만 진짜 영어 실력자는 되지 않는 현상과 같다.

남의 공부법으로 열심히 하다 만족할만한 결과가 안 나오면 스스로 열심히 하지 않은 자신 탓이라고 치부하며 시행착오를 반복한다. 기억하라. 그들의 성공은 오로지 개인의 삶에게 맞춰진 그만의 노하우와 삶이고 나와는 별개다. 나만의 삶의 의미를 찾아 남과 다른 길을 기획해 가야 한다.

낯설게 바라보는 마음 새김

1. 나는 무엇을 원하는가?

2. 나는 어디에서 참 만족을 느끼는가?

3. 나는 무엇을 할 때 시간 가는 줄 모르고, 그 일을 마쳤을 때 보람을 느끼는가?

6

What

네트워크가 핵심,
나의 지렛대를 찾으라 _____

상향평준화 프로젝트에 참여한 계기는 생각보다 단순하다. 지인에 의해 어느 단톡방에 초대되었다. 그 방은 다양한 멤버로 구성되었고 늘 신선한 이슈가 있었다. 늘 무언가를 올렸는데 사실 그때는 관심이 없을 때라 그게 무엇이었는지 구체적으로 잘 기억이 나질 않는다. 그는 매일 아침이면 교육뉴스나 자료도 올리기도 했지만, 새로운 생각이나 교육에 대한 단상 등 여러 가지 내용을 보기에 좋고 읽기도 편하게 작성해서 올린다. 처음 단톡방에 초대되었을 때는 잘 모르는 사람이라 관심도 없어서 무엇을 이야기하고 싶어 했는지 주의를 기울인 적이 없었다. 다만 매일 무언가를 외치는 참 대단한 사람이라고 느꼈던 것은 확실하다. 수없이 올라오는 메시지가 귀찮아서 알람을 꺼두고 가끔 열어 확인하기만 했다.

이 시기에는 가르치는 일 외에 연구학교 운영 전반과 이를 책임지는 부장의 역할과 갖가지 업무에 치이고 있었다. 하고 싶은 일 보단 책임에 눌려 사는 삶이 무척이나 끔찍했다. 이렇게 살다간 아무 의미 없이 시간만 흘러가겠다고 생각하던 차에 돌파구로 찾은 영어공부가 너무나 재미있어 흠뻑 빠졌다. 낮에는 출근해 평소대로 학교에서 생활하며 일하고 밤에는 잠을 줄여가며 혼자 힘으로 공부했다.

미친 듯이 노력하니 귀가 트이고 말도 늘면서 연습에 연습을 하니 동시통역도 가능해졌다. 한참 원어민보조교사 대상 강의와 워크숍에 바쁜 나날이었다. 여기서 말하고 싶은 점은 나의 영어 자랑이 아니다. 그저 혼자 영어 삼매경에 빠져 고군분투하고 바쁜 솔플[8]이었다는 것. 그래서 그동안 영어 쪽에서 일했던 이들은 신기하다고 했다. 이전에 알려지지 않았던 사람이 영어교육계에 불쑥 나타났기 때문이다. 갑자기 일에서 힘이 부쳐서 더 이상 솔플로 안 되겠다는 깨달음이 왔다. 팀플을 해야겠다고 생각했다. 팀플은 팀플레이의 줄임말로 스포츠 경기에서 2명 이상의 구성원이 함께 경기하는 것을 의미한다. 우리에게 잘 알려진 축구나 야구, 농구와 같은 스포츠에서 팀플레이는 매우 중요하다. 개인으론 부족해도 팀원의 기량이 좋고 서로 호흡이 잘 맞으면 그 시너지 효과는 배가 되어 강력한 팀으로 거듭난다. 반대로 개인의 기량이 아무리 넘쳐도 서로 팀워크가 맞지 않으면 오히려 아무 것도 못하고 무너진다.

---

8) 팀플의 반대말로 이해하기 바란다.

팀플이 운동에만 해당 되는 것은 아니다. 다이어트에 성공하려면 파트너가 있어야 한다. 좋은 파트너는 동기를 부여하고, 책임감을 유지시켜 주면서 경쟁심을 불러일으킨다. 파트너가 있으면 꾸준한 운동과 식단 관리로 목표를 달성할 수 있다.

좋은 기획이 성공하려면 팀플이 중요하다. 역사 스토리나 셀러브리티의 성공 에피소드에 등장하듯 성공하는 사람의 주변에 같이 만들어 가는 인물이 반드시 있었다. 세종대왕의 옆에는 노비 신분이지만 신분의 격차를 넘는 소울 메이트 장영실이 있었다. 장영실은 기득권을 차지한 대세들과 신분이 달라서 타고난 천재적인 능력에도 불구하고 이를 시기한 사대부의 신분을 비방하는 훼방에 시달렸다. 하지만 서로를 믿으며 지지하는 세종대왕과 장영실은 조선이 더 발전하길 원하지 않는 명나라의 압박에도 불구하고 당당히 앙부일구를 만들어냄으로써 조선의 과학 수준을 한 단계 올리는 성과를 만들었다. 이전까지 조선은 시간을 계측하는 방법으로 명나라에서 들여온 천체 측정 기구에 의존하는 신세였다. 신분을 뛰어넘은 환상적인 팀플은 조선만의 독자적인 방법으로 시간을 파악할 장치를 고안했고 이것은 현재의 아이폰 발명만큼이나 놀라운 일이었다.

여성 최초의 노벨상 수상자이며 물리학상과 화학상을 동시에 받은 마리 퀴리에겐 남편인 피에르 퀴리가 있었다. 그녀가 가진 강점을 한눈에 알아본 피에르 퀴리는 마리를 평생 도운 진정한 팀 플레이어였다. 그는 자신의 연구실에서 실험을 돕는 마리가 뛰어난 과학자의 자질을 갖춘 것을 알고 그녀의 공부와 연구를 적극적으로 지원하였다. 오직 여성이라는 이유로 여성의 참여와 재능을 인정하지 않던 시대에 남편의 도움이 없었다면 마리 퀴리는 그러한 성과를 올리지 못했을 것이다.

이집트의 여왕 클레오파트라(Cleopatra)의 플레이어는 줄리어스 시저(Julius Caesar)다. 시저는 클레오파트라가 여왕으로 안정된 자리를 잡도록 힘을 실어 주었고, 반대로 클레오파트라는 시저가 로마의 집정관이 될 수 있도록 물리적, 재정적 지원을 아끼지 않았다고 알려진다. 과학과 수학에 능통하며 7개 국어를 구사했다고 알려진 클레오파트라는 그녀의 출중한 능력에도 불구하고 왕권을 둘러싼 암투로 인해 왕위에 오르지 못할 처지였으나, 시저의 팀플로 마침내 여왕에 등극한다. 팀플에서 서로의 존재는 능력을 더 빛나게 하는 충실한 조력자 즉, 지렛대와 같은 역할이다.

당신의 기획을 빛내줄 지렛대는 누구인가? 서로의 능력과 호흡이 잘 만나 조화를 이루는 조력자를 만나면 기획은 더 빛을 발하리라. 그런 점에서 상향평준화 프로젝트 진행은 꽤 괜찮은 편이다. 팀 회의에서 큰 그림을 그리고 아이디어를 꺼내면, 나는 세세한 것을 살펴 그것을 조율하고 구체적으로 조직해 나간다. 나는 큰 그림을 그리기가 어렵다. 반대로 큰 그림을 잘 그리는 사람은 가만히 앉아 계산하고 세세하게 계획을 짜고 다양한 가능성을 타진하는 것을 힘들어한다. 이런 강점과 단점을 서로 보완하게 되면 팀플레이의 효력이 나타난다.

충실한 조력자는 신뢰를 기반으로 한다. 신뢰의 이유는 안전하거나 확실해서가 아니라 위험을 감수할 의지가 있어서다. 신뢰할만한 조력자가 있다면 아무리 힘든 상황이라도 혼자보다 낫다. 아프리카 속담에 빨리 가려면 혼자 가고, 멀리 가려면 함께 가라는 말이 있다. 이 속담의 배경에는 아프리카라는 야생동물 천지인 물리적 환경이 있다. 곳곳에 맹수가 도사리고 아프리카라는 먼 곳을 갈 때 누군가와 함께 가야 안전하다. 당신의 기획도 마찬가지다. 조력자가 있으면 혼자보다는 어려운 일도 극복한다. 솔플보다 팀플을 하면서 시너지효과를 내며 같이 성장하라는 가르침은 성공적인 삶을 살기 위한 협업의 중요성을 알려준다.

함께하면 힘은 적게 들이되 더 큰 시너지를 낼 수 있다. 철새들은 장거리 이동을 할 때 주로 V자 비행을 한다. V자 비행은 함께 나는 팀에게 영향을 주어 에너지 소모가 매우 적어진다. 펠리컨이 단체로 V자 비행을 하면 심장 박동과 날갯짓 횟수가 혼자보다 11~14% 정도 줄어든다고 한다. 비행기도 편대로 비행을 하면 연료를 최대 18%까지 줄일 수 있다. 철새들이 V자 비행을 하는 원리는 이렇다. 먼저 앞에서 나는 리더가 방향을 잡고 대오를 이끈다. 리더는 바람의 저항력으로 쉽게 지치는데, 리더가 맨 뒤로 가고 다음에 있던 새가 자리를 바꾸어 리더 역할을 한다. 날아가면서 끊임없이 울음소리를 내어 앞에서 날아가는 리더와 동료에게 격려와 응원의 소리를 보낸다.

어떤 경험을 하든지 사람들은 여럿이 함께 있을 때의 체험을 가장 긍정적으로 평가하는 경향이 있다. 혼자서는 이리 미루고 저리 미루어 지지부진한 일도 동료와 함께 하면 더 빠르고 활기차게 진행되는 경우가 많다. 같이 나아간다는 공동체 의식이 작용하기 때문이다. 일의 진행에 가장 중요한 것이 바로 동료와의 협력이다. 리더를 믿으며 서로를 지원하고 아끼면서 나아가야 한다. 당신의 팀플도 그렇다. 기획하는 리더를 믿고 따라가되 언제든 뒷받침할 조력자가 되어주어야 한다. 당신이 기획을 한다면 이를 도울 팀원을 찾아야 한다. 그러면 조직적인 실행이 가능한 팀의 능력과 여럿이 함께 하는 심리적 지지로 더 빠르게 지속할 힘이 생긴다.

기획하는 리더로서 팀원을 고를 때는 무조건 실력이 좋은 인재만이 아닌 협력을 실천할 수 있는 사람이 우선 고려 대상이어야 한다. '아폴로 신드롬'이라는 말처럼 팀원 모두가 유능해야만 하는 것은 아니다. [팀이란 무엇인가][9]라는 책에서는 뛰어난 인재가 모인 집단에서 오히려 성과가 낮게 나오는 현상이라고 설명한 내용은 이를 증명한다. 성과가 잘 나오는 팀은 개인의 능력보다 조직력이 우수하고, 나보다 동료를 믿으며 감사를 표현한다. 프로젝트 진행에서 동료와의 신뢰를 바탕으로 한 팀플레이를 보여주며, 마침내 원하는 목표에 빠르게 도달한다.

9) 라인(line). 2016

성격이 괴팍한 것으로 유명하나, 회사 경영과 신기술 개발 분야의 탁월한 리더 스티브 잡스는 인재를 발탁하는 능력도 뛰어났다. 1983년 애플사의 주식이 상장된 후 스티브는 전문경영인을 영입하라는 주주의 요구에 시달린다. 이에 맞는 인물을 찾던 그는 펩시콜라를 코카콜라의 맞수로 키운 존 스컬리(John Sculley)를 데려오기로 마음먹는다. 그러나 헤드헌터를 이용해 러브콜을 보내도 매번 거절당하자 마침내 직접 만나러 간 스티브는 이런 말을 던진다.

"설탕물이나 팔면서 남은 인생을 보내고 싶습니까? 아니면 세상을 바꿀 기회를 붙잡고 싶습니까?

Do you want to sell sugar water for the rest of your life, or do you want to come with me and change the world?"

존 스컬리는 세상을 바꿀 기회라는 말에 마음을 빼앗겨 애플사의 CEO로 취임했다. 기획의 성공을 위해 인재를 찾고 있다면 어떻게든 그를 우리 팀에 합류시키는 게 중요하다.

소소한 팀플에서 확대해 네트워크를 만들면 더 큰 기획과 실행도 가능해진다. 누구에게나 인맥, 즉 인적 네트워크가 있다. 이 네트워크는 직업, 나이, 성별, 학력 등에 따라 다양하게 구분되어 움직일 것이다. 이를 잘 활용하기 위해서 중요한 것은 관계이다. 나와

너라는 1차 관계에서 발전해 나를 아는 너와 타인을 연결하는 2차 관계가 생긴다면 네트워크가 형성되기 시작한다. 나아가 나를 아는 너와 너를 아는 나가 서로 연결되어 너와 다른 너까지 3차 관계가 된다. 만약 당신의 네크워크가 약하다면 비즈니스 인맥을 만들어 주는 서비스를 활용해도 좋다. 요즘은 오픈 톡방이 활성화되어 검색하거나 소개를 받으면 손쉽게 입장하여 그 네트워크의 인맥을 이용할 수 있다.

네트워크 구성과 유지에 중요한 요소는 수평적인 관계이다. 수평적인 관계로 긍정적인 효과를 내는 카카오회사의 사례를 보자. 카카오는 다른 기업과 비교해 회사에 대한 사원의 만족도가 높은 편이다. 회사의 가치도 이에 비례해 높아진다. 아마 수평적인 구조가 사원들의 협업 역량을 높였기 때문일 것이다. 직장인 1,238명에게 회사 협업 역량을 주제로 설문 조사를 했다. '유기적으로 협업하는 회사가 되기 위해 무엇이 필요한가?'라는 질문에 대한 응답은 직원들의 적극적·협조적인 태도(55.8%), 수평적이고 자유로운 의사소통 분위기(46.0%), 적절한 업무 분담(23.9%), 직원 간 의사소통·화합행사 진행(22.5%) 순으로 집계되었다.(복수응답) 역시 협력과 수평적인 분위기가 매우 높은 비율을 차지하고 있음을 확인할 수 있다. 이로써 협업 역량과 수평적인 구조의 회사에 근무하는 회사원일수록 직장생활에 만족할 것이라는 예상도 가능하다.

삼성전자는 2017년부터 수평적인 문화 확산을 목적으로 직급을 단순화해 서로 '프로'라는 호칭으로 통일해 부른다고 한다. 직원들은 일하는 과정에서 직급이나 연차가 개입될 여지가 작아져서 업무 자체에 더 집중할 수 있다는 긍정적인 반응을 보인다고 한다.

수평적인 구조는 무엇보다 가감 없는 아이디어 도출을 유도한다. 지위를 따지지 않고 모두의 의견을 귀하게 듣고 반영하는 것을 가능하게 한다. 어떤 일의 실행에 앞서 그 아이디어에 대한 신랄한 비교 분석과 일어날 만한 여러 가능성에 대한 의견 피력이 없다면 기획은 실패할 수 있다. 팀플은 기본적으로 수평적 관계에서 누구나 자기 생각을 말할 분위기가 형성되어야 한다. 그렇지 않다면 잘못된 방향이 보여도 누구나 부인하거나 소수의 의견은 무시되어 기획도 망치는 결과를 가져오기 때문이다.

낯설게 바라보는 마음 새김

1. 나를 도와줄 조력자나 내가 도와서 지렛대 같은 역할을 할 사람이 있는지 적어 보자.

2. 내가 더 성장하기 위해 활동할만한 네트워크가 있다면 무엇일까? 거기에서 나의 역할을 한번 정리해 보자.

7

Feedback
당신이 성장할 방법이다 _____

피드백이라는 말은 제2차 세계대전 당시 미국 공군이 적을 효과적으로 제거하기 위해 사용한 전술 용어에서 시작되었다고 한다. 적국의 정확한 장소에 폭탄을 떨어뜨리기 위해 조종사에게 정확한 좌표를 주어야 했다. 투하 지점을 여러 번 확인하는 과정에서 좌표를 조정하거나 교정할 때 쓰인 낱말이 요즘 통용되는 피드백[10]이다.

피드백은 당신의 업무나 계획의 기획, 실행, 결과의 전 과정에서 필요하다. 피드백은 일의 순서상 꼭 필요한 과정이라 단순한 정보 그 이상이다. 피드백을 통해 현재의 기획과 실행이 더 좋게 개선될 구체적인 방법을 함께 모의하기 때문이다. 그런데 피드백은 우리에게 종종 감정 대 감정이 부딪히는 싸움으로 번지게 만들고 나아가 대인관계에 중요 영향을 끼치기도 한다. 피드백은 이를 받는 사

_____
10) 우리말로는 되먹임으로 대체할 수 있다.

람이 어떻게 생각하고 느낄지, 어떻게 반응할지, 일상적인 책임 범위에서 개인이 어떻게 행동할지를 결정하기도 한다. 물론 긍정적인 측면에선 계획이 촘촘해지고 동기부여가 되는 중요한 일이다.

피드백의 방점은 피드백을 주는 목적이 결국 누구를 위함인지에 두어야 한다. 무엇을 위해 피드백을 하는지 생각해보자. 단순히 내가 하고 싶은 말을 하는 것이 피드백이라고 생각하지는 않았는가? 사실 그것은 피드백보다는 속 풀이에 가까울 수 있다. 발전적인 피드백은 중립적이어야 하며 그 낱말 자체에 어떤 긍정이나 부정의 의미를 갖지 말아야 한다. 이렇게 피드백에 대해 글을 쓰는 취지는 피드백의 긍정적인 측면에 무게를 두고 싶어서다.

어떻게 피드백 해야 주는 사람이나 받는 사람 모두 발전할 수 있을까? 피드백에는 4가지 유형이 있는데, 이해하기 쉽도록 다음 예시를 읽어보자.

인터넷 검색을 해본 것은 아주 적절했어! ▶	지지적 피드백
카톡으로 연락을 하면 지연될 수 있으니, 먼저 통화를 해보는 게 어떨까? ▶	교정적 피드백
잘했어! ▶	무의미한 피드백
제대로 하지 못할 거면 차라리 그만두지 그래! ▶	학대적 피드백

지지적 피드백은 구체적인 행동을 설명한 후에, 그 행동의 결과를 말하고, 행동에 대해 어떻게 느꼈는지, 왜 그렇게 느꼈는지 이야기하는 방법이다. 교정적 피드백은 상대방의 행동이 변하도록 만든다. 형성된 관계를 발전시키기에 유용하다. 열정과 성실함이 있는 사람에게 교정적 피드백을 주면 반복되는 실수를 줄이게 만들수 있다. 피드백의 내용이 너무 막연하거나 무의미한 피드백은 어떤 면에서 학대적 피드백보다 더 심하다. 이런 피드백은 관계를 형식적으로 만들고 무의미한 시간 낭비가 될 수 있다. 당신이 예상했듯이 학대적 피드백은 상대방에게 상처와 절망을 안겨줄 뿐이다.

피드백을 주고받을 때도 기술이 필요하다. 피드백을 줄 때 먼저 그 사람의 좋은 점을 강조한 뒤, 그가 할 수 있는 가능성을 언급하고, 마지막으로 개선 방안을 제안한다. 피드백은 매우 구체적이고, 직접적이며, 설득력이 있어야 한다. 피드백을 잘하기 위해서는 서로 신뢰를 쌓는 단계가 필요한데, 원활한 의사소통을 통해 서로 이해하고 존중하는 관계가 되어야 신뢰할 수 있는 단계에 이른다.

더 발전하는 관계의 피드백을 위해 10가지 피드백 전략을 정리한다.

●● **첫째** 계획한다.
피드백을 주기 전에 생각을 정리해야 한다. 가장 최적의 답을 마음속에 생각하며 구체적인 예를 들어 확실하게 하는 것이 좋다.

물론 그 사례가 피드백을 받는 사람에게 적합하거나 유연한 것이어야 한다. 우리 모임도 보통 온라인 협의를 통해서 서로 의견을 내고 피드백을 주고받는데, 사전에 발언 순서를 정해두면 미리 생각하면서 이야기하기에 좋다.

●●**둘째** 의견을 정확하게 전달한다.

상대방이 상처 입을까 미리 걱정하여 두루뭉술하게 전달하면 오히려 상대방이 당신의 의도를 오해할 여지가 있다. 가능하면 간단명료하게 상대방이 이해하도록 말해야 한다.

●●**셋째** 과정보다 결과, 성격보다는 행동에 집중한다.

상대방의 성격이나 태도에 초점을 맞추지 말고, 눈에 보이거나 평가될 수 있는 사실에 근거해서 이야기를 이어나가며 변화할 수 있는 것에 대해 말해야 한다.

●●**넷째** 시간과 공간을 배려한다.

피드백은 가능한 한 빨리 전달하는 게 좋다. 그리고 스트레스를 덜 받을 만한 상황에서 전달해야 한다.

●● **다섯째** 균형을 유지한다.

피드백은 지지적 피드백과 교정적 피드백 사이에 적절한 균형을 유지하도록 한다. 그래야 서로 발전한다.

•• **여섯째** 침착하게 말한다.

피드백은 객관적으로 침착하게 감정을 배제한 후, 이번에 생긴 문제에 대해서만 하도록 한다. 이전 문제까지 꺼내어 말하는 것은 금물이다.

•• **일곱째** 효과적인 기술을 익혀 사용한다.

요점만 간추려 말하기, 눈 마주치기, 중요한 한 가지 문제에만 집중하는 상대방에게 믿음과 긍정을 주는 태도로 피드백을 준다.

•• **여덟째** 효과적인 스타일을 계발한다.

당신만의 효과적인 스타일을 찾아 접근하는 것이 좋다.

•• **아홉째** 느낌을 표현한다.

피드백에는 당신의 느낌도 솔직하게 표현해야 한다.

•• **열 번째** 경청한다.

상대방이 자신의 의견을 표현하게 하고, 질문을 통해 그가 스스로 해결법을 찾도록 유도하는 게 가장 좋다.

낯설게 바라보는 마음 새김

1. 나는 평소 남에게 어떤 피드백을 하였는지 생각해보자.

2. 더 발전하기 위해 나에게 피드백을 사용한다면, 어느 상황에서, 어떤 피드백을 줄 것인지 그 방향을 정리해 적어 보자.

이런 것도 알아보세요!

나는 일머리가 있는 편인가?

셀프 진단하기(GS 칼텍스 제공)

1. 메일함에 항상 안 읽은 메일이 10개 이상 있다.

2. 지각은 일주일에 1번 이상 꾸준히 한다.

3. 매번 윗사람에게 보고서 작성에 대해 주의를 받는다.

4. 무슨 일이든 기한이 임박해야 실행한다.

5. 자료 첨부 누락, 프린트 누락, 숫자, 오타 등 1일 1작은 실수를 한다.

6. 회의 때마다 중요한 메시지를 놓친다.

7. 동료들과 비슷한 업무량이지만 이상하게 나만 항상 야근한다.

8. 자료를 읽지 않고 회의에 참석할 때가 많다.

9. 일주일 업무의 해야 할 일에서 사라지지 않는 일이 있다.

10. 일이 항상 용두사미로 끝난다.

⋮

체크표지 개수 합계 ○

5개 이상 일머리가 부족한 당신 ▶ 초급 대처법을 보라.

"자네는 왜 이렇게 일머리가 없나!" 하는 말을 종종 들어본 당신은 자잘한 실수가 많은 사람. 잔 실수는 성과에 큰 영향을 미치지는 않지만 늘 실수가 많은 사람으로 낙인찍히면 중요한 프로젝트나 큰 업무와는 거리가 멀어진다. 빠른 일 처리보다 기본 업무의 완성도를 높이는 것이 우선이다.

2~4개 일머리가 조금 아쉬운 당신 ▶ 중급 대처법을 보라.

업무의 기본을 지키는 것과 엄격한 자기 관리를 넘어서 주변 사람을 활용할 수 있는 필살기를 사용해야 된다. 무조건 업무의 100%를 혼자 다 하려 들지 말고 자신이 채울 수 없는 20% 정도는 주변 사람의 능력을 활용하는 꼼수를 발휘해야 한다.

0~1개 일머리에도 성장 잠재력이 보이는 당신 ▶ 고급 대처법을 보라.

실수가 거의 없고 비교적 꼼꼼한 성격의 당신. 이제는 자신이 맡은 업무를 뛰어넘어 위에서 시키는 업무가 아닌 하고 싶은 일을 찾아서 주체적으로 할 때가 되었다. 능동적인 자세로 업무의 시작의 리더가 되자. 좀 더 멀리 내다보고 장기적인 커리어 계획을 세우는 것도 필요하다.

초급 대처법 : 기본만 해도 중간은 간다

1. 문장을 짧게 써라

간결한 문장을 쓰는 것만으로도 매일 반려되는 보고서를 보완할 수 있다. 상사는 바쁜 와중에도 많은 서류를 일일이 확인해야 하기 때문에 길고 장황한 문장을 꼼꼼하게 읽을 시간과 정신적인 여유가 없다. 문장이 길어지면 초점이 흐려져 중요 포인트를 놓치기도 쉽다는 것을 명심하라.

HOW-TO

문장에서 쓸데없는 수식어는 떼어내고, 글의 분량을 절반으로 줄여보자. 한눈에 이해할 수 있는 보기 쉬운 표와 그림을 활용하는 것도 하나의 방법이다. 주어와 서술어가 일치하는지, 자료에 사용된 숫자는 확실한지 마지막으로 체크하는 습관도 필요하다.

PLUS TIP

제안서를 쓸 때 한 페이지 정도로 깔끔하게 정리해 포인트만 명확히 드러나게 하자.

2. 가장 하기 싫은 일부터 하라

뭔가 바쁘긴 한데 해놓은 일은 없는 기분이 들지 않는가? 일의 우선순위를 매길 때 편한 일보다 해야 할 일을 먼저 하는 것이 좋다. 익숙한 유사노동에 현혹되면 안 된다. 익숙한 유사노동만 하다 보면 막판에 하기 싫은 일이 한꺼번에 몰려 멘붕에 빠질 위험이 크기 때문이다. 하기 싫은 일은 많은 시간이 소요될 가능성이 높다. 시간 배분을 기억하자.

HOW-TO

업무의 마감 기한, 중요도를 따져 해야 할 일 목록을 작성하고, 그 중 가장 하기 싫고 중요한 일부터 처리해야 한다. 업무 리스트는 세분화하여 구체적으로 적는 편이 좋다.

제안서 작성에는 옆의 빈칸에 자료 조사, 자료 분석, 자료 작성 순으로 간단히 할 일을 세분화해 써 두자. 업무 전화는 기다리지 않고 먼저 걸어서 해결해야 한다. 반드시 통화해야 할 곳을 정리해 순차적으로 전화를 업무 전화 타임을 가지는 것도 방법이다.

PLUS TIP

전화나 문자로 빠르게 처리될 간단한 일은 하기 싫은 일을 하는 중간에 해도 좋다.

3. 마감을 하루 당겨 완료한다

누구나 게으르다. 마감일까지 늑장을 부리다가 막판에 허겁지겁 일을 처리하는 경우가 많다. 아주 간단히 처리되는 일 외에 긴 시간이 필요한 업무는 할 일 리스트에 마감일 하루 전으로 적어서 실제보다 일찍 마감할 수 있도록 습관을 만들자. 나중에 방대한 업무를 여유롭게 수정할 수 있는 시간도 가질 수 있다. 마감일을 지키는 것은 곧 당신의 평판임을 꼭 기억하자.

HOW-TO

윗사람의 확인이나 결재를 받아야 하는 업무, 동료가 처리해야 다음 단계로 넘어갈 수 있는 업무는 나의 의지와 상관없는 대기 시간이 생길 수 있다. 마감일에 지장이 없도록 상대방에게 업무의 진행과 마감 일정을 반복해서 상기시켜야 한다.

PLUS TIP

회의에서 숙제를 안고 돌아오지 않아야 한다. 업무와 관련된 대부분이 모이는 회의 시간을 찬스로 이용하면 간단한 확인 절차나 질문을 대기 시간 없이 빨리 해결할 수 있다.

중급 대처법 : 주변 사람을 활용하라

1. 나의 업무를 타인에게 알린다

내 할 일만 묵묵히 하는 것은 어리석은 일이다. 업무에 들이는 공이 자연스레 드러나는 일도 있지만, 그렇지 않은 경우가 더 많기 때문이다. 업무는 공개될수록 건강해진다. 내가 하고 있는 일을 타인에게 알릴 수 있어서 어려운 문제 해결은 쉬워지고 새로운 정보 자원을 얻을 수 있다. 이는 성과로도 이어지게 된다. 꼭 남에게 도움을 받지 않더라도 나의 업무를 객관화해 바라볼 수 있는 기회이기도 하다.

HOW-TO

상사가 "하고 있는 일은 잘 되고 있나?"라고 묻는 것은 일종의 기회이다. 이때 엘리베이터 톡(Elevator Talk)기술을 사용해야 한다. 엘리베이터에서 상사를 만났을 때 30초 이내에 내가 하는 일을 잘 표현하는 걸 의미한다. 현재 어떤 일을 하고 있고 어떻게 몰입하고 있는지 간단하게 설명해보자. 엘리베이터 톡에 성공했다면 대화는 엘리베이터에서 내려도 계속되고 질문을 주고받으며 상사의 귀중한 인풋을 받을 수도 있다. 물론 당신에 대한 지지는 덤이다.

PLUS TIP

가까운 선배에게 고민을 털어 놓자. 내가 무슨 일을 하는지 알릴 수 있고, 몰랐던 부분에 대해 색다른 접근 방식을 알려줄 것이다.

2. 상사를 좋아한다고 착각하라

아무리 상사가 싫어도 그를 멀리하면 결국 손해이다. 업무를 분담하는 것도, 인사 평가를 하는 것도 자신의 상사임을 잊어서는 안 된다.

HOW-TO

상사와의 식사는 최대한 많이 할수록 좋다. 이 시간을 이용해 새로운 정보를 주고받아보자. 산업의 변화, 경쟁사의 활동, 신기술 등을 공유함으로써 업무 파트너로서의 이미지를 구축할 수 있다. 반대로 상사에게서 업무, 기업에 관한 최신 정보를 얻을 수도 있다.

PLUS TIP

상사에게 보고할 때는 항상 옵션을 만들자. 다양한 옵션을 보고 상사가 최종 결정할 수 있게 해야 한다.

3. 당당하게 따라하라

회의 중이거나 제안서를 만들 때 더는 창의적인 아이디어가 없다고 자책하지 말자. 모방도 효율적인 배움의 방법이 될 수 있다. 잘 따라 해야 자기 것도 잘 만든다. 하늘 아래 나만 아는 창의성은 없다. 나만의 방법으로 창조해보겠다며 어중간하게 이도저도 아닌 내용을 보고하는 게 최악이다.

HOW-TO

영문 보고서를 잘 쓰지 못하겠다면, 외국계 컨설팅 회사의 업무 보고서나 광고대행사의 제안서 등 주변에서 좋은 영문 보고서를 수집하라. 따라할 것은 보고서만이 아니다. 상사의 프레젠테이션 기술도 따라 할 수 있다. 제스처, 호흡과 발성, 시선 등 잘 관찰했다가 내 것으로 만들어야 한다.

PLUS TIP

선배의 이메일을 카피해라. 문장 구조, 서명, 제목 작성법 등 배워야 할 것이 산더미이다.

고급 대처법: 성실하게 자기계발에 몰두하라

1. 출퇴근 시간에 정보를 수집하라

출퇴근 시간에 대중교통에서 보내는 자투리 시간을 무시하지 말라. 스마트폰으로 수집한 작은 정보가 오늘 하루 동안 나의 작은 무기가 될지도 모르기 때문이다.

HOW-TO

포털사이트의 정치, 경제, 사회 뉴스는 제목이라도 훑자. 식사나 미팅 자리에서 침묵이 흐를 때 좋은 대화 소재가 된다. 중요한 발표나 회의가 있는 날에는 문서에 쓰인 사실을 점검하는 시간으로 활용하라. 검색하며 얻는 추가 정보는 부연 설명을 할 수 있는 무기로 활용할 수 있다.

PLUS TIP

포털사이트의 뉴스 카테고리는 관심사 위주로 편집하면 좋다.

2. 나만의 필살기를 만든다

모든 일을 완벽하게 해내는 사람은 없다. 단점을 덮을 수 있는 강점이 있어야 한다. 직장에서 쓸모 있다는 인상을 주는 일은 그리 어렵지 않다.

HOW-TO

보고서를 잘 쓰고 발표를 잘해서 "발표만큼은 OO가 잘하지!"란 소리를 들으면 좋겠지만, 그게 아니더라도 가장 인기 있는 아이돌 그룹에 대해 잘 안다거나 퇴근 후나 주말에 갈 만한 맛집 리스트를 꿰고 있는 아주 보잘 것 없어 보이는 것이라도 좋다. 새로운 강점을 개발하고 싶다면 팀에서 자신이 어떤 역할을 하면 좋을지 고민해 보자. 자료 조사를 잘하는 사람이 없다면 자료를 조사하는 역량을 키워 팀에 보탬이 될 수 있다.

PLUS TIP

내가 무엇을 잘하는지 잘 모르겠다면 상사나 선배에게 자신의 강점을 직접 묻는 것도 방법이다. 이런 과정을 통해 단점을 보완하고 강점은 더 개발해 나가면 된다.

3. 좋아하는 일에 몰두하라

능동적으로 일하는 사람이 결국 이긴다. 일에서 재미를 찾고 싶다면 하고 싶은 일을 자신이 먼저 추진해보라. 물론 좋아하는 일을 한다는 것이 쉬운 일이 아니다. 그러기 위해선 좋아하지 않지만 꼭 해야 할 일을 빨리, 정확하게 끝낼 필요가 있다.

HOW-TO

'무슨 일로 회사에 가장 기여할 수 있을까?', '어떤 일이 나의 강점을 발휘하여 즐거우면서도 회사에 절대적인 공헌을 할 수 있을까'라는 질문을 자신에게 던져보자. 회사에는 일이 많다. 조금만 더 신경을 쓰면 내가 좋아하는 일을 찾을 수 있다. 도전하고 싶은 일을 찾았다면 맡고 싶은 의지를 상사나 선배에게 드러내라. 언제든 맡겨만 주면 잘할 수 있다는 자신감을 보이는 것도 중요하다. 기회는 스스로 만드는 것이다.

PLUS TIP

스스로 시작한 일이라면 그에 따르는 책임 역시 당신이 직접 져야 한다. 제대로 업무를 수행하지 않거나 금방 포기해버린다면 그동안 쌓은 신뢰를 잃을 수도 있다.

일머리를 키우는 방법은 그렇게 어렵지 않다. 당신에게 적합한 대처법으로 연습해서 오늘부터 일머리도 뛰어난 사람이 되자~!

리더에게 필요한 인맥 3종 세트

1. 조직 내부 인맥

아이디어를 효율적으로 추진하여 목표를 달성하기 위해 지원팀이 필요하다. 외부 인맥을 쌓으려고 바깥으로만 돌면 정작 조직 내부는 어떻게 굴러가는지 모를 수 있다. 내가 속한 조직에서 각자의 강점을 알고 장악하는 것이 먼저다.

2. 전문가 인맥

전문 분야에서 이름을 떨치는 사람을 의미하는데 경영자나 대학교수 등이다. 아이디어 개발을 위한 조언과 새로운 사업 아이디어를 구할 전문가 네트워크를 구축하는 것이 좋다. 전문가 인맥을 쌓으려면 먼저 연락하는 주도적인 태도가 필요하다. 당신에게 필요한 인맥이라면 먼저 연락해야 한다. 전문 네트워크 유지를 위해 전문가 상호 연결의 구심점 역할을 하는 슈퍼 커넥터가 되는 것도 좋다.

3. 개인 인맥

취미나 교양을 위한 개인적 네트워크다. 아이디어를 내 기획하는 것은 일이며 사업이다. 기획자에게 스트레스를 날려주고, 서로 위로와 공감을 할 수 있는 네크워크가 필요하다. 힘들 때 스스럼없이 털어놓으며 얻는 위로와 안식이 깊은 성찰과 지혜로 성숙하도록 이끈다.

미래의 핵심 역량
협업 능력과 기획력

이전 사회는 상위 1%의 리더만 있으면 모든 것이 잘 굴러가는 시대였다고 할 수 있다. 소수 리더의 창조적인 아이디어가 한 조직을, 한 국가를 그리고 세계를 이끌었다. 이제 '사공이 많으면 배가 산으로 간다'가 아닌 '사공이 많아야 성공한다'라고 바뀌고 있다. 집단지성을 존중하는 시대로 변모하는 것이다. 집단지성은 조직 내에 아이디어를 함께 개발하고 수정하는 모든 과정을 통해 상상 이상의 성과를 나타내기 때문에 많은 회사가 협업 프로젝트 진행에 열을 올린다.

협업이 무조건 머리를 맞댄다고 해서, 모두가 의견을 내어놓는다고 좋은 결과만 나오는 것은 아니다. 쓸데없이 시간만 버리거나 개인이 혼자 할 때보다 더 형편없는 결과물이 나오기도 한다. 이때 갈등을 조정하는 기획자의 역할이 매우 중요해진다. 서로 다른 분야의 지식을 가진 사람과 그 사람들의 경험이 부딪히는 것은 어쩌면 당연하다. 대화와 소통을 통해 팀원들이 가진 능력을 극대화하도록 돕는 게 바로 기획자의 역할이다. 그러나 기획자만이 그 역할을 해야 할까? 모두가 기획자가 되어도 된다. 능동적인 태도를 장착해 팀의 원활한 소통을 이끄는 역할을 스스로 해볼 필요도 있다. 미래의 핵심 역량인 협업 능력을 선보일 기회를 잡아 보자.

협업역량 셀프 체크리스트

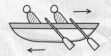

	아니다 (1점)	보통이다 (2점)	그렇다 (3점)	매우 그렇다 (4점)
1. 나는 업무를 계획할 때 협업이 필요한 부분을 먼저 정리하고 전체 업무를 진행한다.	●	●	●	●
2. 나는 협업 요청을 통해 효과적으로 업무 성과를 냈던 경험이 있다.	●	●	●	●
3. 나는 협업이 많이 요구되는 업무도 피하지 않는다.	●	●	●	●
4. 협업을 하는 것이 나의 성장에도 도움이 되는 일이라고 생각한다.	●	●	●	●
5. 협업 요청할 때 대상자에게 구체적이고 명확하게 업무요청을 한다.	●	●	●	●
6. 나는 협업에서 자유로운 의사소통이 가능하도록 친절한 태도를 유지한다.	●	●	●	●

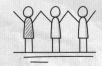

	아니다 (1점)	보통이다 (2점)	그렇다 (3점)	매우 그렇다 (4점)
7. 나는 협업 요청을 받을 때 협조를 미루지 않는다.	●	●	●	●
8. 나는 업무 우선순위를 정리하여 상대에게 도움을 준 경험이 있다.	●	●	●	●
9. 나에게 함께 일하는 동료란 팀원을 포함해 회사에서 일하는 전 직원이다.	●	●	●	●
10. 나는 협업을 통해 효율적으로 업무처리를 할 수 있는 방법을 고민하고 개선하고자 노력한다.	●	●	●	●

34~40점   협업을 발휘하는 방법을 알고 필요한 환경도 마련되어 있네요.

27~33점   협업을 해치는 자신의 태도를 꼼꼼히 따져 보완하세요.

21~26점   협업을 높일 방법을 적극적으로 고민해보세요.

20점 이하 체계적인 협업 훈련이 필요해요.

자료출처: 쇠부리 토크 내용 재구성

꿈을 계속 간직하고 있으면
반드시 실현할 때가 온다.

괴테

II

꿈이 있으면 고생!
목로(沐露)하기

1

Having

한계에 도전한다 _____

기획에 몰두해서 어떻게든 아이디어를 내려고 맹렬하게 자신을 다그치는 경우를 종종 보게 된다. 누군가의 멋진 아이디어를 보면 모두 감탄하지만, 기획자라면 어떻게 저런 생각이 나왔는지 어디에서 그것을 따라 할 수 있을지 고민해야 하는 것은 당연하다. 그렇다고 스스로 너무 몰아세우면 아이러니하게도 기획은 더 어려워진다. 당신이 가진 것에 감사하며 여유를 가지고 주위를 돌아보자. 날마다 반복되는 일상이지만 낯선 시각으로 바라보면 반짝이는 게 눈에 들어온다. 삶의 순간순간을 즐기며 다른 눈으로 그저 바라보라.

당신은 이미 가진 게 많다. 다만 그것을 모른 채 그냥 살아갈 뿐이다. 당신 안에 숨겨진 잠재된 능력을 찾아 끌어올리는 것이 기획의 기본이다. 항상 그렇다고 지나친 것, 당연히 그러리라 믿었던 것에 대한 편견을 버리자. 모든 것이 새로워질 것이다.

주변을 새롭게 바라보는 자세도 필요하나 정작 중요한 것은 당신이 자신을 보는 관점이다. 혹시 '나는 원래 이래'라고 한계를 미리 정하고 있지 않은지 돌아보자. 삶이 불행하다고 말하는 사람은 대개 가장 좋은 것보다 나쁜 것에 집중하게 된다. 기획자로서의 기량을 드러내고 싶다면 당신의 한계를 뛰어 넘자.

"나는 머리가 좋지 않아."
"나는 잘할 수 있는데 주변이 따라주지 않아."

혹시 자신에게 이렇게 말하는가? 이런 말은 스스로가 무언가를 이룰 수 없는 사람이라고 믿게 만든다.

"나는 할 수 있어."
"한번 도전해 보자."

나의 부정적 상황을 바꾸자. 당신 안에 숨어있는 잠재력이라는 보물을 발굴한다면 당신의 삶은 이미 기획자로 준비된 것이다.

나는 한계가 올 때까지 도전하는 것을 즐기는 편이다. 뭐든 끝까지, 될 때까지 밀어붙이는 경향이 있다. 새로운 것에서 재미있다고 느껴지면 제대로 알 때까지 밤을 새워 배운다. 오늘과내일의학교를 운영진으로 활동하면서 여러 일을 동시에 처리해야만 했다. 제대로 일할 인력이 부족하여 잡다한 일을 도맡아서 했었는데, 그게 대부분 디자인 관련이다. 단체 운영과 행사 진행에 디자인은 매우 요긴한 능력이다. 회원에게 안내할 소식지, 리플렛, 행사 포스터, 안내문, 카드뉴스, 동영상, 문서 등 여러 분야에 디자인이 요구되기 때문이다. 오늘과내일의학교가 막 생겨난 때에 운영비가 부족하여 디자인 분야는 전부 재능기부를 받았다. 처음에는 전문 디자이너가 도와주셨으나 그것도 한계가 있었다. 이리저리 프로그램 다루는 법을 설명한 동영상을 찾아가며 직접 실행해보니, 일러스트나 포토샵 프로그램이 조금은 편해졌고, 간단한 작업은 금방 한다. 또 프리젠테이션 디자인만큼은 전문가와 견주어도 손색이 없을 정도로 자신감도 생겼다. 누가 시키지 않았으나 스스로 도전하였더니 나도 몰랐던 능력이 발굴된 것이다. 비용을 지불할 여력이 안되어 직접 할 수 밖에 없던 상황이 큰 요소이긴 하다.

단번에 성공을 얻지 못한다고 두려워할 필요는 없다. 결과보다 과정에 집중하라. 실패에서 얻는 경험이 더 크다. 많이 넘어지고 많이 부딪혀야 한다. 특히 공부하는 학생, 진로를 고민하는 청소년이라면 더 도전하고 더 좌절해봐야 나중에 방황을 덜 한다. 어제보다 더 나아가지 않았다고 좌절할 이유는 없다. 퇴보해도 배울 점이 있고, 현재를 잘 유지하고 있어도 당신은 박수를 받을 만하다. 아주 조금씩이라도 매일 한 걸음 나아간다면 발전의 토대가 마련되고 있는 것이기에 그 자체만으로도 엄청난 것이다. 또, 한번 성공했다고 해서 성공의 기쁨에만 머물러 있지 말아야 한다. 성공은 또다른 시작이다. 기획자는 계속 삶을 주시하고, 발견하고, 도전해야 한다. 우리의 인생은 길다. 첫 성공은 인생이라는 긴 여정에서 이제 막 마을 하나를 지난 것 뿐이다. 성공의 기쁨은 누리되 다음을 기약하라. 더 큰 성공과 발전이 기다리고 있을 것이다.

꿈꾸며 목표를 향해 가자. 진정한 기획자가 되려면 성공한 기획자의 모습을 상상하며 나아가야 한다. 당신의 잠재력을 이끄는 상상력은 필수다. 기획자로서의 모습을 상상하면 내면에 잠재된 힘이 나온다. 나의 한계가 어디까지인지 진정으로 도전해 보자. 그러면 당신이 이미 가지고 있지만 깨닫지 못한 진정한 능력이 찾아질 것이다. 도전에 조급할 이유도 없다. 삶을 살며 일상에서 관찰하며 눈여겨보다가 할 만 하다면 해보는 것이다. 그게 당신에게 공부든, 진로든, 업무이든, 창업이든, 꿈꾸고 도전하는 자에게 기회가 오니 여유를 가지고 내 안에 가진 것을 성찰하자.

낯설게 바라보는 마음 새김

1. 내가 한계를 만날 때 어떻게 반응하고 행동하는지 적어 보자.

2. 내가 계속 도전해 극복하고 싶은 한계는 무엇인지 적어 보자.

3. 그 한계를 극복하기 위해 해야 할 일이나, 하고 싶은 실행계획을 정리해 보자.

2

Big picture
큰 그림 그리기가 기획이다

"너는 다 계획이 있구나!"

어디선가 들어 본 말일 것이다. 굳이 정답을 이야기하지 않아도 그 영화 장면을 떠올릴 것이니 본론으로 들어간다.[11]

기획자는 큰 그림을 그리는 사람이다. 오케스트라 지휘자처럼 악기의 특색에 따라 그것이 가진 개성을 끌어내고 다시 조화를 만드는 그런 역할이다. 기획자는 개인을 이해하고 그들의 강점을 충분히 발휘할 장을 만들고 다시 강점을 융합해서 전체적인 설계를 할 수 있어야 한다. 당신이 원하는 것에서 다루어지는 내용들을 통해 전체 그림을 보는 안목을 갖추어야 한다. 오케스트라 지휘자처럼 모두의 소리를 듣고 화음을 맞추고 음의 크기를 맞추는 커뮤니케이션과 협업을 이끌어 당신의 능력을 증명하자. 윗사람과 동료

---

11) 영화 기생충에서 주인공 송강호가 아들에게 말하는 대사로 유명하다.

에게 당신만의 아이디어로 창조적인 길을 가면서 그것으로 주변을 설득하여 같이 가게 만드는 전략가로 보여야 한다.

책 저작, 팟캐스트, 원격연수, 강의, 교육콘서트, 오내학교 TV특강, 캠프 프로그램 등 여러 분야에서 기획자로 활동하는 동료들과 일하다 보면 '진짜 계획이 있구나.'하고 감탄하게 된다. 이런 사람은 A를 진행하면서 플랜 B와 C가 있는 기획자다. 아이디어 하나를 추진하면서 실행이 안 될 가능성을 대비해 다른 계획을 세우고 적당한 사람을 미리 찾아둔다. 그래서 실행하다 멈추면 바로 플랜 B가 가동되니 일이 지연되는 일이 좀처럼 없다. 큰 그림을 그리는 기획 리더에겐 계획이 있고, 그 계획에 필요한 적당한 사람을 끌어올 수 있다는 것이 놀랍다. 또한, 각 전문 분야에서 연결된 인맥이 어마어마하다. 그 인맥을 어떻게 형성했을까? 여기서 기획자의 자질이 나오는데 이는 바로 '부딪히기'다. 기획 리더는 이 '부딪히기'를 통해 필요한 인재의 조건에 맞는 사람과 무조건 접촉을 시도했고 인맥을 이루어냈다.

나의 경우, 필요한 인맥을 이용하기도 하지만 크몽이나 알바몬에 공개 모집 후 개별 인터뷰를 통해 만나, 이전에는 전혀 몰랐던 사람과 지금까지 같이 일을 하기도 한다. 아는 사람을 들였다가 서로 맞지 않아서 그나마 있던 관계가 깨지는 것보다, 그 분야에 특화된 전문가를 영입해서 일머리를 맞춰가는 것도 좋다고 생각한다. 대신 생판 모르는 사람을 만나도 믿음을 가지고 내가 원하는 방향으로 이끌 수 있는 능력을 겸비해야 가능한 일이다.

　오케스트라 지휘자처럼 기획자로 전체를 아우르는 모습을 상상해 보라. 멋지지 않은가. 성장하며 팀원을 데리고 그 팀의 성공을 이끄는 당신의 모습을 상상해 보라. 전체를 보는 기획자가 되기 위한 역량을 다음과 같이 정리했다.

●●**첫째** 새로운 아이디어를 내고 다양하게 생각하는 창의적 감각이 있어야 한다. 남과 다른 상상력이 있어야 탁월한 그림이 나온다.

●●**둘째** 기획서를 논리에 맞게 표현하고 이를 체계화하는 능력이 있어야 나의 큰 그림에 맞는 사람을 찾아 설득할 수 있다.

●●**셋째** 자료를 찾아 분석하여 재해석하거나 통계를 처리할 수 있어야 한다. 기획은 다양한 면에서의 촘촘한 계획과 경험을 요구한다. 현재에 주어진 각종 정보를 잘 분석해야 미래를 그린다.

●●**넷째** 당신의 기획을 다른 사람이 이해하기 쉽게 풀어 설명하는

능력이 필요하다. 당신이 원하는 인재와 소통하며 당신의 상상력에 감동하게 만들 수 있어야 한다.

●● **다섯째** 당신의 상상을 현실에서 가능하게 기획하고 실천할 수 있어야 한다. 아무리 좋은 아이디어라도 현실에 맞지 않으면 무용지물이다. 상상을 실제로 풀어내는 능력이 중요하다.

　큰 그림을 그리려면 위와 같은 능력이 필요한데 어떻게 해야 그 역량을 키울 수 있는지는 다음의 기획 역량을 키우는 3단계를 읽어보자.

❶ Why를 찾아라

　눈에 들어온 현상에 질문을 던진다. '왜'에 집중하면 꼬리에 꼬리를 무는 질문이 생길 것이다. Why를 통해 문제점과 장애물을 해결해야 한다. 어느 대형마트 식품 매장에 갑자기 긴 줄이 생겼다. 왜 그랬을까? 이유는 브로콜리의 무게를 저울에 달아서 가격표를 붙여야 했기 때문이다.

　"왜 브로콜리를 일반적인 상품처럼 규격화하지 못할까?"

　기획자적 마인드를 가진 사람이 이런 질문을 던졌다. 그랬더니 다음 반응이 나왔다.

"말이 되는 소리를 하세요. 브로콜리는 자랄 때부터 크기가 천차만별인 식물인데 어떻게 규격화합니까?"

"채소가 공장에서 만드는 공산품인가요? 어떻게 규격을 통일해요?"

쉬운 일이었다면 남이 먼저 했을 것이다. 정말 브로콜리를 규격화하는데 비용이 많이 들었을까? 의외로 그 해답은 경제적이면서 간단했다. 그 작업은 그저 계획된 중량에 맞춰서 브로콜리를 다듬고 가지를 자르면 되는 문제였다. 이렇게 규격화된 브로콜리는 소비자에게 뜨거운 호응을 얻었다.

❷ How를 찾아라

어떤 문제점을 찾았으면 그 해결방법을 모색해야 한다. 먼저, 자료를 수집하자. 실태 파악을 위한 팩트를 점검하기 위함이다. 여기서 기획의 초안이 잡힌다. 유기농 쌈으로 100억대 매출을 올려 화제가 된 B대표는 농사 초기에 '어떻게 해야 유기농 채소를 병에 잘 견디고 건강하게 기를까' 고민을 했다고 한다. TV, 신문, 책 등에서 이런저런 방법을 찾다가 우연히 접한 지식을 농사에 접목했다. 바로 오징어를 운반할 때 천적 물고기를 넣으면 오징어가 살려고 도망을 다녀 목적지에 도착할 때까지 죽지 않고 살아 있다는 정보이다. 오징어는 성질이 무척 급하다고 한다. 그래서 잡은 지 한 시간 안에 대부분 죽고 만다. 오징어를 동해바다에서 잡아 산 채로 서울로 옮기려면 최소 3~4시간이 걸린다. 오징어가 살아 있어야 좋은 값을 받을 수 있어서 이 문제로 어부들이 머리를 맞대고 방법을 찾았다고 한다. 그래서 천적을 같이 넣어보기로 했다. 처음에는 쥐치를 넣었는데, 오징어가 살아있긴 하나 서로 싸우느라 오히려 몸에 흠집이 나는 결과를 냈다. 대체 수단이 게이다. 게는 오징어에게 상처를 주지 않고 그 성질을 교묘히 건드려 천적과 같은 역할을 한다. B대표는 이 원리를 여러 종류의 쌈 채소를 섞어 심어서 경쟁을 시키는 방법으로 응용해 보았다. 밭의 가장자리에는 상추를 심고 중앙에는 케일을 두었다. 그 결과 좋은 영양분을 섭취하기 위해 식물이 서로 경쟁하면서 더 튼튼해지고 병충해에 강해졌다고 한다.

❸ What을 찾고 Feedback하라

친환경 먹거리에 대한 인식이 부족하던 시절에 벌레 먹은 흔적이 많은 유기농 채소는 사람들에게 외면당했고, 기른 노력에 비해 그 값을 제대로 받지 못했다.

"공짜로 나눠주면 건강한 음식이니까 사람들이 좋아해 주겠지?"

그러나 사람들의 반응은 냉담했다.

"아니, 아무리 공짜라고 하지만 누군지도 모르는 사람이 주는 것을 뭘 믿고 먹어?"

이 일은 우연한 기회에 그 해법이 나오게 된다. 집에 들른 지인이 쌈을 먹어 보고, 아파트 주민들에게 직거래 하는 것이 어떤지를 제안한다. 이것이 입소문을 타고 인맥에 인맥을 더하니 판로도 개척되었다. 아무리 홍보를 해도 제품이 판매되지 않을 때가 있다. 특히 먹거리는 판매자에 대한 신뢰가 있어야 사람들이 안심하고 사서 먹기 때문이다. 일이 생각과는 달리 잘 진행이 되지 않을 때 무엇을 놓쳤는지, 어디에 집중해야 하는지 다시 찾아야 한다. 실패하면서 얻은 피드백(feedback)으로 부족한 부분을 살피고 문제를 해결하는 것으로 나아가 다시 무엇(What)을 잡을지 고민해야 한다. 나아가 현재 내가 가진 상품이나 콘텐츠의 가장 두드러진 대표 강점을 다시 받아보고(feedback), 무엇(What)을 더할지도 고려해야 한다.

낯설게 바라보는 마음 새김

1. 내 삶의 큰 그림은 무엇인가?

3

Strategy

남과 다른 사고방식과
색다른 시각이 필요하다

카톡 멘트에 '감당할 그릇을 키워 꿈을 담다!'라는 말을 넣었다.
솔직히 기획하는 일만큼 재미있는 게 없어 그것에 집중하고 있고,
늘 열심히 잘한다고 생각한다. 사람의 말에 힘이 있어서인지 현실
이 그렇지 않더라도 말하고 다니면 상황이 그렇게 바뀌는 걸 경험
한다. 이게 말이 가진 힘이고 저력이다. 당신 스스로 된다고 믿는
것, 그것이 가장 중요하다.

새로운 생각을 붙잡고 나아가 보라. 창의적인 아이디어를 내는
사람들의 특징은 누구도 생각하지 못한 것을 보고 그것을 실현에
옮긴다는 것이다.

> "
> 포커스 그룹에 맞춰 제품을 디자인하는 것
> 은 진짜 어려운 일이다. 대부분의 사람들은
> 제품을 보여주기 전까지 자신이 원하는 게
> 무엇인지 정확히 모른다.
> "
>
> Steve Jobs

이렇게 스티브 잡스는 말했다. 또 포드 자동차 회사의 창업자이
자 주 5일제 40시간 근무를 최초로 실시한 헨리 포드는 다음과 같
이 회고했다.

> "
> 만약 내가 자동차를 만들기 전에 고객에게
> 원하는 것이 무엇이냐 물었다면 그들은 더
> 빠른 말(馬)이 필요하다고 대답했을 것이다.
> "
>
> Henny Ford

보통 사람은 자신이 진정 원하는 것이 무엇인지 모른 채 그저 살
아간다. 사람들 대부분이 지나친 일반적인 필요를 구체화하여 실
제로 만들어내면,

"아! 이게 내가 원했던 거야."

라고 말한다.

　우리 사회는 학력이 높으면 취업이 잘된다는 공식이 파괴되는 시대로 바뀌고 있다. 저성장에 따른 낮은 취업률도 문제이나 주된 이유는 대학에서 배운 지식과 경험이 직장 취업으로 연계되지 못하기 때문이라고 생각한다. 그래서 취준생은 어떻게든 대학에서 배운 전공과 달라도 생존을 위해 생소한 분야에 뛰어드는 실정이다. 트렌드에 맞춘 유튜브 방송이나 쇼핑몰 운영으로 수익을 올리거나 인스타그램이나 블로그 등의 SNS에서 인지도를 높여 부가 사업에 활용하고 싶어 한다. 그중 일부는 학력과 상관없이 성공한다. 모 방송사의 서민 갑부라는 프로그램에 보면 젊은 기획자가 자신만의 아이디어로 성공하여 부를 축적하고 있는 모습을 확인할 수 있다. 이 세상에 하나밖에 없는 수제 케이크 같이 누구나 아는 원리에 간단한 한 가지를 추가하여 발전시킨 상품들이 나온다. 이를 보고 다들 따라 하지만 생각처럼 성공이 쉽지는 않다. 무조건 따라한다고 되는 일이 아니다. 성공한 사람에게는 남과 다른 사고방식과 색다른 시각으로 도전한 노력이 있다. 이들에게서 자신의 인생을 개척한 특별한 그것이 무엇인지 찾아보자.

❶ 메이크업 아티스트 포니(박혜민): 진로의 새 분야를 개척하다

포니는 학교 졸업 이후 그래픽 디자이너로 활동하다 뷰티 산업에 뛰어들었다. 색조 표현력과 컬러 조합 능력이 뛰어나 이를 메이크업에 응용하는 센스를 보여주어 메이크업 분야 파워 블로거로 입소문을 타면서 관련 책을 출간했는데, 해외에도 출판되었다. 포니는 CJ 엔터테인먼트와 유튜브 채널에 포니의 뷰티 다이어리 시리즈를 꾸준히 올리며 유명해졌다.

포니의 유튜브 방송은 단독 채널로의 운영이 남들보다 조금 늦었으나, 단기간에 국내 뷰티 분야 최고로 떠올랐다. 포니의 성공 원인은 팔로워의 피드백을 듣고 반영하는 것이다. 그녀는 팔로워의 댓글을 철저히 읽으며 다음 영상의 주제를 잡는다. 댓글을 통해 사람들이 가장 원하는 것을 파악하고 소통한다. 댓글 소통을 기반으로 세계 팔로워를 만족시킬 메이크업 방송을 하려고 노력한다고 하니, 팔로워의 니즈를 수용하고 이를 구현한다는 것은 사실 자신에 대한 믿음이고 겸손한 모습인 것 같다. 자신의 전공과 다른 분야를 개척해 유명한 자리에 있으면서 겸허히 의견을 청취하고 수용하는 넉넉함, 그게 기획자의 능력이다.

❷ 손정의: 좋은 아이디어를 가리는 혜안이 있다

24살에 소프트뱅크를 창업하고, 4년 만에 소프트웨어 시장의 60%를 잠식한 손정의는 외국에 나가 유학하고 싶은데, 무엇을 공부해야 할지 몰라 무작정 일본 맥도날드의 설립자를 찾아갔다고 한다. 여러 번 문전박대를 당하다 마침내 그를 만났을 때 미래에 CEO가 되려면 무엇을 배워야 하느냐고 물었다. 후지타는 컴퓨터 관련 공부가 좋겠다고 답했다. 이후 손정의는 캘리포니아 오클랜드의 홀리네임즈 대학(Holy Names University)을 거쳐, 캘리포니아의 버클리대학교에서 경제학과 컴퓨터공학을 전공한다. 손정의의 특별한 기획 감각은 특히 IT 기술과 연계해 대박이 날 아이디어를 알아본다는 점인데, 누구나 안 된다고 여기는 아이디어를 그만의 감으로 알아보고 과감히 투자한다. 그는 IT 기술을 전혀 모르는 영어교사가 설명하는 전자상거래 아이디어에 무려 204억 원을 투자했는데, 그 투자금은 후에 3천 배로 불어나게 된다. 이 회사가 바로 중국의 알리바바다. 성공할지 알아보는 자신의 혜안을 믿는 믿음, 그에게 주목하여 배울 점이다.

❸ 다윗: 암울한 동굴 속에서 당신의 전성기를 찾을 수도 있다

가난한 양치기의 여덟 아들 중 막내인 다윗은 장자가 우선권을 모두 가진 문화에서 가장 힘없는 자였다. 하지만 그는 양치기로서 자부심을 갖고 어린양 한 마리를 지키기 위해 온갖 위험을 마다하지 않았다. 그는 이스라엘의 왕으로 추대를 받으나, 이랬다저랬다 하는 사울왕 때문에 왕위에 오르기는커녕 쫓기는 신세가 된다. 사울왕에게 발각되면 즉각 목숨을 빼앗길 위험 속에서 동굴에 은둔한 그는 이 기간에 아름다운 시편을 지었다. 성경의 아름다운 시편은 그의 생에서 가장 힘겨운 앞이 보이지 않는 막막한 시기에 나온다. 다윗이 왕이 되어 풍요로울 때조차 이보다 아름다운 시가 나오지 못했다. 다윗이 암울한 동굴에 있을 때가 그의 전성기라고 생각한다. 자신의 내면을 들여다보고 힘을 잃지 않았으며 더 나은 미래를 그리며 신앙을 가지고 희망과 감사의 시를 지었다. 실제로 이후 다윗은 승승장구하였고, 동굴 이후의 삶은 계속 위로 올라가는 성공의 연속이었다.

잔 스포츠의 공동창업자인 스킵 요웰은 "당신이 계획한 대로 일이 풀리지 않아도 감사하라. 삶이 종종 실망스럽고 갑자기 나의 생각과 다른 길로 가야 할 때 아이디어와 기회의 문이 열린다. 나에게 힘든 시기가 없었다면 새로운 아이디어는 발견되지 않았다."라고 말한다.

새로운 분야를 개척해 성공한 포니와 모두 안 된다고 할 때 혼자 예스를 외치는 손정의, 힘든 시기를 보내야 새로운 아이디어가 나온다고 말하는 스킵 요웰의 모습과 다윗의 경우를 생각하며 믿음을 가지자. 나의 길, 내가 갈 길을 돌아보자. 스스로 믿는 것이 중요하다. 아직 당신의 길을 찾지 못했다고 생각한다면, 앞으로의 진로를 고민한다면 다음처럼 생각하자.

●●**첫째** 현재 당신의 위치, 능력, 꿈, 희망을 곰곰이 성찰하고 기획하자. 당신이 가진 강점과 단점을 파악하고 그 속에서 할 수 있는 일, 앞으로 하고 싶은 일을 찾고 또 찾아야 한다.

•• **둘째** 마음속에 떠오른 생각을 잊어버리면 그만이나 실천하는 순간 현실이 된다. 구슬이 서 말이어도 꿰어야 보배다. 마음을 먹었다면 해보자. 실패하면 어떤가? 실패해도 배울 점이 많다.

•• **셋째** 실천하면서 지금의 방향이 맞는지 의심하자. 목표만 보지 말고 과정과 성장을 보자. 스킵 요웰처럼 주변을 보고 즐기면서 나아가자. 인생에서 정해진 답은 없다. 빨리 간다고 해도 빠른 게 아닐 수 있고, 늦었다고 늦은 게 아니다.

•• **넷째** 헛된 것에 힘을 쏟지 말자. 이전에는 무조건 열심히 노력하는 것이 미덕이었으나 이제는 그렇지 않다. 일머리를 잡고 해야 할 일을 체계적으로 잡아야 한다. 마른 사막에 물을 대려면 최첨단 장비와 기술이 있어야만 되는 일이 아니다. 본질적으로 지하수가 흐르는 곳을 찾아 우물을 파고, 사막으로 흐르게 하면 되는 간단한 일이다.

낯설게 바라보는 마음 새김

1. 이전에 내가 한 일 중에 남들과 다른 생각이나 아이디어를 내어 성공한 적이 있는지 적어 보자.

4

Reboot

기성세대의 관례적인 시스템을
살짝 피해본다

어릴 적의 나는 활발한 성향에다 매사에 호기심과 열정이 많은 말괄량이 같은 아이였다. 초등학교에 들어가기 전 마을 골목대장이었고, 동네 아이들을 이끌며 전쟁놀이를 했다. 하지만 초등학교에 들어가게 되면서부터 부모님은 이렇게 말씀하셨다.

"너는 내 딸이니 이런 사람이어야 해."
"사람들이 많은 곳에서 얌전히 행동해."
"버스 안에서 수다스럽게 말하지 않도록 해."

엄한 부모님의 교육을 받고 자라며 본래의 성격과 기질을 죽이고 살았다. 외향적인 기질이지만 사람들 앞에서 되도록 말을 하지 않아 주변에서는 그저 조용한 아이라 여겼다. 때로 관심 있는 일에 나서보고 싶어도 참았던 적이 많다. 그저 책을 통해 다양한 세계를 접하고 그 안에서 희열을 느껴 청소년기를 책에 빠져 보냈다. 그

우린 최고의 기획자다　　　　　　116

외엔 별다른 열정 없이 학창 시절을 보냈고 교사가 되었다. 무언가를 하긴 해야 하는데 그게 무엇인지 잘 몰라서 이것저것 잡다한 것에 열정을 쏟았다. 자수 놓기, 종이 공예, 옷 만들기에 빠져 밤샘을 하고, 가수가 되겠다고 노래를 열심히 불렀다. 학교에서도 일을 도맡아 열심히 했는데, 결과적으로 남 좋은 일만 되어 시들해졌고 많은 일로 스트레스를 받아 아팠다. 최근 몇 년간 오늘과내일의학교에서 사무국장으로, 칼럼 쓰기, 출간 작가 등의 활동에 새로운 열정을 느낀다. 삶이 너무 재미있다.

누구나 대학교 졸업 후엔 안정된 직장을 얻기를 원한다. 많은 사람이 원하기 때문에 사회의 시스템은 심리적인 강요를 조장하고 사람들은 서서히 그 시스템에 순응하게 된다. 이런 일방적이고 일반적인 수레바퀴를 멈출 수는 없을까? 공부는 머리가 아니라 가슴으로 해야 한다고 생각한다. 좋은 머리와 학력으로 성공하는 시대는 이제 끝나간다. 잘하거나 관심을 둔 분야에 몰두하고 집중하여 자신의 인생을 기획해야 한다.

C는 전국구 강사에, EBS에 파견 경력과 외고 근무 경험이 있으며, 70권 이상의 저서를 보유하는 등 깜짝 놀랄만한 이력의 소유자이지만 학창 시절엔 그리 공부를 잘하지 못했다고 한다. 열심히 공부했지만 그만큼 성적이 따라주질 않았고, 대학 진학 시 취업에 유리한 이과로 가야 한다는 담임 선생님의 강권에 못 이겨 이과로 진학했다가 수학의 함정에 빠져 자퇴하고 다시 영어교육과에 도전해 합격한다.

첫 임용고시 실패 후 다시 도전하여 임용고시에 붙은 경험이 있어서 공부 못하는 서러움을 누구보다도 잘 안다. 학생을 위한 저서를 기획할 때마다 그 아이디어도 참신하지만, 경험을 녹여내기에 학생에게 공감을 얻는 것 같다. 공부를 못한다고, 학벌이 좋지 않다고 해서 열등감으로 좌절하거나 인생이 실패했다고 생각할 이유가 전혀 없다. A의 아이디어나 기획력은 놀랍고, 현재 돌아가는 여러 기획과 저작 프로젝트의 규모가 크다.

GMM 논스틱 코팅스의 창업자 래빈 간디(Ravin Gandhi)는 공부를 못하는 학생이 가진 성공 DNA를 그의 경험과 비교 분석하며 흥미로운 이야기를 하였다. 그는 공부 못하는 학생이 성공할 가능성이 더 많다고 주장하는데, 이런 학생이 성공할 만한 이유를 다음과 같이 설명했다.

●●**첫째** 취미를 활용해 돈을 번다.

공부하지 않는 대신 자신의 취미와 관련한 소소한 돈벌이에 골몰했다. 군복이나 야구 카드, 중국 스타들의 사진 등을 팔아 돈을 버는 식인데, 이를 통해 영업과 매출, 이익, 운전자본, 재고관리 등의 개념을 스스로 익혔다.

●●**둘째** 불확실성에 익숙하다. 시험 당일 전혀 준비되지 않은 채 문제를 풀었다. 경험에 근거해 불완전한 지식으로 추론 능력을 발휘해 문제를 풀어야 했다. 기획에서도 가끔 현실에서 필요한 모든 정보를

갖추지 못한 상태에서 결정해야 할 때도 많다.

•• **셋째** 고집스러운 면이 있다. 그는 공부를 안 한다는 것은 그만큼 고집이 세다는 의미라고 해석한다. 이 고집이 사업에서 긍정적인 점도 있다. 사업을 시작할 때 많은 사람이 성공하기 힘들다고 뜯어 말려도 결국 포기하지 않고 고집스럽게 유지해 키워낸다.

•• **넷째** 위험을 감수할 줄 안다. 짜릿한 느낌처럼 새로운 시장에 진출하는 등 위험을 감수할 때 흥분을 느낀다.

•• **다섯째** 스토리텔링에 신경을 쓴다. 성적이 좋지 않아 자주 선생님과 상담을 하기에 왜 공부를 안 하는지, 성적이 왜 나쁜지 선생님이 이해하시도록 설명하는 기술이 늘게 된다. 우선 선생님의 표정을 살피며 경청하는 척을 한다. 선생님의 심중을 파악하기 위해서다. 곧 자기변명을 시작하는데, 충분히 이해하시도록 스토리를 만드는 요령이 필요하다. 이는 곧 사회생활에서 재빨리 분위기 파악 후 스토리를 만드는 능력이 되어 우수한 영업사원과 CEO가 되도록 하는 강점이 될 수 있다.

•• **여섯째** 외운 정보만이 더는 지식이 아닌 시대다. 허나 아직도 학교에서 시험 점수를 잘 받으려면 주로 주어진 범위 안의 주요 내용 암기를 잘해야 한다. 수학은 암기가 아니라 생각할 수 있으나, 사실 수학만큼 유형별로 푸는 공식을 달달 외워야 하는 과목도 없다.

그렇게 해야 정해진 시간 내에 높은 점수를 얻을 수 있다. 하지만 진짜 지식이란, 문제의 핵심을 파악하는 방법을 아는 것이다. 누군가의 지식을 달달 외워 사용하는 것보다 문제의 핵심을 파악하고 실질적인 문제 해결 방법을 찾아내는 것이 중요한데, 이것은 공부와 상관이 없을 때가 많다.

●● **일곱째** 결국 미친 듯이 열심히 해야 한다. 집중력이 힘을 발휘한다. 고등학교 때 성적이 좋지 못해 간신히 대학에 들어갔다 하더라도 대학에 들어가면 열심히 공부해야 좋은 성적을 받을 수 있다. 이때 좋은 성적은 지성과 절제력, 집중력, 성실성을 의미한다. 고등학교 때처럼 대학교에 가서도 공부하지 않으면 인생은 실패한다. 삶에서 어느 시절이든 열심히 해야 하는 시간이 있고 누구든 그 시간에 열심히 해야 한다. 해야 할 일을, 해야 할 때, 해야 하는 시간이다.

기성세대의 관례적인 시스템에서 벗어나 자신만의 방식으로 성공을 이끈 사람들의 사례를 다음에 정리한다.

❶ 제임스 바크(James Marcus Bach) : 학교 밖에서 독학

[공부와 열정(민음사)]의 저자인 그는 고교 중퇴자인데, 자신의 성공 비결을 공부라 말한다. 그가 말하는 공부는 '학교 밖 독학(獨學)'이다. 그는 16세에 학교를 그만두고 혼자 공부해 20세에 애플의 최연소 매니저가 된다. 현재는 컴퓨터 소프트웨어 테스팅 분야 전문가로 로스앨러모스 연구소, 로런스 리버모어 국립 연구소, 제트 추진 연

구소, 콜로라도 대학교, 플로리다 공과 대학교 등 유명 연구소와 여러 대학교에서 강연 활동을 하고 있다. 그는 지긋지긋한 숙제에서 느끼지 못한 희열이 컴퓨터 설명서를 읽자마자 불꽃처럼 타올랐다고 한다. 그래서 소프트웨어를 만지며 밤을 꼬박 새우고, 프로그래밍 언어를 정복한 후에 게임을 개발하기 시작했다.

❷ 박준영 변호사 : 자신만의 길

영화 '재심'의 실제 주인공이고 재심 전문 변호사이다. 그는 고등학교를 자퇴하고 공사판, 프레스 공장을 전전했다. 잠시 목포대 전자공학과에 진학했으나, 가정형편으로 중퇴 후 공부해 2002년 사법고시에 합격했다. 국선변호사로 '하나도 거룩하지 않은 파산 변호사'라는 제목의 스토리 펀딩을 통해 3억 6천 6백만 원 후원을 받는 등 독특한 그만의 길을 간다. 우리 사회가 특히 인맥, 경력, 학벌을 중요하게 여기는 문화라 아무것도 없이 출발하는 게 쉽지 않았다고 고백한다. 그래서 인정받으려고 의미 있는 사건에서 결과를 내도록 노력했다고 한다.

낯설게 바라보는 마음 새김

1. 부당하다거나 이것은 아니라고 생각했지만, 문제를 만들기 싫어서, 혹은 귀찮아서 넘어간 사례가 있으면 적어 보자.

2. 비슷한 일이 다시 일어난다면 어떻게 할 것인지 개선할 방안으로 해결 순서를 적어 보자.

5

Grab

나만의 콘텐츠를 찾는다

당신만의 특별한 콘텐츠가 있어야 한다. 강점 찾기 사이트[12]에 접속해서 나만의 강점을 찾아보자. 영어에 당황하지 말고 먼저, 다음의 표시된 곳을 클릭하면 된다.

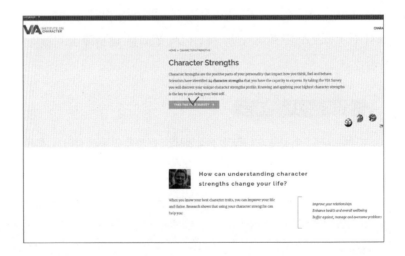

---

12) https://www.viacharacter.org/

간단히 본인 정보를 입력한다.

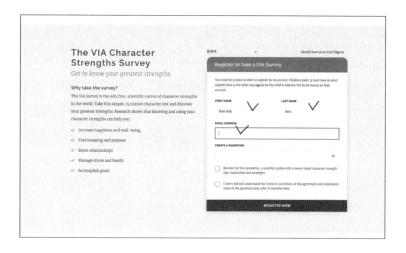

왼쪽의 성인용을 클릭해서 시작하는데 자녀랑 같이 하는 경우라면
오른쪽의 청소년용을 선택해서 검사하면 된다.

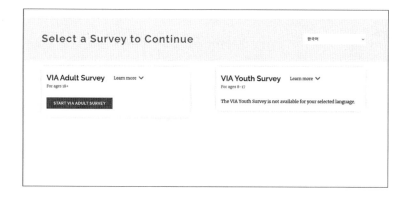

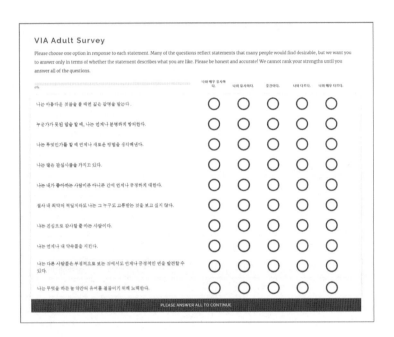

VIA Adult Survey

Please choose one option in response to each statement. Many of the questions reflect statements that many people would find desirable, but we want you to answer only in terms of whether the statement describes what you are like. Please be honest and accurate! We cannot rank your strengths until you answer all of the questions.

	나와 매우 유사하다.	나와 유사하다.	중간이다.	나와 다르다.	나와 매우 다르다.
나는 아름다운 것들을 볼 때면 깊은 감명을 받는다.	○	○	○	○	○
누군가가 못된 말을 할 때, 나는 언제나 분명하게 방어한다.	○	○	○	○	○
나는 무엇인가를 할 때 언제나 새로운 방법을 생각해낸다.	○	○	○	○	○
나는 많은 관심사들을 가지고 있다.	○	○	○	○	○
나는 내가 좋아하는 사람이든 아니든 간에 언제나 공정하게 대한다.	○	○	○	○	○
설사 내 최악의 적일지라도 나는 그 누구도 고통받는 것을 보고 싶지 않다.	○	○	○	○	○
나는 진심으로 감사할 줄 아는 사람이다.	○	○	○	○	○
나는 언제나 내 약속들을 지킨다.	○	○	○	○	○
나는 다른 사람들은 부정적으로 보는 것에서도 언제나 긍정적인 면을 발견할수 있다.	○	○	○	○	○
나는 무엇을 하든 늘 약간의 유머를 끌올이기 위해 노력한다.	○	○	○	○	○

PLEASE ANSWER ALL TO CONTINUE

약 120가지의 설문이 나온다. 설문은 한글이 지원되니 차근차근 읽고 선택하면 된다. 결과 페이지에서 1순위부터 4순위까지가 당신의 강점이며, 24순위부터 거꾸로 4가지가 약점이다.

YOUR SIGNATURE STRENGTHS

The strengths listed at or near the top of your profile are likely to be those that are most representative of the "real you." These strengths are core to who you are and likely come naturally to you.

1. 열정(열의, 활기)

COURAGE

무엇을 하든 상관없이 당신은 흥분과 활기를 가지고 다가간다. 당신은 어떤 것이든 어중간하게 하거나 건성으로 하는 법이 없다. 당신에게 있어 삶은 모험이다.

2. 진실성(진정성, 정직성)

COURAGE

당신은 정직한 사람으로서 진실을 말할 뿐만 아니라 진실되고 진솔한 방식으로 당신의 삶을 살아간다. 당신은 견실하며 가식적이지 않다. 당신은 "진실된" 사람이다.

3. 영성(삶의 목적의식, 신앙심)

TRANSCENDENCE

당신은 우주의 고귀한 목적과 의미에 대한 강하고 일관된 믿음을 가지고 있다. 당신은 더 큰 계획 안에서 어디에 속하는지를 알고 있다. 당신의 신념이 당신의 행동을 결정하며 당신에게는 위안의 근원이다.

4. 학구열

WISDOM

당신은 수업으로든 독학으로든 새로운 것을 배우기를 좋아한다. 당신은 언제나 학교, 독서, 박물관 등 배움의 기회가 있는 곳이라면 어디든 좋아한다.

5. 겸손과 겸양

TEMPERANCE

당신은 주목을 끌고 싶어하지 않으며 그보다는 당신의 업적 자체가 당신의 성과를 말해주는 것을 더 좋아한다. 당신은 자신을 특별하다고 생각하지 않으며 다른 사람들도 당신의 겸손함을 알아보고 가치있게 여긴다.

YOUR MIDDLE STRENGTHS

Strengths in the middle of your profile are considered somewhat like you. They may not feel as essential, effortless or energizing as your signature strengths, but they are still available when you need them.

6. 통찰(지혜)

WISDOM

당신은 스스로를 지혜롭다고 생각하지 않을지라도 당신의 친구들은 당신이 지혜롭다고 생각한다. 그들은 사물을 전체적으로 조망할 줄 아는 당신을 높이 평가하며 당신에게 조언을 구한다. 당신은 타인과 자신이 모두 납득할 수 있는 세계관을 가지고 있다.

7. 심미안(아름다움과 탁월성에 가치를 둠)

TRANSCENDENCE

당신은 자연에서부터 예술, 수학, 과학, 일상의 모든 경험에 이르기까지 삶의 모든 영역에서 아름다움, 탁월함, 능숙함을 인식하고 감상한다.

강점 검사하면 위와 같은 결과지를 받을 수 있다. 이해를 돕기 위해 나의 검사 결과지를 넣는다. 위에서 차례대로 4가지가 강점이다. 약점은 부끄러우니 패스한다.

다음의 SWOT 분석을 통해 강점(Strength), 약점(Weakness), 기회(Opportunity), 위협(Threat)의 4가지 항목에 3개씩만 적어 보자.

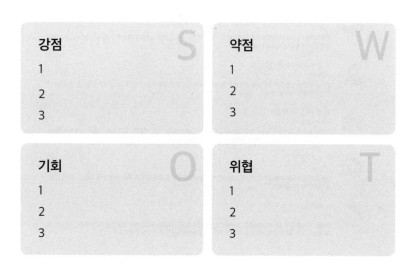

적은 내용을 바탕으로 당신의 강점과 약점을 다시 살펴보자. 장점을 강화하는 게 좋을까, 단점을 보완하겠는가? 선택이 필요하다. 우리는 강점을 키우는 것을 추천한다. 생각해보라. 펭귄이 포식자에게 잡아먹히지 않으려면 장점인 수영 능력을 강화하여 더 빠르게 수영하는 게 나을까, 짧은 다리로 도망가기 힘들다는 단점 보완을 위해 달리기 연습을 꾸준히 하는 게 좋은가? 짧은 다리를 보완하려는 달리기 연습보다 빠른 수영 실력을 강화하는 게 좋아 보인다. 실제로 그렇게 해야 펭귄이 생존할 확률이 높아진다.

약점 보완은 한계가 있다. 약점은 최소한으로 보완하고 강점을 더 개발하는 것이 더 낫다. 사람들은 확률이 아주 낮은데도 불구하고 단점을 보완하는 것에 집착한다. 하려면 확률이 높은 장점을 강화해야 한다. 앞에 적은 SWOT의 S에 밑줄을 긋고, 그에 따른 세부 계획을 적자. 그리고 그에 맞는 시간표를 짜서 실천하자. 하루하루 실천하고 다음엔 일주일 단위로 점검하면서 확장한다. 작은 성공의 기쁨을 맛보아야 지속적인 실천이 가능하다. 거창한 기획은 절대로 단시간에 이룰 수 없다. 사소한 실천을 하며 성공의 기쁨을 누리다보면 그 작은 성공이 큰 성공을 가져오게 만든다.

2016년 컴퓨터와 인간의 바둑 대결이 세간의 관심을 끌었다. 구글의 인공지능 컴퓨터 알파고와 이세돌의 대결에서 알파고가 4대 1로 승리했다. 알파고의 핵심 기술은 바로 강화학습이라고 한다. 강화학습은 주로 게임에 적용되는 개념으로 목표를 달성할 때 적절한 외적 보상이 주어지는 것을 의미한다. 여러 가지 형태로 게임에서 얻는 점수를 최대화하는 것이다. 아이들이 잘못하면 벌을 받고 잘하면 보상을 받는 것처럼, 이 알고리즘은 잘못된 결정을 내렸을 때 페널티를 받고 옳은 결정을 내렸을 때는 보상이 주어진다.

강화학습을 삶에 적용하는 방법은 원하는 목표에 도달하면 스스로 보상을 주는 것이다. 여행이나 외식처럼 당신이 정한 레벨에 보상의 내용을 각각 정해서 주는 것이다. 스스로 현재 상태를 피드백하면서 특정 목표를 달성하거나, 성과를 위해 최선의 방법을 찾아

라. 그리고 목표를 달성하면 스스로 보상을 준다. 이런 반복을 되풀이하는 과정에서 피드백 횟수를 거듭하면 할수록 당신의 기획은 더 발전한다.

아무리 위대한 기획이 있다 해도 자신을 알지 못하고는 성공할 수 없다. 자기 성찰과 분석을 통해 강화와 집중의 과정을 겪지 않고 성공한 사람은 거의 없다. 스스로 이해하고 알아차려야 한다. 경청으로 공감의 통로를 기획해 보자. 사교 모임과 네트워크를 이용하는 것이다. 모임의 장점은 여러 체험을 가진 사람들이 모여 정보를 주고받으며 간접적으로 경험을 할 수 있다는 것이다. 그 과정에서 콘텐츠가 다듬어지고 고급 정보로 재탄생하게 된다. 특히 상대의 이야기를 경청하고 피드백과 조언을 주고받는다면 당신의 모습은 발전하게 된다. 주의할 점은 경청에 여백이 필요하다는 것이다. 나서서 말하고 싶은 당신의 욕구에 여백을 넣어 마음을 비우고, 상대에게 그 시간을 양보해 보라. 여기에 그 상황에 알맞은 질문, 정리, 칭찬이 결합된다면 상대방은 주인공이 되어 효과적으로 대화가 진행된다.

1. 강점 찾기 사이트에서 검사를 한 후에 정리해 보자.

나의 강점 4가지(1~4순위)

나의 약점 4가지(24~21순위)

Path finder

리더는 길을 찾는 사람이다 _____

대학 시절 만난 느헤미야는 리더의 삶이 어떤 것인지 충실히 보여주었다. 느헤미야의 리더십과 교육자로 성장하는 역할 모델을 연결해 글을 쓰고 싶다는 막연한 소망이 있었는데, 이번에 소개할 기회가 있어 기쁘다. 느헤미야는 구약성경에 나오는 인물로 페르시아 황제 아닥사스다 1세의 술시중을 드는 관원이었다. 그의 업무를 간단히 말하면 왕이 마시는 술에 독이 들어 있는지 먼저 먹어보는 역할이다. '리더라 하더니, 고작 술시중 드는 사람이야?'라고 생각할 수 있으나 페르시아 제국을 다스리는 강력한 통치자의 신변을 보호하는 임무는 아무나 할 수 있는 것이 아니었다. CIA 같은 정보기관의 최고 요원쯤이라고 생각하면 이해될 것이다.

느헤미야가 술시중을 드는 자라고 해서 단순히 왕의 옆에 앉아 술잔을 먼저 드는 모습만 상상한다면 그것은 편협한 생각일 것이다. 어디에 치우치지 않는 확고한 성품, 날카로운 판단력과 깊은 지혜, 솔선수범하는 태도 등의 자질을 갖춰 왕이 곁에 두었을 것이다. 술시중을 드는 게 어느 정도의 지위인지 자세한 파악이 어려우나, 어느 역사서(Tobit)에는 술 맡은 관원이 국무총리 역할이라는 기록이 남아있는 것으로 보아 왕궁 내 그의 영향력이 막강했을 것이라고 유추할 수 있다. 그는 왕에게 진상되는 포도주가 어디에서 생산되어 무슨 나무로 만든 통에 담겼는지, 얼마 동안 숙성되었다가 왕궁으로 이동해 어느 조리장의 손을 거쳐 보관되었으며, 어느 시종이 옮겨와 술잔에 부어졌는지의 모든 과정을 세세히 추적하며 확인하지 않았을까? 그의 됨됨이는 느헤미야 전 장에 걸쳐 나타나는데, 리더십의 탁월한 면모를 알 수 있다.

❶ 리더는 동기를 부여한다

느헤미야는 왕에게서 자신의 계획에 대한 승인을 얻자마자 많은 인력을 가동해 준비하면서 방대한 계획을 운영하기 좋게 다시 작은 단위로 쪼갠다. 유능한 리더가 분주히 일하는 모습이 연상된다. 하나의 프로젝트를 기획하면, 계획에 필요한 인력을 동원한 후 로드에 맞게 잘라 각자에게 적당한 업무를 맡긴다. 이는 효율성과 연결되는데, 최소한의 자원으로 목표를 달성할 수 있는지 판가름한다. 모두가 똑같이 일을 나누는 것은 효율성을 낮추므로 역량에 맞게 일을 배분한다. 10개 정도의 프로젝트를 동시에 운영해도 성공하는 이유다. 프로젝트에 치밀한 계획, 사전에 모든 상황에 대한 세심한 고려와 조사, 일을 맡기기 전에 팀원에게 동기를 부여하는 모습이 질서 정연하다.

❷ 리더에겐 조직적인 사고력이 보인다

느헤미야는 자기 앞에 놓인 문제의 본질을 파악하고자 세심한 주의를 기울여 비밀리에 조사를 시작했다. 그리고 문제의 단계별 해결 방안을 차근차근 세워서 실행에 옮겼다. 문제가 크든 작든 그 해결법은 같은데, 사실에 근거한 정보가 우선 요구된다. 그리고 실행했을 때의 문제점을 예측하고 투입될 자원을 계산해야 한다. 훌륭한 지도자는 필요한 조사를 직접 한다. 무슨 일이든 필요하면 마다하지 않는데 사전 조사는 철저히 혼자 한다. 사람들의 의견을 충분히 경청하거나 사실에 근거한 팩트를 수집한다. 이런 작업은 리더에게 조직적 사고력을 충분히 발휘하게 한다.

❸ 리더는 일을 위임한다

좋은 리더는 일벌레가 아니다. 하지만 일을 겁내지도 않고 일에 얽매이지도 않는다. 남에게 일을 위임하는 것도 마다하지 않는다. 성벽을 재건하는 일을 맡은 느헤미야의 일꾼은 적어도 39개의 그룹이 모인 각계 각 층의 사람들이었다. 날마다 심각한 문제들이 발생했고 해결했다. 여기서 느헤미야가 보여주는 리더십은 어떤 과제가 필요한지 결정하고 모든 일이 잘 수행되는지 살핀다. 우리가 운영진으로 활동하는 오늘과내일의학교(진로 진학 학습 입시)밴드 회원은 현재 약 25,000명이다. 오늘과내일의학교(유초등)밴드 약 500명, 오늘과내일의학교 오프라인 단체 정회원 약 180명, 현직교사 단톡방 5개에 약 4,000명, 그 외의 지역 단톡방, 프로젝트 등이 있어 한 사람이 맡을 수 없다. 그래서 각 팀장을 세우고 일을 위임한다.

리더가 실패하는 흔한 이유는 권력에 집착하여 힘을 나눠주지 못하기 때문이다. 혹은 다른 사람을 믿을 수 없어 위임하지 못한다. 이런 사람들은 자신의 세력에서 권위를 떨치려 하고, 내키지 않은 일을 다른 사람에게 미루려다 경을 친다. 자신의 세력 과시나 권세, 편함을 추구한다면 그것은 리더의 모습이 아니다. 그 결과 실행되어야 하는 일이 멈춘다. 리더란 길을 내고 그 길의 적재적소에 인재를 두어 맡겨야 한다. 그게 리더의 참모습이다.

❹ 리더는 공로를 인정하고 감사한다

월등한 기술력이 지도자의 자질은 아니다. 함께 땀을 흘림으로 어려움을 나누는 일도 필요하나 팀원을 능가하는 월등한 기술이나 능력을 보여야 하는 것은 아니라는 의미이다. 리더는 비전과 목표를 세우고 길을 내고 길을 가도록 안내하는 사람이다. 가치 있는 무엇을 하기 위해 그리고 팀원의 화합과 협업을 위한다면 그들의 공로를 인정하고 진심으로 감사함을 표시하는 게 중요하다. 어떤 면에서 리더의 일이 행정의 형태로 나타날 수 있다. 집중하여 구조화하는 조직가이며 모든 일을 기록으로 남겨둔다. 리더가 일을 많이 할 수 있는 것은 사실이나 그렇다고 리더가 나서 일하는 것을 강조해도 괜찮지는 않다. 원하는 만큼 오래도록 열심히 일하는 리더는 좋으나 건강을 해치도록 하는 것은 문제가 있기 때문이다. 할 수 있는 사람에게 일을 나누어 위임하고 그들의 공로를 인정하는 것이 더 오래 갈 수 있는 길이다.

⑤ 리더는 일을 방해하는 장애물을 제거한다

리더와의 협업에서 주목할 점은 모든 일의 책임을 자신에게 둔다는 거다. 자신감의 증거이기도 하나 리더가 모든 일의 조정자로 일을 기획하고 있기 때문이다. 일이 잘못되어도 팀원을 원망하지 않고 문제가 더 커지기 전에 장애물을 신속히 제거한다. 리더는 판단을 미루는 성향을 이미 극복한 사람이 되어야 한다. 어떤 일에서 문제가 될 소지가 다분함을 우리는 알고 있으나 굳이 개입하고 싶지 않아서 그냥 두면 큰 걸림돌로 돌아오는 사례가 종종 있다. 그런 문제는 초반에 싹을 잘라야 한다. 그냥 두면 반드시 방해물이 된다.

어느 농촌 집에서 리모델링 공사를 했다. 리모델링을 하는 집 옆에 버려진 공터가 있었는데, 어느 날 인부가 바닥에 굴러다니던 돌 하나를 그리로 치워두었다. 그러자 다른 사람들도 큰 돌이 발에 채일 때마다 그곳에 갖다 버렸다. 며칠이 지나자 그 공터에 돌무더기가 꽤 쌓였다. 이제는 동네 사람들도 쓰레기를 갖다 버리기 시작했다. 아직 무더기 정도라 그것을 치우는 일은 대단히 어려운 일이 아니었으나 누구도 하려 하지 않아 방치된다. 마침내 돌무더기와 쓰레기 더미는 산만하게 쌓여지고 폭우가 쏟아지던 어느 날 와르르 무너져서 도로를 덮친다. 내가 미루는 일이 쌓이고 쌓이면 결국 내 삶에 큰 걸림돌이 된다. 일이 계속 진행이 안 되고 미뤄지면서 아무도 하고 싶어 하지 않은 일이 쌓이고 있다면, 리더는 그것을 감지하여 초반에 제거해야 한다.

❻ 리더는 조롱이나 위협에도 아랑곳하지 않는다

OO신문에 기고를 오랫동안 한 적이 있다. 기고자로 사진과 함께 첫 기사가 나간 날이었다. 기자님이 기고 글을 비난하는 전화를 받았다고 전했다. 누군가 잘 되면 이를 시기하는 사람들은 그를 무너뜨리고자 방해 공작을 벌인다. 야비한 심리전으로 실망이나 두려움을 주려는 속셈이다. 느헤미야의 일이 진척되는 단계마다 이런 방해 공작은 계속 업그레이드되어 나타났다. 처음에는 조롱과 공개적인 비웃음이, 다음에는 무장 공격을 준비한다는 소식이, 마지막에는 느헤미야에 대한 중상모략과 비난이 담긴 서한을 돌려 그를 위축되게 하고 공개적인 비난을 주위 사람에게 돌려받게 하려는 음모가 펼쳐졌다.

사람이 다른 사람에게 상처를 주는 일은 그리 어렵지 않다. 그저 그 사람이 가진 콤플렉스를 살짝 지적하기만 하면 된다. 상대방이 민감하게 반응하는 사실을 콕 집어서 있는 그대로만 말하는 것이다. 뚱뚱한 사람에게 "너 뚱뚱해."라고 말하면 상처받는다. 동료가 시작한 새로운 일에 대해 스스로 잘한 것인지 의문이 슬슬 올라올 때 대놓고 그가 느끼는 두려움을 지적해주면 바로 좌절하고 힘을 잃는다.

이렇게 상처를 입히려는 사람들의 심리는 무엇일지 생각해보자. 모든 악한 것은 두려움에서 나오는데, 다른 사람의 성공에 대한 일반적이고 전형적인 심리적 반응이다. 리더는 사람들이 잘난 이의 흠을 조롱으로 삼아 하찮게 평가하려는 것을 예상했다. 시원하게 한 마디로 털어버린다. "사람들 대부분은 남에게 그리 큰 관심이 없다, 주위를 신경 쓰지 말자."라고 말이다. 남의 성공을 시기하고 잘 되기를 두려워하는 사람의 말에 휘둘릴 필요는 없다. 진정한 리더는 일에서 정당한 실력으로 승부하고 기가 죽지 않는다.

철의 여인으로 알려진 영국의 대처 수상이 대중에게 받는 평가는 양극으로 갈렸다. 아르헨티나에 의해 포클랜드 섬이 침략을 당했을 때 그녀는 전쟁을 불사하며 빠르게 대응했는데, 이를 두고 영국 의회의 반발이 만만찮았고, 영국의 여러 상황도 좋지 않았다. 국제적인 의견도 갈라졌다. 심리적 압박으로 잠도 제대로 자지 못했지만, 그녀는 수척해진 모습을 보이지 않았다. 이전보다 훨씬 원기 왕성한 모습을 보였다. 헤어스타일을 바꾸고 패션에 더 신경을 썼다. 사람들이 수군대는 소리에도 아랑곳하지 않았다. 대처 수상은 정신적 압박감에 주저앉지 않고 꿋꿋한 모습을 보였고, 그녀는 무너지지 않았다.

이번 장에서 느헤미야가 보여준 리더의 면모를 정리해보았다. 탁월한 리더는 새로운 길을 내고 그 길로 다른 이들을 초대하며 동행하는 사람이다. 때로는 그 길이 험난해도 이겨낼 저력과 정신력이 있다. 다른 사람에게 선한 영향력을 끼칠 기본 자질이 충만하고 남을 섬길 줄 안다. 진정성 있는 탁월한 리더십은 기획자에게 필수불가결한 요소다.

1. 리더십의 어떤 면모가 마음에 들었는지 적어 보자.

2. 당신이 리더가 된다면 어떤 면을 본받고 싶은지 적어 보자.

3. 당신이 리더가 된 모습을 상상하고 이를 묘사해 보자.

세 가지 키워드
평등, 강점, 변혁으로 본 팀플 규칙

1. 계급장을 떼라

직책을 떼는 시도는 그동안 여러 기업에서 이뤄졌다. 나이와 직책을 존중하는 유교문화가 지배적인 우리나라 문화에서 영어 이름을 만들어 소통하는 방식이 그 중 하나이다. 상하관계를 따지는 문화가 더 창의적인 아이디어 도출에 방해가 된다는 판단에서 오는 시도였다. 과거에는 우리 팀의 활동에서 회장이니까, 임원이니까, 너는 나이가 어리니까 같은 편견으로 서로의 생각을 존중하지 않았다면, 더 객관적인 시각에서 문제나 사실만을 보게 만들어 주는 하나의 장치로 사용하는 것이다.

2. 강점을 파악해라

요즘의 기업은 신입사원이 입사할 때 강점 검사를 해서 나온 직원의 성향이나 강점 결과를 부서 배치에 이용한다고 한다. 직원의 성향에 맞게 업무 부서에 배치했을 때 그 효과가 더 크다고 판단하기 때문이다. 또한 팀을 중심으로 조직을 운영하면서 그 위에 TF팀을 두어 중요사항은 협의를 통해 바꾸는 체제를 갖는다. 이런 조직개편이 수시로 이뤄져 팀원의 강점을 적재적소에 사용한다. 당신이 아직 스스로 강점을 찾지 못했다면 성찰해야 한다. 그것이 당신의 성공을 가져오기도 하지만 동시에 당신이 속한 팀도 잘 굴러가게 만들어 주기 때문이다.

3. '아니요'를 외쳐라

변혁적 리더십[13]을 발휘할 때다. 이전에는 윗사람의 의견이나 다른 사람의 말에 긍정적인 태도로 젠틀하게 대답하였다면, '아니요'라고 대답할 용기를 배우자. 리더도 이를 받아들일 수 있어야 한다. 회의에서 상석으로 마련된 리더의 자리는 없다. 모든 사람이 상석이 없는 원탁에서 자유롭게 앉아 이야기한다. 변혁적 리더십은 모두의 의견을 존중하는 리더십이다.

---

13) 전환적 리더십으로도 불리는 '변혁적 리더십' 이론은 기존의 거래적 리더십 이론을 비판하기 위해 새롭게 등장했다. 1978년 미국의 정치학자인 제임스 맥그리거 번스(James M. Burns)가 처음으로 제기했고, 1985년 바스(B. M Bass)에 의해 더욱 체계적이고 검증 가능한 방식으로 이론이 정립됐다. 변혁적 리더십이란, 리더와 구성원 간의 원활한 상호작용을 통해 구성원을 긍정적으로 변화시켜 성과를 내는 과정이다. 리더는 구성원들에게 조직의 비전을 제시하며 이를 달성하기 위해 다 함께 힘쓸 것을 호소한다. 이를 통해 구성원들의 가치관과 태도에 변화를 이끌며 조직의 성과를 만든다. 리더는 구성원들의 사기를 증진하기 위해 조직의 비전과 공동체적 사명감을 강조한다. 이 리더십 이론에서 리더는 구성원이 신뢰하도록 하는 카리스마는 물론, 조직 변화의 필요성을 감지하고 성공적인 변화가 있도록 비전을 제시하는 능력을 갖추어야 한다. 이러한 변혁적 리더십은 조직의 변화를 주도하고 관리하는 등 현대 사회의 급변하는 환경과 조직의 실정에 적합한 리더십 유형으로 떠오르고 있다.(성균관대학교 웹진)

급변하는 기업환경의 변화 속에서 기업이 생존하기 위해선 구성원으로부터 조직에 대한 강한 일체감, 적극적 참여, 기대 이상의 성과를 달성할 수 있는 동기유발을 자극할 수 있는 새로운 리더십이 요구되었다. 이에 따라 80년대 미국 기업들이 성공적인 리더들을 따라 하기 시작했다. 이러한 변화의 맥락 속에서 새로운 리더십의 새로운 패러다임을 만들어 내기 위해 1978년 James MacGregor Burns가 처음으로 변혁적 리더십을 이론적으로 제안하였고 1985년 Bernard M. Bass에 의해 진일보하였다. 변혁적 리더십은 James MacGregor Burns에 의해 처음 제시되었다. 뛰어난 리더십 전문 학자였던 그는 그의 저서 "transformational leadership(2003)"에서 "리더와 구성원들은 서로가 더 높은 수준의 도덕성과 동기로 진보하도록 해야 한다."고 주장했다. 변혁적 리더들은 그들의 가치관과 특성을 통해 조직 구성원이 그들의 공통된 대 목표를 향해갈 수 있도록 구성원들의 지각, 기대, 동기들을 변화하도록 장려할 수 있다. 전통적 접근들과는 다르게 이 리더십은 상호적 교환 관계에 기초하진 않고 변화를 만드는 리더들의 성격이나 기질, 능력에 기초한다.(위키백과)

킬러 콘텐츠로
포트폴리오를 만드는 10가지 Tips

싱가포르의 제품 디자인 에이전시인 디자인 소전(Design Sojourn Pte Ltd)사에
디자인 디렉터로 근무하는 브라이언 링(Brian Lin)의 강의를 요약한 내용이다.

1. 포트폴리오는 당신의 이야기이다.

당신이 삶을 흥미진진하게 즐기고 있다는 인상을 전달할 수 있어야 한다. 당
신이 수행한 프로젝트를 통해서 그 분야에 대한 남다른 열정, 분명한 목표 의
식과 장점을 강조해야 한다.

2. 자기소개서는 꼭 넣는다.

도입에 자기소개를 넣으면 당신의 배경을 파악할 수 있다. 자신이 이 분야에
서 걸어온 경력을 간략하게 한두 장으로 넣자.

3. 8~10점의 대표작을 선별한다.

우수한 프로젝트 8~10점만 고르자. 많은 작품보다 간결한 핵심을 보여주는
포트폴리오가 오래 기억에 남는다. 소개할 프로젝트의 수가 적으면 페이지를
구성을 잘 디자인하고, 많다면 작품을 선별해 페이지를 줄이자.

4. 3년 이내 최근 프로젝트를 보여준다.

3년이 지난 프로젝트는 제외하자. 성공한 작품을 앞에 두는 배열이 좋다.

5. 프로젝트의 목적에 맞게 보여준다.

소개할 작품의 목적과 그 이유를 명확하게 드러내자. 작품을 통해 당신의 강점과 능력을 부각시키자. 비슷한 작품을 반복해서 배열하거나 특정 분야에 치우치지 않도록 한다.

6. 솔직함이 좋다.

포트폴리오에 그룹 프로젝트를 넣는다면 당신이 참여한 분야와 역할을 분명히 밝혀라. 그룹에서 당신이 기여한 분야가 구체적으로 드러나야 한다.

7. 평가자의 성향에 맞춘다.

마케팅 담당자를 만날 것인지, R&D 부장을 만날 것인지, CEO와의 인터뷰가 될 것인지의 상황에 따라 알맞게 구성한다.

8. 진정 내가 알고 있는 내 모습인지 확인한다.

자신에 대한 이해가 제대로 되어야 포트폴리오의 구성 방향이 잡힌다. 미래를 상상하며 어떤 분야에서 경력을 쌓고 싶은지 생각하자.

9. 정기적으로 업데이트한다.

6개월마다, 적어도 1년에 한 번은 업데이트해야 한다. 제때 업데이트하지 않으면 이력에서 없어지는 부분이 생기고 작품도 누락된다.

10. 단번에 이해할 수 있게 구성한다.

통일감 있는 레이아웃과 스토리로 만들자. 프로젝트의 배치 순서에도 스토리가 있어야 한다. 사진 배열 방향에도 신경을 쓰자. 가장 중요한 것은 보는 이가 단번에 파악하기 쉬워야 한다.

좋은 습관 형성을 위한 10 단계

1단계 **습관의 시작**

아프더라도 정확하게 자신을 본다.

솔개는 70년 가까이 사는데, 30년쯤 되면 노쇠해지고 만다. 새에게 늙음은 곧 죽음을 의미한다. 이쯤의 솔개는 부리로 바위를 쪼기 시작한다. 피나는 고통을 참으면서 부리가 빠질 때까지 계속 쪼아댄다. 부리가 빠지고 나면 새 부리가 다시 나오는데, 이번에는 새 부리로 자신의 발톱과 깃털을 다 뽑아내기 시작한다. 이렇게 다시 나온 발톱과 깃털로 환골탈태 후 남은 생을 살아간다. 자신의 모습을 냉철하게 바라보고 성찰하는 일이 매우 아플 수 있지만, 습관의 시작은 바로 현재 모습을 객관적으로 정확히 아는 것에서 출발한다.

2단계 **습관의 구성**

긍정적인 생각으로 무장한다.

겉으로 드러난 당신의 모습을 바꾸고 싶다면 내면을 알아야 한다. 모습은 결과일 뿐, 숨겨진 것이 원인이다. 습관에 영향을 주는 것은 행동이고, 행동에 영향을 주는 것은 생각이다.

네 믿음은 네 생각이 된다. → 네 생각은 네 말이 된다. → 네 말은 네 행동이 된다. → 네 행동은 네 습관이 된다. → 네 습관은 네 가치가 된다. → 네 가치는 네 운명이 된다.

3단계 　습관의 과정

숨겨진 가능성을 조각한다.

르네상스 최고의 예술가 미켈란젤로는 작품을 만들 때 '바위 속에 갇혀 있는 모습을 꺼낸다.' 생각하며 작업을 했다고 알려진다. 습관이란 널리 알려진 유명인사의 방법론을 무조건 따라 하는 것이 아니다. 당신만의 가능성을 찾아 하나하나 다듬는 것이 중요하다.

4단계 　습관의 날개

건강한 긴장을 도구로 사용한다.

모리셔스 섬의 도도새는 먹이가 풍부하고, 천적도 없어 지상낙원에 살았다. 워낙 위험이 없는 환경에서 살았기 때문에 몸이 비대해져서 날지도 못한다. 그래서 신대륙을 발견한 포르투갈 사람들이 도도새를 다 잡아먹어 멸종하고 말았다. 습관을 잘 버리려면 건강한 긴장이 필요하다. 그러기 위해 당신이 바꾸고 싶은 습관을 주변 사람에게 꾸준히 알려야 한다.

5단계 　습관의 방향

시간의 계획을 세운다.

<이상한 나라의 앨리스>에서 앨리스가 갈림길에서 체셔 고양이와 대화를 하는 장면이 나온다. 앨리스는 길을 묻지만, 체셔 고양이는 오히려 어디에 갈 것인지 되묻는다. 그제서야 앨리스는 자신이 어디로 가야할지 명확히 모른다는 것을 깨닫는다. 시간도 그렇다. 어떻게 사용할지 계획이 없다면, 그 시간을 잘 썼는지 못 썼는지 가늠하기가 어렵다.

6단계 습관의 극복

막힐 때는 처음으로 돌아간다.

연어는 처음 태어난 곳으로 다시 돌아가기에 고난을 감수한다. 습관 들이기도 막히는 순간이 온다. 포기하지 말고 처음부터 다시 시작한다는 마음으로 한다.

7단계 습관의 열매

시간을 쌓는다.

미국 사우스다코타 주에 미국 4대 대통령을 조각한 큰 바위 얼굴만큼이나 아주 큰 인디언 조각상인 <크레이지 코스>가 있다. 이 조각은 1950년에 시작해서 60년째 진행 중이다. 조각가 코자크 지올코브스키가 인생을 걸었고, 지금은 그의 아내와 10명의 자녀가 이어받았다. 작은 시작이 어마어마한 결과를 이루고 있는 것처럼, 당신의 시간이 쌓이면 그 결과도 결코 작지 않을 것이다.

8단계 습관의 훈련

포기하지 말고 반복한다.

백곡 김득신은 명석하게 태어났지만, 어려서 천연두를 앓아 남들보다 아둔하게 되었다. 그러나 그는 끊임없는 반복학습으로 쾌거를 이룬다. 그는 만 번 이상 읽은 책만 골라서 감상을 적고 시를 지었다. 그 글이 인정을 받아 62세에 과거에 급제했다.

습관의 점프

임계치를 넘으면 날아오른다.

비행기가 뜨려면 충분한 시간과 활주로 거리가 필요하다. 이를 활주로의 법칙이라고 한다. 습관을 바꾸고 눈에 띄는 성취를 만들어내기 위해서는 일정 시간이나 노력이 필요하다. 그 임계치를 넘으면 날아오르는 당신을 보게 될 것이다.

습관의 성찰

피드백으로 습관은 정교해진다.

날이 잘 벼려진 도끼가 나무를 팰 수 있다. 도끼를 잘 쓰려면 꾸준히 관리해야 하듯, 당신의 피드백이 매우 중요하다. 열심히 한다고 다 되는 게 아니라 끊임없는 자기성찰이 필요하다.

습관 66일의 기적, 재구성

나이가 들수록
나는 사람들이 하는 말에 귀를 덜 기울인다.
다만 그들의 행동을 살핀다.

앤드류 카네기

III

나의 6 PECKS!
이 구역 몸짱으로 거듭나기

1

Partnership
계획을 공개하라

오래 전 컨퍼런스에 참여한 적이 있다. 어느 단체에서 매년 새해 첫 주에 여는 행사인데, 연륜이 깊은 강사님을 모시고, 새로운 한 해를 연다는 의미가 있었다. 지인의 추천으로 나도 가게 되었는데 약 200명 가량 모였다. 이 과정 중 목표에 관한 강의 시간이 있었다. 강사는 질문을 연속으로 던졌다. "해마다 목표를 세우신 분?" 거의 모든 참가자가 들었다. "그 목표를 구체적으로 이렇게 저렇게 OOO 방법으로 세우신 분?" 앞서 들었던 사람들 중 절반이 손을 들었다. "그 목표를 주위 사람들에게 혹은 다른 사람 눈에 잘 보이는 곳에 붙여놓고 실천하신 분?" 단 두 명이 손을 들었다. 나도 그 두 명 중 하나라 강사의 요청으로 어떻게 목표를 세워 그것을 공표하고 실천하였는지 발표한 기억이 있다.

원하는 것을 이루기 위해 목표를 세우는 것은 매우 중요하다. 목표는 구체적이고 명확한 것이어야 한다. 먼저 말하고 싶은 결론은 나 혼자만의 결심이나 계획은 그것을 세우지 않은 일과 같아진다는 것이다. 목표를 세웠으면 주위 모두가 무엇을 하는지 알 수 있게 공표해야 한다. 그것은 주위 사람들에게 알리는 일도 되지만 반대로 당신이 나태하고 싶을 때 그럴 수 없게 만드는 하나의 장치도 된다. 남들에게 하겠다고 큰소리쳤으니 어떻게든 해야 하지 않을까. 당신이 세운 원대한 계획이 흐지부지되는 이유는 아무도 모르게 혼자만 결심했기 때문이다. 꼭 이루고 싶은 절실한 계획을 세우고 가능한 많은 사람에게 알리면 더 좋다.

심리학자 스티븐 헤이스가 밝혀낸 사실은 사람이 말이나 글로 생각을 공개하면 그 생각을 끝까지 고수하려는 경향이 있다는 점이다. 이를 공개 선언 효과(Public Commitment Effect)라고 한다. 미국의 홈런왕 베이브 루스도 자신의 홈런 방향을 예고하며 공개했다고 하는데, 아마도 이런 공개 선언 때문에 그는 홈런을 더 많이 쳤을 것이다.

심리학자 모튼 도이치(Morton Deutsch)는 대학생들에게 직선을 보여주면서 길이를 추정하게 했다. 그는 대학생을 세 집단으로 나누어 실험했는데, 각 집단에 다른 액션을 주문했다. 첫 번째 집단에겐 길이의 추정치를 종이에 적어 제출하게 했다. 두 번째 집단에겐 추정 결과를 화이트보드에 적은 다음, 남들이 보기 전에 지우게 했다. 세 번째 집단은 마음속으로만 생각하게 했다. 그런 다음 모든 참가자에게 추정치가 잘못됐다고 말하며 학생들의 태도가 어떻게 달라지는지 확인했다. 실험 결과는 극적이었다. 추정치를 마음속으로만 간직했던 세 번째 집단 학생들은 주저하지 않고 자기의 생각을 수정했다. 반면, 추정치를 글로 써서 사람들에게 공개했던 학생들은 자기 생각을 끝까지 고수했다. 이처럼 말이나 글로 자신의 생각을 공개하면 그 생각을 끝까지 지키려는 경향이 있다는 것이 두 가지 실험으로 증명된다.

컨퍼런스 참가 사례로 다시 돌아가 보자. 컨퍼런스에 참여한 200명의 참가자 중 자신의 계획을 공개하고 실천한 사람은 딱 2명이었다. 그런데 그 컨퍼런스에 새해부터 4박 5일의 일정에 참여할 정도의 사람이라면 이미 어떤 삶을 살고 있었을지 감이 오지 않는가? 새해부터 열심히 살겠노라 다짐하며 매년 컨퍼런스에 참여하던 사람들이었다. 그러나 단 1%만 자신의 계획을 공개 선언하고 실천하고 있었다. 1%에 속한 그들의 계획은 성공하는 이유로 가득 차 있을 것이다. 당신도 성공하고 싶다면 지금 바로 당신의 계획을 주위 사람들에게 알려야 한다. 되도록 빨리, 더 많은 사람에게 말이다.

이제야 고백하지만, 이 컨퍼런스에 참가할 당시 나는 실패했다는 좌절감에 빠져 있었다. 노력한 것만큼 일이 풀리지 않는다고 믿었고, 다시 나아갈 힘도, 용기도, 여유도 없다고 생각했다. 심적 방황을 본 지인이 비용을 대가면서 그 컨퍼런스로 밀어 넣었기에 행사에 참여할 수 있었다. 그런데 이 강연에서 마지막에 손을 든 2명 중 한 명일 때, 내게 깨달음이 왔다. '그래, 나는 계획대로 잘하고 있었구나. 그렇기에 앞으로 이 바닥에서 위로 올라갈 일만 남았구나. 그 고지가 바로 앞인데 나는 그걸 못 보고 무너질까 봐 지레 겁부터 먹고 있었구나'하고 말이다. 오래지 않아 모든 것이 잘 풀렸다. 정말 계획하고 말하던 대로 나는 원하던 그 목표에 도달해 있었다. 내 계획과 목표의 성취 바로 앞에서 그걸 못 보고 미리 겁을 먹었다. 하지만 힘든 일도 혼자만 생각하지 않고 좌절하고 바닥이라는 느낌을 주변에 공유했기 때문에 지인도 나를 도와 컨퍼런스 참가라는 조치를 내게 베푼 것이라 생각한다. 당신이 실천할 목표도 공개하고, 그 과정의 힘든 것도 공개해 조언도 받고, 도움도 받아야 한다. 혼자만의 생각에 갇히지 않고 객관적인 시각으로 바라보게 해주기 때문이다. 일을 같이 하던, 하지 않던 주변 사람을 당신에게 도움이 될 협력자로 끌어들이는 것이 중요하다.

협업의 기본은 사람 네트워크 구성에 있다. 많은 사람과 기본 관계로 인프라를 구성하는 것은 기획자에게 매우 중요하다. 각종 분야에 종사하는 사람과의 관계는 앞으로 어떤 프로젝트를 진행하든 거기에 필요한 인재를 찾는 데에 도움이 되기 때문이다.

우리는 네트워크 구성을 위해 사람 관리를 한다. 프로젝트 진행에서 실패하거나 여러 요인으로 프로젝트에서 나간 사람과도 감정을 앞세우지 않고 관계를 유지하는 편이다. 그리 예민하지 않은 나의 성격상 그리 어렵지 않은 일이나 감성이 풍부하고 다소 예민한 성격이라면 힘들 수도 있다. 그럴 때는 모든 사람에겐 자기만의 이유가 있다고 이해하고 이성적으로 한걸음 뒤로 물러서 생각하는 게 좋다.

인적 네트워크를 구성하는 방법은 먼저, SNS 친구 맺기가 기본이다. 다음은 주변 사람과 관계를 맺어가는 방식인데 온라인이든 오프라인이든 계속 관계를 유지하고 다시 확대해 나가는 방법이다. 유튜브에 공개된 강의를 보고 연락을 하거나 강연 후 접촉하는 사람들과 지속적인 질의에 응답하면서 관계를 유지하는 방법도 있다.

각 분야의 전문가와 관계를 유지하는 방법은 인터뷰하는 것이다. 분야별 전문가나 현직에 종사하는 사람, 책의 저자, 대학교 교수님, 중등 과목별 선생님 등 당신에게 필요한 인물을 찾아 시도하는 것이다. 인터뷰는 꼭 대면이 아닌 이메일이나 편지로도 가능하다.

인적 네트워크 관리를 하면서 당신의 생각과 비전을 지지하는 추종자를 찾는 게 중요하다. 이런 사람들이 새로운 프로젝트나 기획에 무한 긍정으로 지원하기 때문이다. 따라서 기획자에겐 커뮤니케이션 능력도 필수 역량이라 할 수 있다.

"100명의 기업 내 기획자를 대상으로 심층 인터뷰(39명)와 설문조사(61명)를 한 결과, 70% 이상의 사람들이 꼽은 뛰어난 기획의 중요 요소는 '통찰력과 분석력', '커뮤니케이션 능력'을 꼽았다. 이렇게 응답한 사람들의 업무 시간은 평균 11시간으로 장시간 노동이라 생각되나 오히려 업무 만족도는 64.9%로 높게 나타났다."[14]

필요하다면 일대일 회의도 진행한다. 네트워크 안에 포함된 이들이 열정적으로 업무에 뛰어들고 일에 더욱 집중하도록 만든다. 또 어떤 문제든 극복할 수 있는 아이디어를 상대에게서 얻는다. 프로젝트 진행은 비전에 기반을 둔 진행이 효과적이다. 팀 조직이 아무나 자신의 의견을 자유롭게 낼 수 있는 수평적인 문화일수록 팀원이 더 민첩하게 움직인다.

당신에게도 많은 사교 모임과 네트워크가 있을 것이다. 그러한 조직이 취미나 여가를 위함이거나 별다른 목적이 없더라도 네트워크는 결국에는 당신의 직업과 인생에 영향을 미친다. 사람은 자연적으로 속해있는 네트워크에서 배우게 된다. 이 네트워크에서 모

---

14) 한국의 기획자들. 김현정. 토네이도. 2007

인 사람들끼리 정보를 주고받으며 상호작용하는 동안 반짝 아이디어나 영감을 받아 기획에 응용하기도 한다. 가능하면 강의가 있을 때 해당 지역에서 꼭 사람들을 만나는 시간을 가지는 수고를 마다하지 않는다. 그 과정을 통해 머릿속에만 맴돌던 아이디어가 다듬어지고 구체적인 실행 계획과 시스템으로 재탄생하게 된다.

낯설게 바라보는 마음 새김

1. 당신이 주변 사람에게 공개하고 알릴 계획을 여기 적어 보자.

2. 당신이 속한 네트워크는 어떤 게 있는가? 그 네트워크는 당신에게 어떤 도움을 주는지 적어 보자.

3. 당신이 앞으로 새롭게 들어가고 싶은 네트워크는 어떤 것이며, 어떤 방법으로 새 인맥을 쌓을지 실행계획을 여기 정리해 보자.

2

Positive Thinking

건강한 긍정으로 무장하라 ──────────

수백 년에 한 번 나올만 한 수영 황제 마이클 펠프스(Michael Phelps)는 통산 28개의 메달을 획득했다. 그는 주의력 결핍과 과잉 행동장애를 치료하기 위해 7세에 수영을 시작했다. 처음 수영을 시작할 때는 얼굴을 물에 담그지 못해 배영부터 배웠다고 한다. 부모님이 이혼하면서 감정의 기복이 심해져, 수영 경기에 영향을 받았다. 긴장이 극에 달해 매번 시합을 망쳤고, 약물 처방이 있어야만 이를 다스렸다. 보브 바우먼(Bob Bowman) 코치를 만나면서 약물 대신 긍정 감정 연습을 통해 차츰 이겨나갔다. 그는 잠자기전 머릿속에서 긍정적인 상상을 했다고 한다. 그 상상은 시합장에서 오른손을 쥐었다 펴면 긴장감이 사라진다고 생각하는 것이다. 그리고 여유롭게 수영 경기를 즐기는 모든 경기 과정을 그려보았다.

긍정 상상 훈련은 중요 대회의 결승전에서 긴장을 완화하는 여유를 찾아주었다.

우리의 뇌는 신기하게도 어떤 일을 실행하기 전에 그 모습을 상상하기만 해도 효율적인 결과를 갖게 만든다. 예컨대, 운동하기 전 운동 모습의 전 과정을 상상하고 실행하면 그냥 운동하는 것보다 더 높은 칼로리 소모를 가져온다. 필라테스 같이 재활 자세를 취해 운동할 때도 머릿속으로 계속 그 자세를 생각하면 빠르게 습득하여 곧 균형 있게 자세가 오래 유지된다. 나는 잠자기 전에 내일 할 일을 메모하는 습관이 있다. 아침에 눈을 뜨면 침대에 누워 그것을 상기한다. 그럼 하루 시간을 매우 효율적으로 쓸 수 있고, 예상보다 빨리 일이 완료된다. 이런 효과는 침대에 누워 오늘의 아침식사 준비 과정에도 적용된다. 어떤 메뉴로 아침을 할까 생각하며 요리 메뉴와 조리과정을 잠깐 머릿속으로 그려보고 일어나 요리를 시작하면 동선이 효율적으로 사용되고 조리 시간이 단축되어 아침 출근이 여유롭다.

경쟁적인 사회 구조에 내몰려서인지, 요즘 사람들은 사소한 실패를 곧 인생의 실패라 여기는 부정적인 감정에 쉽게 빠진다. 혹시 자신의 외모나 행동, 사회적 상호작용이나 대인관계에 대해서 지나칠 정도로 비판적이지 않은가? 자신과 긍정적인 관계를 맺는 것은 다른 사람과의 건전한 관계 형성에 영향을 미치기 때문에 매우 중요하다. 자기자비 전략을 사용해 보자. 먼저, 자신을 향해 온정적이고 배려하는 자세를 갖는 것이 필요하다. 이를 자기자비라고 하는데, 자기자비는 자신에게 친절한 것과 실수를 저지르는 일을 삶의 일부로 인식하는 것, 긍정적·부정적 정서 모두를 균형 잡힌 시각으로 바라보는 것을 포함한다. 또한 자기자비는 남으로부터 도움과 지지를 적극적으로 찾고 수용하는 것도 해당한다. 이때 필요한 것이 스스로 알아차리는 자기지식(self-knowledge)이다.

자기자비는 스트레스와 역경으로부터 심리적 회복탄력성을 발휘하도록 돕는 중요한 요소이다. 웰빙과 정신 건강에도 영향을 준다. 자기자비는 자존감과 비슷한 개념이다. 자존감은 개인으로서 당신이 가치 있음에 대한 평가, 즉 당신이 좋고 소중한 가치를 지닌 사람이라는 판단을 의미한다. 다시 말하면, 자존감은 삶의 기본적인 도전에 대처할 힘을 지니고, 행복할 가치를 충분히 갖춘 존재로서 스스로 평가하는 관점이라고 말할 수 있다.

일반적으로 높은 자존감은 자신에 대한 매우 우호적인 평가를 뜻하며, 낮은 자존감은 그 반대이다. 건강한 자존감은 당신의 불안을 완충하는 기능을 수행하고 반대로 낮은 자존감은 낮은 스트레스 상황에서도 우울, 외모 불만, 완벽주의, 약물과 알코올의 시도 경향성, 공격성의 부정적인 행동과 관계가 깊다. 하지만 긍정심리학 연구자들이 자존감이 높은 게 항상 좋은 것만은 아니라는 결과를 내놓으면서 자기자비라는 개념이 등장한다. 왜냐하면 자존감은 그 과정보다 결과를 중시하며, 높은 자존감을 유지하려고 자신을 높이고 타인을 깎아내리는 모습이 나타나기 때문이다. 높은 자존감을 가지려는 욕망은 자기중심적으로 행동하고 실제보다 자신을 더욱 나은 사람으로 보려는 왜곡된 시각을 준다.

결론은 자존감보다 자기자비로 긍정 시각을 자신 안에 담아야 한다는 것이다. 지나친 자존감은 자신이 타인보다 더 논리적이고, 인기가 많으며, 잘 생겼고, 멋지며, 신뢰할 수 있고, 현명하며, 지성적이라고 생각하게 만든다. 이는 반드시 당신을 높이고 남을 깎아내리는 결과를 가져온다. 자존감이 높은 사람은 자신의 행동에 대한 책임감이 낮을 수 있고, 개인적 성장을 저해하는 부정확한 자아 개념을 발달시키기도 한다. 자존감이 높은 사람은 자신이 받을 만하다고 생각하는 존중을 받지 못할 때 타인에게 화를 내거나 공격적인 언행을 하기도 한다. 이는 나르시시즘과도 살짝 연결된다.

과한 긍정이 간혹 높은 자존감을 유지하려고 인생의 성공에 중요한 기술이나 기능을 간과하는 현상을 초래할 수 있다. 예를 들어 훌륭한 기획자가 되겠다고 하는 사람은 일에만 지나치게 몰두하여 주변 관계에는 매우 소홀할 수 있는데, 그 이유는 훌륭한 기획자가 되는 것이 그의 자존감 향상과 연관되어 있기 때문이다. 하지만 결과에 좌우되는 자존감은 가장 최근의 성공이나 실패에 따라 불안정하거나 요동을 칠 수 있다. 결과에 좌우되는 우발적인 자존감(contingent self-esteem)은 자기 가치에 대한 부정적인 사건의 함의에 지나치게 집착하게 만든다.

자기자비에 대해 더 알아보자. 자기자비는 서로 영향을 미치는 자기 친절, 공통의 인간성, 마음 챙김이라는 세 가지 구성 요소로 이루어진다. 이는 각각 자기비판, 고립, 과잉 동일시라는 반대 개념과 짝을 이룬다.

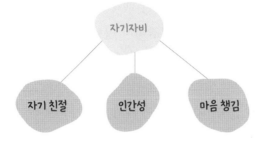

자기 친절은 자기 효능감이 부족한 상황에서 가혹한 형벌을 내리지 않고 자신을 이해하는 상태를 의미한다. 즉, 자기자비가 풍부한 사람은 자신을 불완전한 존재로 인정하고 자신이 목표를 달성하는데 실패할 수도 있다는 사실을 이해한다. 그리고 자기비판에서 벗어나 온전히 다독인다.

공통의 인간성은 자신의 경험을 커다란 인간 경험의 일부로 바라보는 것을 의미한다. 이것은 인간이 불완전하고, 나 혼자만 고통을 겪는 것이 아님을 인정하고 이해하는 것이다. 고통, 실패, 부족함을 느낄 때 이는 인간 조건의 일부분임을 인식한다. 공통의 인간성은 인간의 불완전함 자체를 인간의 공통된 속성으로 인정하여 수용하는 것이다. 이와 상반된 개념인 고립은 타인과의 연결을 끊고 고통이나 역경이 오직 자신에게만 생긴 것으로 느낀다.

마음 챙김은 불편한 마음 상태에 직면하여 자신의 감정을 균형 있게 조절하려고 노력하는 것을 뜻한다. 또한 자신의 고통스러운 생각과 감정을 억압하거나 회피하지 않는 가운데 있는 그대로 바라보는 것이다. 이것은 부정적인 생각이나 감정을 지나치게 동일시하여 혐오적인 반응에 사로잡히지 않는 것을 의미한다. 따라서 마음 챙김은 부정적인 생각이나 감정에 지나치게 고착되는 것을 막고, 일이 계획대로 잘되지 않을 때도 안정된 시각으로 자신을 찬찬히 돌아보게 해준다.

자기자비는 자신의 정서에 과잉으로 반응하고 이에 동일시하지 않는 것이다. 그래서 당신이 자신에게 친절을 베풀 정신적 여유를 주고, 당신의 경험을 더욱 커다란 인간 경험의 맥락에서 인식할 수 있게 만든다. 동시에 자기자비는 당신의 고통스러운 감정을 회피하거나 억누르게 하지 않는다. 정리하면, 자기자비는 실패했을 때 부정적 판단이나 비난보다 친절과 이해를 자신에게 주는 것, 자신을 고립시키지 않고 누구나 겪을 수 있는 경험의 한 부분으로 파악하는 것, 자신의 고통스러운 생각에 과잉된 감정을 가지기보다 마음 챙김의 상태를 유지하는 것으로 심리적으로 건강한 자기태도 (self-attitudes)의 모습이다.

긍정정서가 중요한 이유는 창의성과 연결되기 때문이다. 던커 (Dunker, 1945)의 창의성 실험[15]으로 알아보자. 다음의 왼쪽 그림과 같은 준비물(성냥, 압정 한 상자, 양초)을 주고 그것을 이용하여 초를 벽에 붙이되, 촛농이 바닥에 떨어지지 않게 하라는 과제가 던커의 창의성 실험이다. 창의성이 있는 사람은 쉽게 해결하지만, 그렇지 않다면 이를 해결하기 쉽지 않다. 이 과제의 해결 방법은 먼저 압정 상자를 비워, 압정 상자의 한 면에 압정을 여러 개 박아 고정시킨다. 그리고 성냥으로 양초의 밑을 약간 녹인 후 상자에 고정해서 촛불을 켜는 것이다.

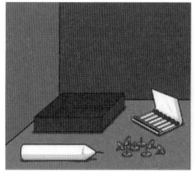

---

15) 촛불 문제(candle problem)라고 불리는 이 실험은 심리학자 칼 던커(Karl Duncker)가 1945년에 고안한 것이다. 그림출처: pink, 2009

창의성 실험과 관련하여 긍정정서가 창의성에 어떤 영향을 미치는지 연구한 사례가 있어 소개한다. 연구자들[16]은 학생을 두 집단으로 나누었다. 한 집단에는 긍정적 코미디 영화를 보여주고, 다른 집단의 학생에겐 논리적 수학 영화를 보여주었다. 그 후 던커의 촛불 문제를 10분 안에 해결한 학생 수를 비교했는데, 그 결과는 다음과 같다.

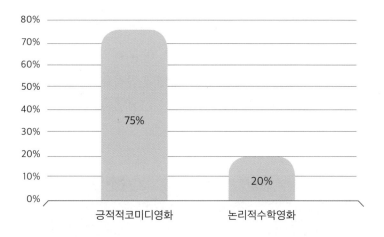

긍정적 코미디 영화를 본 학생들의 창의적인 해결력이 75%로 논리적 수학 영화를 본 학생들 20%보다 세 배를 웃돈다. 실험이 보여주듯 긍정 정서는 창의성에 필요한 요소이기도 하다.

건강한 긍정정서를 지닌 사람은 원치 않는 생각과 감정을 억지로 억누르려 하지 않는다. 오히려 자신의 감정이 타당하고 중요한

16) Isen. Daubman& Nowicki. 1987

것임을 알고 기꺼이 허용한다. 주목할 점이 바로 이것이다. 자기 자비가 풍부한 사람은 부정적인 감정을 긍정적인 감정으로 대체하는 것이 아니라 부정적인 감정을 포용하면서 긍정적인 감정이 솟아나도록 한다. 따뜻한 포옹으로 자신의 고통을 감싸는 행동을 통해 부정적인 감정을 균형 잡게 도와주는 것이다.

낯설게 바라보는 마음 새김

1. 당신은 긍정적인 사람인가?

2. 더 자세한 내용으로 점검하고 싶다면 다음의 체크리스트를 활용해 보자.

긍정정서 체크리스트

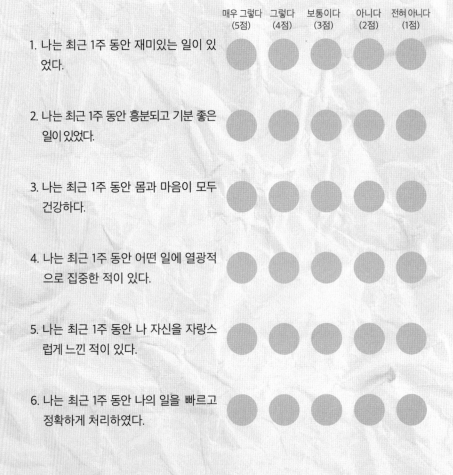

	매우 그렇다 (5점)	그렇다 (4점)	보통이다 (3점)	아니다 (2점)	전혀 아니다 (1점)
1. 나는 최근 1주 동안 재미있는 일이 있었다.	○	○	○	○	○
2. 나는 최근 1주 동안 흥분되고 기분 좋은 일이 있었다.	○	○	○	○	○
3. 나는 최근 1주 동안 몸과 마음이 모두 건강하다.	○	○	○	○	○
4. 나는 최근 1주 동안 어떤 일에 열광적으로 집중한 적이 있다.	○	○	○	○	○
5. 나는 최근 1주 동안 나 자신을 자랑스럽게 느낀 적이 있다.	○	○	○	○	○
6. 나는 최근 1주 동안 나의 일을 빠르고 정확하게 처리하였다.	○	○	○	○	○

	매우 그렇다 (5점)	그렇다 (4점)	보통이다 (3점)	아니다 (2점)	전혀 아니다 (1점)
7. 나는 최근 1주 동안 남에게 칭찬이나 격려를 받아서 신이 난 적이 있다.	⬤	⬤	⬤	⬤	⬤
8. 나는 최근 1주 동안 나에게 맡겨진 일을 성실하게 잘 처리하였다.	⬤	⬤	⬤	⬤	⬤
9. 나는 최근 1주 동안 나에게 맡겨진 일을 많이 생각하고 신중하게 처리하였다.	⬤	⬤	⬤	⬤	⬤
10. 나는 최근 1주 동안 힘이 넘치고 항상 즐겁게 생활하고 있다.	⬤	⬤	⬤	⬤	⬤
부분 합계(1-5점의 해당 점수 합계)	⬤	⬤	⬤	⬤	⬤

전체 합계	점

모두 합한 점수가 33점을 넘으면 긍정정서 수준이 높은 편이고,
그보다 낮으면 긍정정서 수준이 낮은 것입니다.

Effective speaking

효과적으로 전달하라

기획자는 자신의 계획을 다른 사람에게 효과적으로 전달할 수 있어야 한다. 그래서 필요한 게 효과적인 말하기이다. 효과적으로 말하는 사람은 같은 주제로 발표해도 전략적으로 접근한다. 효과적으로 전달하기 위한 이런 방식도 말하기의 효과적인 기획이라고 말할 수 있겠다. 듣는 이의 마음을 사로잡으려면 논리보다는 감정을 자극할 수 있고, 그에 따른 적절한 스토리가 이어져야 하며, 기획자의 의도를 상대방에게 잘 전달할 수 있어야 한다. 이때 중요한 전략은 말하려는 주제보다 프로젝트에 대한 어필을 잘해서 그 순간만큼은 기획자를 따르도록 추종자를 만드는 것이다. 즉, 사람을 이끄는 매력적인 요소가 따라야 기획자의 발표도 더 좋아 보인다. 청중에게 맞는 키워드를 선정하여 말하고, 중요 내용은 반복하여 전달해 듣는 이의 뇌리에 박히게 만들어야 하며, 그들과 눈높이를 맞추고 온몸을 사용해 긍정적 태도로 전달해야 한다. 김수현 작가의 드라마는 왜 인기가 있을까?

"당신을 부숴버릴 거야!"
"죽여 버릴 거야!"
"복수할 거야!"

드라마에서 나와 사람들의 입에 오르내렸던 이런 문장은 드라마의 주 타겟층인 주부의 마음을 그대로 표현함과 동시에 그들이 금방 이해할 수 있는 용어 사용으로 전달이 수월했다. 그러면서도 임팩트 있어 주부들의 몰입을 높였다.

발표할 때도 마찬가지이다. 발표의 내용에는 듣는 대상의 눈높이에 맞춘 핵심 키워드가 있어야 한다. 발표 전에 누가 내 발표를 들을 것인지, 그들의 배경은 어떤지, 나의 발표에서 그들이 무엇을 기대하는지 분석하고 준비하는 것이 필요하다.

다음에서 발표할 때의 요소별 효과적으로 당신의 생각을 전달하기 위한 기법을 정리한다.

👁 아이컨택

아이컨택은 최고의 연결 도구이다. 아이컨택만으로 당신의 의견에 동조하게 만들 수 있기 때문이다. 상대방이 얼마나 잘 이해하는지, 나에게 동조하는지 반대하는지, 졸고 있는지, 열심히 듣고 있는지를 파악할 수 있다. 개인과의 아이컨택은 가능한 2~3초 정도 유지하는 게 좋다. 전체를 바라볼 때는 정해지지 않은 순서로 아이컨택을 이동시킨다. 만약 듣는 사람이 많으면 뒤에서 앞으로, 다시 좌우로 아이컨택을 하는 게 좋다. 질문에 답할 때는 고개를 들어 청중 전체를 보며 설명한다.

👄 목소리

목소리가 가진 힘도 무시하지 못한다. 문장이 논리적이라면 언어(목소리)는 감정이다. 계획을 발표할 때는 말의 높낮이와 템포를 조절하고 복식호흡으로 말을 하는 게 자연스럽다. 모두에게 잘 들리는 목소리와 발음으로 요점을 강조하여 표현하는 게 좋으며 내용의 중요도에 따라 성량을 다르게 표현해야 한다. '어', '음' 같은 불필요한 소리를 내지 않도록 한다.

적절한 휴지(pause)의 사용도 하나의 전략이 될 수 있다. 한 박자를 늦추면 몰입감은 열 박자 빨라질 수 있다. 휴지(pause)는 강조나 분위기 전환에 매우 큰 위력을 발휘한다. 발표에서 적절한 휴지(pause)를 사용하는 것은 중요 말하기 전략이기 때문이다.

휴지(pause)의 좋은 점

① 발표 중에 휴지(pause)를 한번 주는 것은 청중이 경청하고 있는지 확인하는 방법이 된다.

② 핵심 요점에서 잠깐 쉬면 그 요점이 강조된다. 말을 잘 듣지 않던 사람도 주목하게 만든다.

③ 숨 돌릴 새 없이 말하는 것은 듣는 이에게 고역일 수 있다. 휴지 (pause)는 흔쾌히 다시 생각하게 하고 당신의 말을 하나하나 기다리게 만든다.

④ 짧은 휴지(pause), 긴 휴지(pause)를 적절히 사용하면 억양도 바꿔주고, 발표를 활기차게 만드는 역할을 한다.

⑤ 적절한 휴지(pause)는 당신을 프로처럼 보이게 한다.

⑥ 파문을 일으킬만한 말을 던지고 동요하는 동안의 휴지(pause)는 긍정적인 인상을 준다.

⑦ 발표가 끝났음에도 적절한 휴지(pause)는 청중의 응답을 이끈다. 만약 청중의 긍정적인 피드백이 이어진다면 이에 감사할 수 있다.

제스처

밝은 표정과 미소는 자신감을 표현한다. 긍정적인 태도와 부드러운 미소는 필수다. 손의 위치는 배꼽 아래에 자연스럽게 둔다. 이때 손바닥이 위로 향하게 해야 손을 움직일 때 훨씬 자연스럽다. 제스처는 몇 초간 유지하고 힘을 싣는 동작과 요점을 강조하는 제스처를 하면 좋다. 여유롭고 자신감 있는 태도로 진행하되 예의를 갖추어야 한다.

💬 질문에 대처하는 법

중요한 내용을 발표한다면 이를 실행할 팀원들의 관심 질문도 많이 나올 것이다. 질문에 효과적으로 대처하는 전략을 다음과 같이 정리한다.

●●**첫째** 예상되는 질문 리스트를 만든다.

●●**둘째** 다른 사람의 입장이 되어 당신에게 질문해 본다.

> 왜 이 질문을 할까?
> 발표하는 내용과 관련 있는가?
> 누가 질문할까?
> 대답을 지금 할 것인가, 나중에 할 것인가?

●●**셋째** 당신 스스로 이해했는지를 확인한다.

> 질문에 관해 이해한 것을 확인한다.
> 질문자에게 질문을 달리 표현하게 한다.
> 질문자의 감정을 살핀다.

●●**넷째** 질문에 답한다

> 답변을 시작하면서 질문자와 아이컨택을 한다.
> 답변하는 중간에 전체 청중과 아이컨택을 한다.
> 답변 시간은 10초 정도로 한다.
> 복잡한 질문의 경우에도 30초를 넘지 않도록 한다.

●●**다섯째** 반응을 살피면서 질문자에게 질문에 답이 되었는지 묻는다. 무엇보다도 계획을 발표하려고 준비한다면 다음의 단계처럼 당신에게 먼저 물어보고 준비한다.

Why — 왜 하지?

What — 무엇을 하지?

How — 어떻게 하지?

Feed back — 나타날 문제점을 고려하여 수정할 점은 없는지?

낯설게 바라보는 마음 새김

1. 중요한 내용을 전달하거나 발표할 때 실패하는 점은 무엇인가?

2. 효과적으로 전달하기 위해 더 훈련해야 할 요소는 무엇일까?

4

Cooperation is the key

협업 툴로 업무 효율을 높여라_____

중고거래시장 당근 마켓은 연매출 7000억원(2019년 기준)을 기록하며 성공을 이룬 벤처기업이다. 이 회사가 매우 수평적인 형태로 운영된다고 알려졌는데, 회사 구성원 모두 영어 이름이 있고 서로를 부를 때 '님'자 없이 그냥 영어 이름만 부른다고 한다. 직원을 채용할 때도 학력보다는 실무능력 위주로 선발한다. 이 회사에선 누구나 멋진 아이디어를 내고 존중을 받는다.

잘 나가는 벤처기업에서 이런 모습이 자주 보인다. 이들 기업의 공통적인 특징은 기성세대에 익숙한 수직적 구조 속의 위에서 전달된 명령이나 요구에 따라 업무를 하는 게 아니라 수평적인 분위기에서 누구나 생각이나 아이디어를 자유롭게 이야기할 수 있고, 그것이 회사 운영에 반영되는 것이다.

배달의 민족(이하 배민)도 매우 진보적인 조직 문화를 보여준다. 다음 내용을 읽으면 배민의 조직 문화를 쉽게 이해할 수 있다.

송파구에서 일 잘하는 법 11가지[17]

김봉진 대표

1. 9시 1분은 9시가 아니다.
2. 업무는 수직적, 인간관계는 수평적.
3. 간단한 보고는 상급자가 하급자 자리로 가서 이야기를 나눈다.
4. 잡담을 많이 하는 것이 경쟁력이다.
5. 개발자가 개발만 잘하고 디자이너가 디자인만 잘하면 회사는 망한다.
6. 휴가 가거나 퇴근 시 눈치를 주는 농담을 하지 않는다.
7. 팩트 기반 보고만 한다.
8. 일을 시작할 때는 목적, 기간, 예상 산출물, 예상결과, 공유대상자를 생각한다.
9. 나는 일의 마지막이 아닌 중간에 있다.
10. 책임은 실행한 사람이 아닌 결정한 사람이 진다.
11. 솔루션 없는 불만만 가득한 때가 회사를 떠날 때다.

업무는 체계적으로 철저하게 하지만, 창조적 아이디어 배출을 위해 그만큼 기회를 보장해 주는 것이다. 이런 분위기의 회사일수록 협업이 더욱 강조된다. 자신이 속한 업무 분야가 아니더라도 서로 가감 없이 이야기를 나누고 아이디어를 도출하는 문화가 자리 잡았

---

17) Change 9. 최재붕. 쌤엔파커스. 2020

다. 세계적인 기업인 구글(Google)이 소통을 위해 화장실을 사무실 가운데에 두고 서로 지나치다 잡담을 나누게 유도하는 것이나, 곳곳에 화이트보드와 휴게 공간을 둔다는 애플사의 공간배치 썰은 널리 알려져 있기도 하다.

 협업(collaboration)은 조직 내에서 아이디어를 함께 개발, 수정하는 일련의 과정을 통해 개인의 총합 이상의 성과를 창출해내는 것을 뜻한다. 협업을 위해 요구되는 것은 갈등을 조정하는 조정자의 역할(아마도 기획자가 그 역할을 감당하게 될 것이다)과 의사소통능력이다. 서로 다른 분야의 지식과 종류의 경험이 모이면 마찰은 반드시 발생하게 된다. 이러한 갈등을 조정하고 의견을 수렴하여 아이디어를 극대화하는 역할이 필요하다. 조정자는 윤활유 역할을 한다. 아이디어를 공유하고, 정보교류를 통해 개개인의 능력을 올리도록 이끌어주는 의사소통도 필수적이다. 수평적 관계를 바탕으로 자유롭게 아이디어를 공유하면서 이를 발전시켜나간다. 기획자는 자신의 계획과 비전을 공유하면서 리더십을 발휘하는 것도 중요하나 혼자서는 다 할 수도 없고, 초반의 아이디어에 여러 가능성을 얹으면 그 시너지효과는 매우 효과적이므로 소통이 중요하다. 기획자와 조직 구성원 간의 소통도 중요하고 구성원과 구성원 간의 소통도 필요하다. 기획자에게 능동적인 태도로 함께 일하는 동료 간의 원활한 소통을 이끄는 역량이 필요하다.

원활한 소통을 위해 효과적으로 관련 내용을 공유하고 소통할 공간이 있어야 한다. 꼭 대면으로만 해야하는 것은 아니다. 협업 툴을 사용하면 언제어디서든 소통이 가능하다는 장점이 있다. 전국적인 네트워크로 활동할 때도 온라인 소통 공간이 필수이다. 우리는 이미 팬데믹 상황이 벌어지기 전부터 온라인으로 소통하며 일을 진행해왔기 때문에 이런 협력 형태는 무척 익숙한 상태이다. 중요한 회의는 화상을 통해 서로 대면하면서 이야기를 나누고 결정하며, 그 외는 모두 협업 툴을 사용하고 있다. 다만 이전에는 온라인으로 대면하기 위해 스카이프를 사용했다면, 이제는 줌을 더 활용한다는 영상 툴의 변경 정도는 있다.

온라인으로 소통하며 일을 진행하는 방식을 리모트워크 혹은 스마트워크라고 하는데, 유럽은 이미 미국과 일본보다 활발하게 리모트워크를 도입했다고 알려진다. 유럽은 2002년 EU 텔레워크에 관한 유럽 기본협약(The European Framework Agreement on Telework)에 따라 국가별로 리모트워크를 추진하였다. 유럽연합 중 스마트워크를 가장 성실히 실행한 네덜란드는 2007년에 이미

전 사업체 중 49%가 스마트워크를 실시하였다는 통계가 있다. 영국도 유연 근무제가 2012~2016년 사이에 12.35% 증가했다는 영국 통계청의 발표 자료가 있다. 이런 통계 수치는 코로나 이전에 조사한 내용이라 코로나 이후에는 더 활발하리라 확신할 수 있다.

우리의 전국 네트워크 활동이나 해외 사례에서도 보았듯이 리모트워크를 가능하게 하는 것은 언제 어디서나 인터넷에 접속만 하면 사용할 수 있는 협업 툴 덕분이다. 같은 공간에 있지 않더라도 언제 어디서든 소통이 가능한 협업 툴이 생겨나면서 리모트워크가 더욱 확산될 수 있었다. 온라인 소통이 얼마나 합리적이고 경제적인지, 시간과 이동 거리, 제반 비용의 절감 효과를 주는지 해 본 사람이 더 잘 안다. 모든 일은 시작이 반이라고 하는데, 디지털 플랫폼을 기반으로 활동하고 일을 진행하면 그 기준과 문제를 풀어가는 속도가 달라진다. 네트워크 활동에서 저작, 프로젝트 진행을 하면서 소통이 필요할 때 서로 시간만 맞으면 언제 어디서든 소통이 되므로 업무 효율을 높여준다. 과거에는 프로젝트 하나를 진행하고 성공하려면 수십 명의 사람이 밤새도록 일해도 겨우 해결될 수 있던 문제가 이젠 2명이 밤새 코딩하고 7명이 영상 회의로 열심히 뛰면 해결될 수 있는 문제가 된 것이다. 우스갯소리 같지만, 어떤 경우에는 프로젝트 하나가 완료될 때까지 팀원을 오프라인으로는 한 번도 대면할 기회가 없기도 하다. 반대로 이 상황을 해석하면, 팀원끼리 직접 대면을 한 번도 하지 않아도 프로젝트는 충분히 기획되고 성공적으로 완료될 수 있다. 리모트워크에 적합한 협업 툴은 크게 소통 문제를 해결해 줄 수 있는 커뮤니케이션 툴과 프로젝트 진행 상황을 효과적으로 관리하는 매니징 툴로 나눌 수 있다. 리모트워크에서 종종 발생하는 민감한 문제는 같은 공간에 없어서 소통이 안 되는 경우일 것이다. 하지만 실시간 대화를 가능하게 하는 커뮤니케이션 툴이나 영상 툴 덕분에 장소와 관계없이 팀원들과 원활한 대화가 가능하다. 또 프로젝트 관리에 맞춰진 특별한 툴을 이용하면 대면 없이 업무 진척 상황을 시각적으로 확인할 수 있어 효율성과 생산성을 동시에 높일 수 있다.

국내외 여러 기업(특히 스타트업)이 리모트워크와 업무 효율을 위해 사용하는 협업 툴을 다음에서 살펴본다.

커뮤니케이션 툴

❶ 줌(ZOOM)

줌은 미국의 실리콘밸리를 거점으로 빠르게 성장하는 영상 컨퍼런스 및 웹 컨퍼런스 툴이다. 국내에서도 코로나-19의 영향으로 온라인 수업이 갑자기 시작되면서 아직 국가차원의 실시간 수업 플랫폼이 마련되지 않아 우왕좌왕 하던 시기에 무료 수업 서비스를 지원하여 갑자기 광범위하게 사용되었다.

줌은 클라우드 기반 영상 솔루션으로 HD 영상과 음질은 물론 지연 없는 통화 품질을 자랑한다. 무료로 제공되는 베이직 서비스는 40분 동안 100명까지 영상 회의에 참여 가능하다. 여기에다 회의시 화면 공유, 영상 녹화, 그룹 채팅 등 다양한 기능이 가능하고, PC나 휴대폰, 태블릿 등의 접근이 가능해 언제 어디서든 회의에 참여할 수 있는 편리성이 뛰어나다.

전국 네트워크인 오늘과내일의학교 관련 회의를 진행할 때, 이전에는 스카이프를 사용했지만, 최근 1년 동안에는 이를 사용한 기억이 없다. 모든 회의는 줌으로 대체되었고, 회의내용 기록 후 팀원들에게 영상을 공유하기도 한다. 또한 원격수업 녹화 자료를 올릴 때나 꼭 전달해야 할 중요 포인트를 간단히 전달하려 할 때도 화면 공유 등의 부가 기능이 편리하여 자주 활용하는 편이다. 국내에 도입은 다소 늦었으나 이미 해외에서는 줌이 자주 활용되었다고 한다. 해외에서 인기를 반영하듯 우버, 슬랙 등 실리콘밸리 스타트업이 줌의 대표적인 고객이라고 한다.

요즘에는 국내 기업도 회사 직원 외에 실리콘밸리 벤처캐피털이나 업체 관계자와 영상 회의를 진행할 때도 줌을 활용한다고 한다. 업체와 회사 관련 이야기를 나눌 때 회의 중 자료를 바로 공유하면서 얘기 나눌 수 있어 편하기 때문이다. 인터넷 연결만 탄탄하다면 영상이 끊어지지 않으며 사용 방법이 매우 쉽다는 것도 줌의 장점이다. 혹시 줌을 사용해 본 적 없는 사용자가 있어도 회의 링크만 보내주면 링크를 타고 들어와 바로 회의에 참석할 수 있다. 40분 동안 무료 사용이 가능해 비용 면에서도 큰 부담이 없다고 한다. 40분까지 사용하고 새로 링크를 만들면 계속 무료로 쓸 수 있으나, 그것이 불편하다면 인원수 제한이 있는 대신 시간제한이 없는 다른 영상 회의 툴인 어피어인(Appear.In)을 줌과 병행하기도 한다.

줌은 소규모 스타트업부터 대기업을 위한 다양한 유료 플랜을 제공하고 있어 다수를 대상으로 진행되는 강의나 세미나 등에 활용하기도 적합하다. 대규모의 연수나 포럼도 줌의 웨비나를 대여해 쓰기도 한다. 오늘과내일의학교는 지역 격차를 좁히기 위해 진로진학 관련 무료 강의를 계속 기획하여 제공하고 있다. 줌의 300명 무제한 플랜을 구입해서 사용하는데 IT 기기를 잘 다루지 못하는 학부모도 누구나 쉽게 참여하고 강의를 들을 수 있어서 접근과 운영이 편리하다.

업무 방식의 변화에 따른 원격회의가 늘어나면서 영상 회의를 위한 여러 툴이 등장하는데, 무료로 쓸 수 있는 툴이 무척 많다. 팀원이나 회의 참가자가 편하게 사용할 수 있는 툴을 선택하면 되겠다.

❷ 카카오 영상통화

　카카오 영상통화는 빠른 결과도출이나 급할 때 사용하기에 좋은 툴이다. 이미 단톡방에 관련 팀원이 초대되어 있어 별도의 초대 작업을 거치지 않아도 바로 화상통화 버튼만 누르면 손쉽다.

❸ 행아웃 미트(Hangout Meet)

　행아웃 미트는 구글에서 제공하는 영상채팅 툴로, 구글 G스위트를 협업 툴로 사용한다면 쉽게 접근할 수 있는 영상 회의 툴이다. 행아웃 미트는 G스위트 서비스와 통합해 사용할 수 있어 편리하다는 것이 가장 큰 장점인데, 구글 캘린더에 회의 일정을 등록하면 알람을 통해 언제, 어디서, 누가 회의에 참여하는지 확인할 수 있다.

　맞춤형 속옷을 제작하는 스타트업 럭스벨은 행아웃과 행아웃 미트를 사용해 외부 업체나 직원과 회의를 진행한다고 한다. 본사와 영업팀은 서울이고, 기술 개발팀은 대구에서 근무하여 일주일에 한 번 전체 회의를 행아웃 미트로 진행한다. 회의 중 자료 공유가 바로 가능하며, 웹, 모바일에서도 접근 가능하여 이동 중에도 회의 참여가 편리하다.

　행아웃 미트를 회의용으로 사용하는 기업들은 대부분 G스위트를 유료로 사용하고 있어 다른 영상 툴보다는 같은 회사의 툴을 이용하는 것으로 나타났다. 무료로 제공되는 베이직 플랜은 한 번에 최대 25명이 참여할 수 있어 기본으로도 가능하다.

❹ 네이버 밴드 오늘과내일의학교

오늘과내일의학교의 커뮤니케이션 툴은 바로 네이버 밴드이다. 학부모와 교사, 교육전문가가 주 회원이라 가장 접근성이 뛰어나기 때문이다. 학부모 세대에게 가장 친근한 커뮤니케이션 툴이 밴드이고, 누구나 밴드 하나쯤에 가입되어 있으므로 진입장벽도 낮은 편이다. 약 2만 5천 명의 회원이 진로진학 관련 정보를 올리고 공유하며, 각종 무료 강연이나 상담 등에 대한 공지가 올라온다.

❺ 카카오톡 단톡방과 오픈톡방

네이버 밴드 외에 실시간 정보 나누기에 카카오톡만큼 좋은 것이 없다. 이런저런 툴을 이용해 보았으나 실시간 정보와 피드백, 소통 창구로 네이버 밴드보다 훨씬 압도적인 관심과 참여도가 나타났기 때문이다. 오늘과내일의학교는 누구나 회원으로 무료 가입이 가능한 네이버 밴드, 오늘과내일의학교 외에 정회원으로 매달 회비를 내고 운영하는 오프라인 단톡방이 있으며, 전국을 5개 지역으로 나누어 운영되는 지역 오픈 톡방이 있다. 이와 별도로 전국의 선생님과 교류하는 각종 오픈 톡방을 운영하고 있다.

1. 당신이 속한 조직은 소통이 잘 되는 편인가?

2. 1번에서 아니라고 생각하였다면, 어떤 점이 문제인지 적어 보자.

3. 주변 사람과 소통에 필요한 것이 무엇인지 적어 보자.

❶ 슬랙(Slack)

슬랙은 메시지 기반의 협업툴로 국내외 스타트업이 가장 활발하게 사용하는 커뮤니케이션 툴 중 하나다. 원래 슬랙은 벤처기업에서 자신들의 업무 공유 및 효율화를 위해 개발한 프로그램이었다고 한다. 슬랙 인기가 높아지자 아예 이쪽으로 사업을 전환해 운영한다고 알려졌다. 실리콘밸리에서 시작된 슬랙 열풍은 국내에도 퍼져서 초기 스타트업의 필수 협업 툴로 인정을 받고 있다.

슬랙은 단체 채팅방 개념인 채널을 개설해서 언제 어디서든 팀원과 소통할 수 있고 업무 내용 공유 및 협업을 할 수 있다. 무료인데다 사용 방법도 어렵지 않아 인기이다.

슬랙의 또다른 인기 비결은 구글 드라이브, 드롭박스, 지라, 트렐로, 아사나 등의 협업 툴과 유연한 호환 기능이 있기 때문이다. 외부 서비스와의 연동 기능으로 슬랙에서 소통 채널이 하나가 되는 효과가 있는 것이다.

모바일 패션 앱 스타일쉐어는 슬랙이 나오자마자 사내 툴로 도입해 줄곧 쓰고 있다고 한다. 설립 초기부터 리모트워크 업무 방식을 허용하는 스타일쉐어는 직원 중 20% 정도가 재택근무를 한다. 슬랙을 사용하고 난 후 이메일 사내 소통은 거의 없어지고, 이메일은 대부분 외부 커뮤니케이션을 위한 용도로 사용한다.

❷ 잔디(Jandi)

해외에 슬랙이 보편적이라면 국내에 메시징 기반 협업 툴인 잔디가 있다. 잔디는 국내 토종 협업 툴로 슬랙의 한국어 버전이라고 생각하면 된다. 현재 잔디를 사용하는 국내외 기업은 15만 개이다. 아시아 시장을 겨냥해서 개발된 잔디는 일본어와 중국어 버전도 있고, 동양인에게 더 익숙한 UI·UX와 이모티콘을 제공해 아시아 국가에서 여러 기업이 슬랙의 대안으로 선택한다. 주기적으로 방문 교육이나 세미나를 통해 협업 툴을 처음 사용하는 업체라도 쉽게 도입 가능하도록 돕기 때문에 접근이 쉽고 사용 비용도 상대적으로 저렴한 편이다.

실시간 채팅을 위해 단체 대화방 개념인 토픽 안에서 팀원은 서로 업무 내용을 주고받으며 소통할 수 있다. 잔디는 구글 캘린더, 트렐로, 지라, 깃허브 등의 툴과 그룹웨어, 사내 시스템, RSS 기능도 연동이 가능하다는 장점이 있다.

크라우드펀딩 플랫폼 와디즈는 잔디를 커뮤니케이션용 툴로 사용하고 있는데, 그 이유는 잔디를 이용하면서 공사의 분리가 가능해졌기 때문이다. 잔디를 도입하기 전에는 카카오톡을 통해 소통했는데, 그것이 일상과 업무가 분리되지 않는다는 불편함이 있어서 협업을 위한 커뮤니케이션 툴을 조사하다 잔디를 알게 되었다고 한다.

와디즈는 커뮤니케이션 툴로 유명한 슬랙 도입을 검토했으나 영어 기반인 슬랙이 불편하여 제외했다고 한다. 잔디는 무료로 쓸 수 있어서 초반에 몇몇 부서의 시범 테스트를 거쳐, UI 편리성과 감성 표현이 가능한 이모티콘 스티커도 매력적이라 판단해 도입했다고 알려진다.

잔디를 도입한 이후 조직별 토픽 방을 만들고 그 방에서만 업무를 진행할 수 있어서 일상생활과 업무의 분리가 가능해졌고, 이는 업무 효율성에 영향을 미쳤다. 또한 외부 이벤트를 다수 진행하는 와디즈 기업의 특성에 따라 잔디 토픽 방에 많게는 30명까지의 직원이 바로바로 커뮤니케이션을 할 수 있어 편리하다고 한다.

잔디를 도입한 기업에서 말하는 대표적인 변화는 이전의 이메일 소통과 비효율적 대면 미팅의 감소라고 한다. 대면으로는 꼭 필요한 회의만 진행하기 때문에 업무 생산성도 향상되었다.

공사 구분이 안 되는 개인용 메신저의 이용은 직장인에게 퇴근 이후에도 과도한 스트레스를 주게 되고, 사업주의 입장도 관리가 힘든 개인용 메신저 사용으로 업무 인계나 보안이 잘 되지 않는 리스크를 걱정하는데 잔디는 이런 문제를 해결해 준다.

❸ 트렐로(Trello)

트렐로는 칸반(Kanban)스타일의 프로젝트 관리 툴로 간결함이 최대 강점이다. 도요타 자동차 생산 시스템에서 유래한 용어인 칸반은 업무의 흐름을 처음부터 끝까지 시각적인 자료로 보여준다. 간단히 설명하면 포스트잇에 할 일을 적어서 업무 우선순위나 진행 상태에 따라 옮겨 붙이는 일이 웹상에서 가능하다고 생각하면 된다.

트렐로는 보드, 리스트, 카드를 작성하는데, 카드를 보면서 업무 진행 상황이 어떤지 확인할 수 있다. 다양한 기능을 제공하는 전문 툴이라기보다 간단히 이해하고 사용할 수 있는 협업 툴이다. 이런 편의성 때문에 트렐로는 개발자를 비롯하여 각종 프로젝트를 진행하는 기획자, 디자이너, 마케터 등의 다양한 직군에서 활발하게 사용된다.

이전에 간단히 협업 툴로 구글 독스를 이용했다면, 회사 규모가 커짐에 따라 효율적으로 관리를 원하는 경우 트렐로로 옮겨가는 추세를 보이기도 한다. 트렐로를 사용할 때는 팀마다 보드를 만든 후에 리스트를 'Backlog, To Do, Doing, Done, Live' 의 단계로 정리한다. Backlog는 인원과 리소스가 충분하다면 하고 싶은 일을 적어놓는 리스트이며, 나머지는 해야 할 일, 하고 있는 일, 완료된 일의 순서로 작성한다. 이번 주에 해야 할 업무를 To Do 리스트에 적고, 전 주에 있었던 일 중 완료된 업무 카드는 Live로 옮겨 주

마감을 한다. 해당되는 주에 완료하지 못한 일은 색깔 라벨을 붙여 기록하고 계속 팔로우한다.

트렐로의 장점은 팀원에게 일을 할당하고 팀원 업무가 많은지 확인이 편리하다는 점이다. 슬랙, 구글드라이브, 지라, 컨플루언서 등 다른 툴과 통합해서 사용도 가능하다. 트렐로에 각자 맡은 업무의 작업시간을 직접 적을 수 있어서 관리자는 팀원의 업무 부하를 보고 업무를 줄이거나 늘리는 조정이 가능하다. 한편 트렐로는 소규모 팀원이 움직일 때 적합한 툴이다. 4명 이상의 팀원을 관리할 때는 작성해야 할 카드가 많아져서 업무를 한눈에 파악하기 어렵다. 사용이 편리하다고 하지만 외국인에게 특화된 UI라 그런지 우리에겐 다소 낯설게 느껴져서 처음에 조금 사용하다가 다시 카카오톡 채팅으로 일을 진행하고 있다.

❹ 베이스캠프(Basecamp)

베이스캠프는 프로젝트 관리와 업무 계획 수립, 일정 관리까지 가능한 협업 툴이다. 베이스캠프는 슬랙의 채팅 기능, 드롭박스의 파일 저장 기능, 아사나의 투두 리스트 기능, 구글 G스위트의 일정이나 구글 독스 기능을 모두 제공하는 것이 장점이다. 한 틀에서 여러 기능을 제공해 유용해 보이지만, 한국어를 제공하지 않는 영어 기반이라는 것이 단점이기도 하다.

⑤ 지라(JIRA)

호주의 아틀라시안이 개발한 지라는 이슈 관리에 특화된 프로젝트 관리 툴인데, 소프트웨어를 개발하는 애자일 팀에 알맞다고 한다. 스크럼 보드와 칸반 보드를 제공하고 워크플로우, 리포팅, 대시보드 등을 원하는 만큼 최적화할 수 있어 프로젝트 진행 상황을 효율적으로 관리할 수 있다.

지라의 장점은 프로젝트 운영 방식에 맞게 세팅할 수 있다는 것이다. 원하는 대로 카드나 리스트 형태로 볼 수 있고, 보고 싶은 카드만 보게 할 수도 있다. 만약 여러 프로젝트에서 내게 할당된 것만 한 곳에서 보는 것도 가능하다. 또한 지라에서 해당 업무를 처리할 담당자가 누군지 지정도 가능하다.

검색을 위한 전용 언어인 JQL(Jira Query Language)을 제공하는데, 이를 통해 기본 검색으로 찾을 수 없는 정보도 얻을 수 있다. 쿼리(Query)로 짜서 검색할 수 있기 때문이다. 각각의 프로젝트를 관리할 때 팀원마다 미팅 시기가 다를 경우, 각 팀원이 완료한 과제가 무엇인지 파악하는 것도 지라의 검색 기능을 사용하면 바로 확인할 수 있다. 지라를 이용하면 모든 팀원이 진행 중인 프로젝트의 과정을 지켜볼 수 있어서 개발팀, 제품팀, 디자이너팀에게 적합한 툴이다.

⑥ 아사나(ASANA)

아사나는 페이스북 공동설립자 더스틴 모스코비츠가 만든 웹 기반의 협업 툴로 유명하다. 할 일을 중심으로 프로젝트를 관리할 수 있게 해주는데, 칸반 보드처럼 업무 상황을 한눈에 살펴볼 수 있고 캘린더 기능으로 프로젝트의 흐름을 볼 수 있다.

사용 기능을 익혀야 하는 단점이 있지만, 적응되면 유용한 툴이다. 아사나는 팀의 업무를 나눌 때, 프로젝트 관리자가 업무 책임자를 지정하는 것이 편리하다. 또한 업무 내용을 요약정리해서 보여준다는 특징이 있다. 타임라인 기능으로 업무 시작과 마감 날짜를 기준으로 그 흐름을 시각적으로 보여주기 때문에 관리자가 한눈에 파악하기 편하다. 또한 아사나로 프로젝트를 만든 후 외부 협력 업체 담당자와 공유하면 상대방이 업무 진척 상황을 바로 확인할 수 있어 다른 팀과의 협력에도 유용하다.

⑦ G스위트(G-Suite)

구글의 클라우드 기반 패키지인 구글 G스위트는 스마트워크 환경에 최적화된 협업 도구다. G스위트를 이용하면 지메일, 구글 드라이브, 구글캘린더, 행아웃 등 구글이 제공하는 여러 서비스를 통합 사용할 수 있다. 이런 강점 때문에 유료 서비스임에도 불구하고 그 사용률이 높은 편이다. 구글 이메일로 회사 계정 이메일을 만들고, 구글 드라이브에 각종 사내 정보를 기록한 문서와 자료를 저장하면 업무에 매우 편리하다. 클라우드 기반 서비스라 G스위트를 통해 장소나 담당자의 유무에 상관없이 모든 정보 공유가 가능하기 때문이다. 또 구글이 제공하는 행아웃 미트를 통해 원격회의가 가능하다는 장점도 추가된다. 구글 캘린더에 일정을 입력하면 자동으로 알람이 오고, 따로 유료 영상 회의 툴을 구입할 필요도 없다.

G스위트의 가장 유용한 기능은 바로 캘린더 기능이다. 개인 캘린더를 포함 팀별, 프로젝트별 캘린더로 서로의 일정을 공유할 수 있으며 다른 협업 툴과도 호환된다. 구글 문서 도구와 구글 드라이브도 매우 편리하다. 구글 문서는 웹상에서 여러 사람이 참여해 수정하고 누가 어디를 수정했는지 확인 가능해서 활동도가 뛰어나다.

오늘과내일의학교의 프로젝트 기획은 구글 문서를 이용해 저장하고, 팀원들끼리 의논을 통해 수정하며, 다시 전 회원에게 공유된다. 중요문서는 언제든 찾아볼 수 있다. 또한 문서의 댓글 기능을 이용해 팀원 간의 소통도 매우 편하게 이루어진다는 장점도 추가한다.

오늘과내일의학교에서 주 사무를 맡아보는 간사가 교체되어도 정보가 구글에 있고 매뉴얼도 정리되어 있어서 어려움 없다. 이것이 구글 문서와 클라우드 시스템이 주는 편리함이다.

Keep control

온라인에서 일이
자동화되게 하라

리모트워크(Remote Work)를 한마디로 줄이면 원격 근무라 할
수 있다. 비대면 온라인으로 업무를 추진하고 실행하는 근무방식
이다. 미래사회의 주된 업무 형태일 것이다. 인터넷 등의 원격 접속
이 가능한 기술을 통해 언제 어디서나 시간과 공간의 제약 없이 비
대면 업무가 가능해졌기 때문이다. 코로나-19 팬데믹이라는 유례
없는 상황이 리모트워크를 당장 실행하게 만들기도 하였다. 여러
가지 문제로 진통과정을 겪기도 했으나 학교는 이제 언제든 원격
으로 수업을 할 수 있는 기틀이 마련되었고, 기업도 원격전환으로
업무 추진이 가능하게 탈바꿈하고 있다. 전통적인 근무 형태의 시
간과 공간 제약을 벗어나 유연한 업무 환경이 조성되었다.

리모트워크는 업무 환경을 통해 업무 효율성과 생산성을 높이는 스마트워크의 일종이다. 리모트워크는 새로 등장한 개념이 아니다. 재택근무라는 방식이 리모트워크의 한 형태로 이전에도 존재했으나, 최근 리모트워크를 시행하는 기업이 급격하게 증가하면서 새로운 업무 방식으로 리모트워크가 주목받고 있다.

리모트워크의 장점은 일하는 장소와 근무 시간을 개인의 자율성에 맡기기 때문에 업무 효율과 생산성을 높일 수 있다는 것이다. 매일 사무실로 출퇴근해야 하는 불편함 대신 스스로 일하는 시간과 장소를 선택하는 것으로 업무 스트레스는 줄고 생산성이 올라간다.

새로운 시대의 인재는 디지털 문명에 맞춘 역량을 키워야 하고, 기획자는 그들이 뛰어놀 수 있는 환경을 만들어 주어야 한다. 그럴 때 기획자의 비전에 따라 계획된 프로젝트가 각자의 협업과 아이디어를 더해 알아서 돌아가게 된다. 나아가 조직이 성장하고 지속되기 위해 조직 내부에서 스스로 기준을 바꾸고 다가올 미래를 대비해야 한다. 리모트워크 도입은 시대의 변화에 따른 자연스러운 흐름이기도 하다.

리모트워크의 효과에 관한 데이터가 있다. 미국의 소셜 미디어 스타트업 버퍼(Buffer)가 전 세계 90개국에서 활동 중인 리모트워커 1900명을 대상으로 조사해 발표한 '2018 리모트워크 리포트'에 따르면 90% 이상의 응답자가 앞으로도 리모트워크로 일을 계속하고 싶다고 밝혔다. 그뿐 아니라 주위에 추천하겠다는 응답도 무려 94%로, 리모트워크 근로자 만족도는 매우 높은 편이다.

리모트워크는 환경 문제의 해결에도 도움을 준다. 재택근무로 불필요한 이동을 줄이면 차량 운행을 감소시켜 환경보호에 도움이 된다. 세계적으로 저 출산·고령화 사회 진입 문제에 직면하며 노동 인구가 감소했고, 기업은 생산성 문제에 직면하고 있다. 이미 미국과 일본, 유럽 등 선진국은 업무 생산성 향상, 노동 인구 감소, 일과 삶의 균형, 환경 문제 등을 이유로 정부 차원에서 리모트워크 도입에 적극적이다. 미국의 경우 2010년 텔레워크 촉진법이 추진되면서 스마트워크가 본격화됐고 리모트워크 인구는 계속 늘어난다고 한다.

글로벌 워크 플레이스 애널리틱스(Global Workplace Analytics)와 플렉스잡(Flexjob)이 발간한 2017 텔레커뮤팅 리포트에서 리모트워크 노동자 증가폭을 살펴보자. 리포트에 따르면 2005~2015년까지 10년간 정기적 리모트워크 노동 인구는 115%나 늘어났다. 이는 미국 전체 노동 인구 중 2.9%인 400만 명에 달하는 수치다. 코로나 이후 리모트워크를 도입하는 기업은 소규모 스타트업부터 대기업까지 다양하고 그 비율도 증가하고 있다.

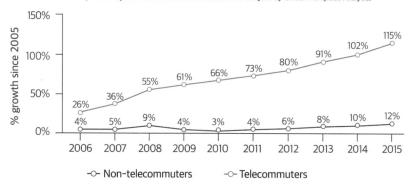

Telecommuting growth since 2005

Source: Special analysis of U.S. Census data conducted for Flexjobs by Global Workplace Analytics

-○- Non-telecommuters   -○- Telecommuters

출처: 2017 텔레커뮤팅 리포트

실리콘밸리도 이미 리모트워크가 활성화되었는데, 이유는 유능한 인재를 확보하기 위함이다. 실리콘밸리 중심지역의 집값이 일반 직장인이 감당할 수 없을 만큼 치솟아 비싼 주거비용을 감당하지 못하는 인재가 주변 지역으로 이동하였기 때문이다.

만약 스타트업을 꿈꾼다면 리모트워크가 매력적인 근무 형식일 것이다. 회사가 얼마나 성장할지, 몇 명의 사원을 둔 기업으로 거듭날지는 미지수인데 사무실 임대계약부터 하는 것보다 훨씬 현명한 일이 될 것이다. 2014년에 설립한 소스 코드 공유 소프트웨어 개발 기업인 깃랩(Gitlab)은 전 세계 39개국에 흩어져 일하는 250명에 이르는 직원이 있지만, 샌프란시스코의 본사 사무실에 근무하는 사람은 창업자인 시드 시브란지 한 명뿐이라고 한다. 이 기업은 창업 3년만에 4550만 달러(한화 약 517억 원)를 투자받아 주목을 받았다.

일본도 정부가 나서 재택근무를 장려하는데, 2018년부터 2020년까지 매해 7월 24일을 원격 근무의 날로 지정하고 리모트워크를 권장하였다. 일본이 저 출산·고령화 사회에 진입하면서 감소하는 노동력을 효율적으로 활용하고, 육아와 가사로 출근이 어려운 여성에게 기회를 제공하기 위해 유연 근무 제도를 권장한다. 이동이 불편한 고령자에겐 재택근무의 기회를 주면서 노동 인구를 확보하는 것이다. 이는 일하는 방식의 근본적인 변화를 이끈다.

전자제품업체 후지쯔는 2017년부터 35,000명의 정직원 중에서 원한다면 재택근무를 할 수 있도록 허용했다. 자동차회사 도요타 역시 2016년부터 사무직과 기술직 직원을 대상으로 단계적 재택근무 프로그램을 운영하고 있다. 2018년에는 아베 총리가 추진하는 '일하는 방식 개혁 법안'이 통과되어 노동시간 상한 규제와 노동 대가를 시간이 아닌 성과로 측정하는 방식을 도입하는 등의 노력이 일본 근로자의 업무에 큰 변화가 생길 것으로 기대를 모으기도 하였다.

리모트워크 방식은 기존 인력의 10분의 1만
으로도 성과를 낸다. 디지털 플랫폼을 기반으로
일하는 기준이 이렇게 달라지는 것이다. 이루
고 싶은 것을 이루기를 바라는 상상력의 규모
와 이를 풀어가는 문제해결력의 속도도 다르다. 시작하기 전에 문
제를 어떻게 풀어갈 것인지 기획하는 과정을 생각하면, 기준이 필
요하다. 어떤 것에 기반을 둔 문제 해결이냐에 따라 모든 것이 변
하게 된다. 이는 확연히 다른 결과를 가져올 것이다. 해당 장소에
가지 않아도 여기서 당장 회의를 주재할 수 있고, 문제를 해결하도
록 지침을 내려주면 팀원이 즉각 실행이 가능한 플랫폼이 마련되
었다. 대면하지 않아도 쉽게 일이 되는 플랫폼을 찾아 최적화된 환
경을 세팅하고 시작할 수 있다. 그것이 변화의 속도를 일으키고 빠
른 성공을 가져올 것이다. 일의 확인이 쉽고 즉각적인 피드백이 가
능해서 문제를 빠르게 바로잡을 것이기 때문이다. 다만 온라인 플
랫폼 기반의 업무 진행은 업무는 철저하게 진행하되 창조적 아이디
어 도출을 위한 자율성은 합리적으로 충분하게 주는 것이 핵심이다.

스타트업과 같은 도전도 할 만하다. 스타트업은 취업 준비생이나
직장인만 할 수 있는 것이 아니다. 수입이 안정적이고, 남들이 부러
워할 좋은 직장에 있다 할지라도 새로운 분야를 개척하고자 한다
면 이들 모두가 스타트업 창업자이다. 물론 교사는 겸직이 금지된
국가공무원 신분이라 어렵다. 꼭 스타트업 도전을 하라는 것이 아
니라 무엇이든 가능한 범위에서 가능성을 시험해 보라는 말로 이

해하면 좋겠다. 우리도 현직교사지만 강연자로 활동하고, 작가로 책을 쓰며, 책이나 원격 연수 기획 등의 분야에서 활발히 활동하고 있다. 온라인 플랫폼을 이용해 전국의 곳곳에서 생활하는, 심지어 한 번도 만난 적이 없는 의사, 교사, 교육종사자, 출판사 관계자, IT 사업자와 다양한 협력으로 사회에 공헌할 프로젝트를 진행하는 중이다.

낯설게 바라보는 마음 새김

1. 당신에게 적용할 리모트워크 방법이 있는지 생각해 적어 보자.

2. 이미 리모트워크를 하고 있다면 업무의 효율성과 생산성을 더 높일 아이디어가 있으면 정리해 보자.

6

Smart chance is the timing

퀀텀점프 하라 _____

아무리 노력해도 실력이 늘지 않는 것 같다고 느낄 때가 있다. 모든 것이 그대로이고 지금까지의 노력은 물거품으로 보인다. 이도 저도 아니고 오히려 후퇴하는 것 같아서 절망이 밀려오기도 한다. 모든 일에는 타이밍이 있다. 내가 영어 공부를 할 때였다. 어느 정도 귀가 열려 영어 듣기가 된다고 느꼈을 때, 조금만 더하면 말하기도 잘 되겠다고 생각하던 순간이 있었다. 하지만 생각보다 그게 쉽게 오지 않았다. 공부해도 더 느는 것 같지 않아 포기하고 싶은 유혹이 자꾸만 들었다. 이때가 중요한데, 포기하고 싶은 마음을 누르고 끝까지 가야 한다. 이 단계를 극복하면 한 계단만 오르는 것이 아니다. 예상의 두 배 이상 훌쩍 뛰어넘는다. 이를 퀀텀 점프라 하는데, 기준의 임계치를 넘으면 폭주하는 것과 같은 원리이다.

그 단계를 뛰어넘은 순간은 놀랍다. '해도 해도 안 되는 것일까'라는 생각이 들어도 꾹 참고 그대로 진행하니 어느새 예상보다 더 높은 곳에 다다른 자신을 발견하게 된다. 퀀텀 점프의 경험은 다른 일에서도 자신감과 도전의 동기부여가 된다. 어떤 일에서 한계를 경험할 때, 그래도 밀고 나간다면 다음은 생각하던 것보다 훨씬 큰 단계를 즉, 다음 계단이라는 예상 수치를 넘어서 더 높은 계단으로 훌쩍 뛰어올라 있는 것을 알게 된다. 이 타이밍은 경험한 사람만이 그 느낌을 안다. 그것이 성공한 사람이 느끼는 감각이고, 아직 느끼지 못한 사람에게는 조금은 무모해 보이는 도전일 수도 있겠다. 아직 그 감각을 경험하지 못해서 여전히 무모해 보인다고 생각한다면, 단계를 뛰어넘고 싶다면 어떻게 해야 할까? 명백하게도 도전해야만 얻을 수 있다. 제프리 버스갱(Jeffrey Bussgang)은 퀀텀점프를 원한다면 다음과 같이 하라고 충고한다.

❶ 불확실성을 관리하라.

그것은 마치 자욱하게 안개 낀 도로 위를 달리는 자동차와 같다. 모든 기획은 낯설고, 부딪치는 사람과 문제에 관한 해결 방안은 연이어 발생한다. 도전하고자 한다면 예측 불가능한 불확실성을 받아들여야 한다.

❷ 한계를 뛰어넘어라.

장애물을 만났을 때 적극적으로 당면한 문제를 해결하려고 노력하고, 더욱 효율적인 해결책을 고민하는 자세가 필요하다. 생각하라,

위기는 항상 기회이다.

❸ 주인 의식을 가져라.

자신에게 주어진 일뿐만 아니라 관계된 모든 일에 관심을 가지고 해결법을 고민하고, 더 나은 방안을 생각해야 한다. 수평적 사고로 해결 방안을 찾는 자세가 중요하다.

오토매틱이 리모트워크를 하는 이유

제주창조경제혁신센터 제공한 내용 재구성

오토매틱(Automattic)이라는 회사의 전 직원은 600여 명 정도 되는데, 이들은 모두 전 세계에 흩어져 살면서 리모트워크로 일한다. 오토매틱은 샌프란시스코에 본부가 있으나, 그마저도 직원들이 사용하지 않아 부동산 매물로 내놓기도 했다. 어떻게 전 직원이 리모트워크로 일하는 회사를 설립했는지에 대해 창업자인 맷 멀런웨그(Matt Mullenweg)는 다음과 같이 말했다.

"It just seemed like the only way to build a company."
(그냥 그게 회사를 세울 수 있는 유일한 방법인 것 같았다.)

맷은 워드프레스라는 블로그를 만들어 소스코드를 공개하면서 유명세를 탔다. 이후 회사 설립을 추진하고 오토매틱이 생겨났다. 블로그에서 모든 이가 오픈소스로 참여하고 있기 때문에 운영되는 기업의 형태도 전 세계 누구나 참여 가능한 오픈소스 플랫폼 같은 곳이 되어야겠다고 구상했다고 한다. 이후 그는 세계 어디에서든 인재를 채용하였다. 실제로 오토매틱 사내에서 이용하는 언어가 79개에 달한다고 하니 얼마나 다양한 인재를 채용하는지 증명해 준다.

오토매틱은 직원채용에 상당히 공을 들인다고 하는데, 그 이유는 그가 어떻게 일하는지를 옆에서 볼 수 없기 때문이다. 이런 이유로 오토매틱의 채용 과정은 상당히 긴 편이다. 1차 면접 통과 후 순서에 따라 일정 기간 주어진 업무를 수행하는 트라이얼 프로젝트를 맡긴다고 한다. 트라이얼 과정은 오토매틱사만의 특징인데, 시급을 주면서 지원자와 일할 수 있을지 여부를 실제 업무를 진행하며 맞추는 과정이다.

오토매틱의 직원 채용 과정

1. 서류 제출
2. 1차 면접(텍스트 채팅)
3. 코딩 테스트
4. 트라이얼 프로젝트(시급 제공)
5. 최종 면접(CEO와 텍스트 채팅)

특이한 점은 직원 채용 과정에서 직접 만나는 면접이나 화상 미팅이나 통화조자 없다는 것이다. 여기에는 성별이나 인종에 따른 편견을 방지하고 오직 업무 능력만을 집중 평가해 최고의 인재를 채용한다는 오토매틱사만의 생각이 담겨있다. 이 과정에서 지원자는 대면 없는 소통을 간접적으로 체험하게 된다. 채용과정은 보통 트라이얼까지 3개월, 이어 마지막 면접인 맷 챗(Matt chat)과정을 거치면 최종 입사 통지까지 5개월이 걸린다.

입사가 결정되면 리모트워크 준비 가이드와 원하는 개발 도구도 지원한다고 하는데, 홈오피스 구축 비용을 준다. 그 금액은 2000달러(한화 약 223만 원)라고 한다. 이는 지원자가 원하는 대로 책상이나 의자 포함 오피스 장비를 마련하기 위한 비용이다. 게다가 매월 250달러까지 사무실 비용 지급도 가능하니 지원자는 코워킹스페이스를 이용하거나, 사무실을 얻거나 하면 된다. 집이나 카페가 편하다면 대신 음료 비용을 지원한다.

입사 후에는 리모트워크에 잘 적응하도록 신경을 많이 쓴다고 한다. 이는 리모트워크에 적응하지 못해 퇴사하는 상당수 직원이 초기 몇 개월 사이에 나가기 때문이다. 6개월간 멘토도 붙인다. 매주 리모트워크를 할 만한지에 대해, 혹은 회사 생활이나 업무가 아닌 부분을 상담한다.

Communication is oxygen!
(커뮤니케이션은 산소다!)

오토매틱 사내에 이런 격언이 있다고 한다. 오토매틱이 커뮤니케이션을 가장 중요한 가치로 여긴다는 뜻이다. 회사에서 직접 얼굴을 보고 일하지 않기 때문에 계속 자신의 상태를 업데이트하고 자신이 어떤 일을 하고 있는지 알리는 일, 그리고 상대방과 소통하는 일을 중요하게 여긴다. 커뮤니케이션은 가능하면 모두 기록으로 남기길 권장한다.

오토매틱은 타운홀(Town-Hall)이라는 제도도 운영하는데, 보통 한 달에 한 번 꼴로 진행하는 행사에 누구나 참여 가능하다. CEO인 맷은 매월 정기적으로 타운홀을 연다. 이를 통해 직원과 대표 간 소통하는 자리를 마련한다. 또 전 직원이 1년에 한 번 만나는 그랜드 밋업(Grand Meetup) 행사도 연다. 이 자리에서도 CEO와의 타운홀을 진행해 누구나 자유롭게 질문하고 대표로부터 답을 얻을 수 있는 환경을 만든다. 사원이라면 누구나 이런 과정을 통해 정보를 공유할 수 있어서 사내 정치가 사라지는 효과를 얻었다고 한다.

업무 진행시 코드 검색이나 문서 검색, 코드 배포와 오류 보고 등 모든 작업을 웹으로 처리하며 누구나 이 정보에 접근 가능하다. 정보 공유과정에서 문제를 발견했다면 발견자가 즉시 보고하고 다시 빠르게 롤백(Roll Back)하는 제도를 운영한다.

직원 평가는 등급이나 점수를 매기지 않고 6개월마다 한 번씩 피드백을 준다. 팀 리더나 팀원 개인에게도 셀프 피드백을 받는다.

"이 사람이 당신 팀에서 잘하고 있나요"
"이 사람이 가장 잘한 일을 적어도 한 가지 이야기하세요."
"이 사람이 좀 더 개선할 수 있는 점을 적어도 한 가지 말하세요."

이런 질문을 팀 리더가 던지고, 받은 피드백은 해당 직원에게 전달한다. 주목할 점은 사원을 점수로 줄 세우는 게 아닌, 이 직원이 어떻게 하면 오토매틱의 일원으로 발전할 수 있을지 고민하며 피드백을 준다는 것이다. 오토매틱은 직원이 몇 시간 일했는지, 근태는 어떤지, 근무시간을 제대로 지키는지와 같은 내용을 평가하지 않는다. 다만 결과물이 어떤지에 대해서는 묻는다. 철저하게 결과 중심적으로 돌아가는 것이다.

오토매틱은 완전한 자율휴가제에 정해진 휴가 일수도 없다. 또한 휴가 신청 과정만 있고 승인 과정은 아예 없다. 신청하는 폼만 보면 언제부터 언제까지 휴가를 쓸 것인지, 사유는 뭔지 객관식 항목만 고르면 된다. 클릭 몇 번이면 휴가를 신청하고 바로 떠날 수 있다. 또한 근속 5년이 되면 2~3개월가량 유급 안식 휴가를 준다.

그럼 오토매틱이 꿈의 직장으로만 여겨질텐데 단점도 있다. 첫째, 신입이 성장하기 어려운 환경일 수 있다. 옆에서 1:1로 붙어 알려줄 사수가 있는 환경이 아닌 탓에 업무 초보가 알아서 성장하기 어렵다는 의미다. 오토매틱의 기술직은 주로 경력이 있는 사람만 채용하는 것도 이런 이유다. 둘째, 외로운 직원이 되기 쉽다. 종  일 말 한 마디 실제로 나누는 일 없이 일하게 될 것이다. 이는 회사에 대한 소속감의 결여로도 이어질 수 있다. 회사에 출근하지 않기 때문에 혼자 일하는 느낌을 강하게 받기 쉽다. 셋째, 각국에 흩어진 직원 고용 형태라 시차문제로 실제 소통이나 대응이 늦어질 수 있다는 것이다.

이런 단점을 보완하기 위해 1년에 몇 차례씩 정기적으로 만나도록 해 소속감을 키워주려고 노력한다. 기업 비전을 알려주고 직원이 회사와 팀의 목표 등을 잘 알고 있는지 정기적으로 묻고 점검하는 과정을 두는 이유다.

프레이밍 효과를 활용한 마케팅:
나도 모르게 지갑을 여는 마법

프레이밍 효과란?

틀 짜기 효과, 구조화 효과라고도 한다. 같은 사실이나 상황인데도 어떤 틀에 의해 정보가 제공되는지에 따라 이 정보를 전달받은 사람의 태도나 행동에 영향을 미치는 것을 의미한다.

서울우유는 프레이밍 효과를 이용해 기업의 위기를 극복했다. 우유 소비량이 점점 줄어 매출이 부진하게 되자 그 해결책으로 기존의 유통기한을 표시하던 방식에 제조 일자를 추가하였다. 이는 소비자에게 우유의 신선도는 유통기한이 아니라 제조 일자라고 여기게 했고, 서울우유는 신선한 우유를 만드는 기업이라는 인식을 주어 매출을 다시 올리게 만들었다.

오티스엘리베이터에도 비슷한 사례가 있다. 어느 날 납품한 엘리베이터의 속도가 너무 느리다는 민원이 접수되었다. 기술진이 여러 차례 회의를 통해 이를 극복할 방법을 찾으려 노력하였으나 마땅한 해결 방안을 찾을 수 없었다.

누군가 엉뚱한 아이디어를 내놓았다. 엘리베이터 안에 날씬하게 보여주는 전신 거울을 달자는 의견이었다. 해결책이 맞나 생각하게 하는 이 의견은 고객 불만 제로라는 효과를 가져왔다. 사람들이 엘리베이터에서 거울에 비친 자신의 모습에 신경을 쓰니 속도에 더는 관심을 두지 않았기 때문이다.

피드백으로 업무 효과를 높이는 5가지 방법[18]

1. 행동에 초점을 맞춘다. 사람 자체에 초점을 맞추지 마라.

피드백 받는 사람의 행동이나 결과에 대해서 말해야 한다. 만약 '당신의 태도가 나빠서'라는 표현을 하거나 느낌을 주면 정말 관계가 악화된다. 바라는 행동이나 결과를 확실히 정하고, 그것의 중요성과 가치에 대해서 설명하자.

2. 짧게 자주 한다. 칭찬으로 시작해서 점점 큰 주제로 가라.

칭찬이든 비판이든 바로 이야기해야 효과가 높다. 처음에는 짧은 칭찬으로 자주 피드백하여 익숙해지게 하고, 다음에 "내 생각에는 이런 건 이렇게 하면 좋겠어."라고 가벼운 제안을 하는 것이 좋다.

3. 주제를 분명히 한다. 성장에 도움이 되는 것을 뽑아 말해주라.

업무 중 가장 중요한 것, 혹은 가장 어려운 점을 선택해 한 가지로 피드백을 주어야 효과적이다. 매달 피드백 주제를 지정해서 하는 것이 좋다.

4. 동료피드백을 주고받게 한다. 함께 성장한다는 느낌을 주라.

가끔은 동료의 피드백이 결재권자 피드백보다 더 큰 힘을 발휘하기도 한다. 조직문화와 맞지 않는다면 시도하기 어렵겠지만, 서로 비판하는 것이 아니라 돕고 격려하는 것이 목적이라는 사실을 인지시키면 효과적이다.

5. 팀원에게 피드백을 요청한다. 마음을 먼저 열라.

팀원에게 자신의 피드백을 달라고 요청하자. 회의 시간에 시도했는데 만약 아무도 입을 열지 않을 경우, 팀원들이 중요하게 생각하거나 걱정하는 문제에 대한 피드백을 부탁한다.

---

18) 존중하라 존중 받는 직원이 일을 즐긴다, 폴 마르시아노(Paul L. Marciano). 처음북스. 2013

성공은 매일 반복한 작은 노력들의 합이다.

로버트 콜리어

IV

이제 실전!
낯선 나 만들기

1

To be Writer

저자가 되다 _____

1) 출판사를 사로잡는 기획의 비밀

우리는 여러 책을 기획하여 출판한 경험이 많다. 아마 이 이야기를 하면 깜짝 놀랄 텐데, 온라인 서점에서 판매되는 약 70여 권의 이상의 도서 기획자이며 공동저자이다. 강의를 통해 여러 사람을 만나는 게 기획에 도움이 된다. 학부모나 학생의 고민을 듣고 이야기를 나누다가, 강의 속에서 그들의 눈이 언제 반짝이는지를 볼 때마다 어떤 종류의 콘텐츠가 도움이 될지 감이 온다.

영감이 올 때면 이것저것 검색하고 콘텐츠 구성의 줄기를 잡아 기초 아이디어를 기획하고 작업에 참여하고 싶은 사람을 모은다.

우리가 운영하는 밴드나 단톡방에서 저자 모집 글을 자주 볼 수 있을 것이다.

중요한 것은 콘텐츠인데, 글의 방향과 글감의 구성이 이를 좌우한다. 글의 방향과 글감은 어떻게 기획해야 매력적일까? 이것을 목차에 녹여내는 게 그 비밀이다. 목차를 다 짜면 이미 책의 기획은 완성된 것이나 다름이 없다.

처음에는 노하우가 없어 고군분투했다. 그야말로 '맨땅에 헤딩하기'를 아주 뼈저리게 경험했다. 10여 년 전, 원하는 책을 쓰고 싶어 밤마다 원고를 쓰며, 서울에 있는 출판사에 가서 의논하고 오가는 그 시간이 아까워 비행기를 이용했다. 서울에 오가며 노력한 시간은 값진 교훈을 주었다. 그 책은 결국 출판되지 않았고, 단독저자로 혼자 글을 쓴다는 것이 얼마나 어려운지를 말이다.

이후로는 협업을 통해 책을 기획, 출간하고 있다. 이 모든 것은 혼자 잘나서가 아니라 훌륭한 협업의 결과이고 늘 감사하게도 딱 맞는 천사가 나타나 서로 도움을 주고받는다. 나의 뼈아픈 체험이 출판의 생리를 알게 해주었고, 다분한 인맥을 쌓았으며, 이제는 출판사 쪽에서도 일을 맡길 수 있는 사람이란 믿음을 보인다. 이것이 콘텐츠의 힘이며 다작을 기획한 기획자에 대한 인정이라고 생각한다.

저작 기획은 그 구성을 염두에 두고 진행하는데, 3·3·3 원칙이 있다. 이 원칙을 간략히 설명하면 다음과 같다.

3가지 카테고리는 목차를 크게 3장으로 나누는 것이고, 이것을 대목차라고 한다. 그 하위에 중목차를 3가지 내용으로 다시 잡는다. 다시 하위 목차로 3가지 소목차를 잡는 형식이다.

각 소목차의 분량은 일정하게 잡도록 하는데, 소목차를 모두 모으면 책 전체의 분량이 나오게 된다. 이를테면 하나의 소목차 분량을 A4(폰트 10, 줄 간격 160정도) 5장으로 잡는다면 소목차 3장 × 중목차 3개 × 대목차 3개이므로 총 27개의 소목차가 나오게 되고, 각 소목차의 분량이 3장이니 예상이 가능한 총 원고는 약 135쪽이 되는 것이다. 이 원고를 조판으로 앉히면 책 크기에 따라 다르긴 하나 약 160-180쪽의 책이 된다. 이 기준에 의한 계산으로 각 소목차의 개수나, 대목차를 늘이는 방식으로 목차를 구성하면 된다.

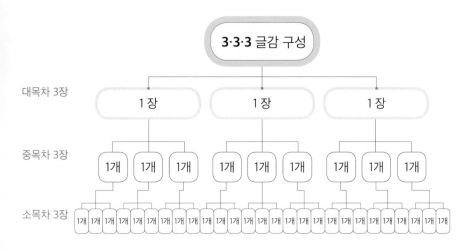

글감이 어느 정도 구성되었다면, 목차 중 한 개의 소목차를 뽑아 꼭지글을 써본다. 여러 책을 기획한 기획자로서 터득한 방법은 여러 사람의 협업 형태로 가는 것이 리스크를 최소화해주었기 때문에 우리의 주된 활동 방식이 되었다. 대표 저자나 글솜씨가 있고 마음이 맞는 한 두 명의 저자가 쓰는 것이 이상적이나, 인원이 적은 만큼 원고 탈고에 시간이 걸리고 무엇보다도 글을 써낼 수 있는 역량을 가진 저자를 섭외하기가 매우 어렵다. 따라서 꼭지글은 여러 저자가 모여 작업하면서 그 문체와 구성을 어떻게 할 건지 논의를 위한 것이고 꼭지글 이후에 서로 문체와 형식을 통일하여 맞추게 된다.

경우에 따라서는 각자 생각한 목차를 짜고, 그중 하나의 소목차를 골라 꼭지글을 구성하게 하기도 한다. 의욕만이 넘쳐서 말로는 모든 것을 잘할 것처럼 보이나, 정작 글을 써보라면 한 단락도 완성하지 못하는 일이 종종 발생하기 때문이다. 꼭지글은 약 A4 종이 2장 정도의 분량이고 챕터 주제에 따라 다를 수 있으나 보통은 서론, 본론, 결론 형태로 기승전결이 드러나야 한다. 그 형식은 글 전체의 주제나 형식에 따라 이미지나 인포그래픽을 넣어 쓰거나, 줄글 혹은 매거진의 형태가 되기도 한다. 혹은 질문과 응답의 형태로 구성하기도 하고, 저자만의 특별한 경험이나 인용구로 내용을 정리하는 등 다양하다.

우리가 선호하는 구성은 그 글의 시작에 에피소드나 나레이션, 신문 기사나 격언 등으로 말랑말랑하게 도입부가 시작되고, 본문에서 3개의 핵심 정보를 확실하게 드러내면서 마무리는 심화된 정보와 실제 사용 가능한 팁을 주는 것이다. 이런 구성이 독자에게 매력을 느끼게 하고 글에 빠져들게 한다.

저작 기획안 예시

미지수e 콘텐츠 프로젝트

1. 프로젝트 의미

'미'래

'지'식

'수'다

시리즈

: 미래 기술, 사회, 문화 등의 자료를, 쉬운 수다형식으로 풀어서, 질문과 생각을 하게 하는 e콘텐츠 개발프로젝트

소논문이나 학회지, 칼럼 등을 쉬운 언어로 재구성하고 하브루타처럼 토의, 토론할 질문 만들어 남기고 다양한 측면에서 한 사안을 제시해보는 50쪽 미만의 얇지만 알찬 콘텐츠 시리즈

2. 목적

가. 대한민국 청소년과 일반인들에게 미래의 핫한 이슈에 대한 관심을 일으킨다.

나. 미래관련 내용을 쉽게 재구성한 뒤, 인문, 사회, 자연, 과학, 공학, 의생명, 예술적 측면의 다양한 관점을 볼 수 있게 힘을 길러 준다.

3. 활용방안

(메인독자)

고등학교 과목 과제탐구 읽기 자료 및 토의&토론 자료로 활용 (수업 한 시간이나 두 시간 분량)

가. 중학교 자유학기제 탐구교재로 활용

  (일주일, 한 달 독서 / 텍스트 → 관련영상, 영화 → 음성콘텐츠 →
  익숙함 / 문해력)

나. 세계시민교육, 민주시민, 교육부 프로젝트, 교육청 프로젝트

다. 일반인 독서모임의 자료로 활용

4. 운영 방법

가. 영역별 전문가 개발자 구성

나. 영역별 콘텐츠개발 주제 작업

다. 작업 완료

라. 다양한 미디어로 송출 (이북, 밀러서재, 구독, 등 음성기반 책, 팟
  캐스트, 강의 등)

마. 대강의 진행 기간

- 1주간 목차잡기 (내용)

- 1주간 꼭지글 쓰기 (챕터 형식잡기: 문체) 기승전결 / 챕터분량, 말투 / 구성

- 2주간 글감 모으기

- 1주 전체 글감 목차에 배치구성

- 2주간 글쓰기. 1차 완성 : 잘 쓰지 말자! 일단 완성

- 2주간 수정, 수정, 수정 (퇴고)

- 저자 간 교차 검수 / 외부 검수 / 학생검수

- 출판사 디자인 조판

- 이북 등록 / 음성파일 제작 / 다양한 미디어 노출

5. 책 출간 후 확장

가. 저자, 언론 기고

나. 미디어 방송 출연

6. 내용

누구나 이해하기 쉽게 풀어쓰기(중2 정도 수준)

이슈나 문제 중심으로 중학교 고학년, 고등학생이 메인 독자이나

일반인도 읽을 생각자료가 되게 집필

2) 알아두면 쓸모 있는 출간 프로세스

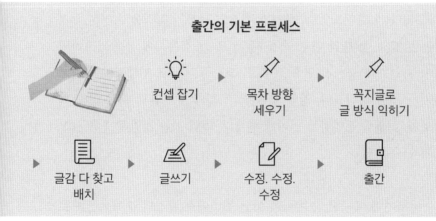

출간의 기본 프로세스

컨셉 잡기 ▶ 목차 방향 세우기 ▶ 꼭지글로 글 방식 익히기

▶ 글감 다 찾고 배치 ▶ 글쓰기 ▶ 수정. 수정. 수정 ▶ 출간

생각보다 많은 교육자가 책 출간을 버킷리스트로 삼고 있는 것
을 발견했다. 하지만 동시에 발견한 사실은 다들 책 쓰기의 꿈이

있으면서도 도전은 하지 않고, '언젠간 책을 쓰겠지' 혹은 '기회가 되면 언젠가는 하게 될거야.'라고 막연히 생각만 한다는 것이다. 저작은 그리 대단한 일이 아니다. 생활에서 가져온 소소한 소재도, 매주 수업 준비하느라 고민하는 모든 연습과 프로세스도 충분히 책의 글감으로 활용될 수 있다. 다만 자신이 말하고자 하는 내용을 누구나 읽기 쉽도록 술술 쓰기 위해선 작문 연습이 조금 필요하긴 하다.

학창시절 각종 글쓰기대회에서 입상을 한 적이 많았다. 특히 시 분야에서 심사위원이나 국어선생님께 재능이 있다고 칭찬을 받았다. 책 쓰기를 실행에 옮긴 것은 2018년이었다. 영어 관련 책을 쓰고 싶어 프로젝트에 함께하게 되었고 그 결과, [사(思)고치면 영어가 된다]가 출간되었다. 하지만 예전의 글쓰기 실력을 온전히 찾지는 못했다. 첫 출간 이후 약 6개월간 몇 개 신문사에 글을 기고하면서 자연스레 글쓰기 연습을 했고, 생각하는 대로 써내려가는 글쓰기가 조금 쉬워졌다. 정말 글을 쓰고 싶다면 매일 주제를 정해 써보자. 하루를 정리하는 일기도 괜찮다. 매일 쓰는 것만큼 좋은 글쓰기 연습은 없다.

글쓰기에 대해선 각설하고, 이번 챕터에선 출간의 구체적인 프로세스를 짚어보겠다. 글쓰기는 다른 기획에서 구체적으로 다룰 예정이니 기대하셔도 좋다.

❶ 각자의 목차와 챕터 꼭지글 구상 [2주]

가. 각자 책의 컨셉을 정해 목차 구상하기

책의 컨셉이란 저작하고자 하는 책의 주제와 차별적인 포인트 설명이라고 할 수 있다. 이 책이 왜 필요한지를 독자에게 어필하고, 출간 되면 누구에게 매력을 느끼게 할 것인지를 예상하는 단계이다. 컨셉에 따라 목차를 구성하고 정리하면 된다. 목차의 구성 방법은 앞에서 설명했으니 참고하면 되겠다.

컨셉 잡기 단계에서 시중에 이미 관련 주제로 나온 책 제목과 목차, 핵심 내용 등을 파악해 보고 분석하는 작업은 필수이다. 온라인 서점에서 관련 카테고리에서 판매 순위에 따른 요인을 찾고 상대적으로 판매지수가 낮은 책은 어떤 이유인지도 확인해 보아야 한다.

나. 챕터 꼭지글로 전개 방식 구상

꼭지글은 책의 세부적인 형식이다. 출판사가 목차와 꼭지글을 보고 출간을 할 것인지 결정하기도 한다. 매우 중요한 작업이므로 꼭지글에서 책의 컨셉을 잘 드러내야 할 것이다. 출판사는 꼭지글을 통해 책의 분량, 문체, 강조점을 찾는다. 보통 책의 목차를 정하고 꼭지글 구상과 작성에 약 2주 정도를 소요한다.

다. 효과

책의 저작을 시작하는 각 저자들의 준비도를 올리게 만드는 단계이다. 이 과정을 통해 기획자는 개인 역량과 강점을 파악한 후에 어떤 역할이 적절한지 구상과 배치를 결정하게 된다. 이 작업을 통해 마지막까지 저작을 완수하지 못할 사람을 미리 가늠할 수 있기도 하다.

❷ 목차 글감 구성 [2주]

확정된 목차별 들어갈 글감을 우선 배치한다. 초보 저자들이 모였다면 이 작업이 매우 중요하다. 초보 저자는 처음부터 글을 잘 쓰기가 어려워 챕터 주제에 알맞은 내용을 검색하여 비슷한 내용을 먼저 붙여보는 작업이기 때문이다. 이 작업을 표절이라고 오해할 수 있겠으나, 절대 남의 글을 그대로 쓰는 거라고 생각하지 마시라. 이 작업을 해두면 초보 저자는 앞서 붙여놓은 글감을 보고 생각을 정리해 붙인 내용을 지워가며 내 생각으로 글을 써 내려가는 작업을 쉽게 할 수 있다. 혹시 조사해 온 글감이 글의 구성상 꼭 필요하다면 꼭 출처를 밝혀 인용으로 처리하도록 한다. 우리는 글감 구성에 보통 2주 정도 기간을 두고 진행한다. 글감을 찾는 작업에서 저자들은 그 시간 동안 관련 내용을 찾아 읽어보고 배경지식을 넓힐 수 있다는 장점이 있다. [공부끝판왕]을 집필한 저자도 약 20기가 용량의 자료를 찾아 모두 읽고, 그 내용을 온전히 이해하고, 생각을 정리해 약 45페이지에 담아낸 경험이 있다. 이런 작업은 우리에게 진로, 진학에 관한 내용을 찾아 공부하고 그 내용을 소화하여 집필할 원동력이 되었다. 글감 구성을 위해 내용 조사는 어떻게 하는지는 뒤편에서 다룰 것이니 여기선 생략한다.

❸ 글쓰기 [1~2달]

각 저자가 맡은 부분을 꼭지글을 쓰면서 맞춘 대로 내용과 흐름의 통일성 갖추어 집필하는데, 이 기간 동안 1차 원고가 나오게 된다. 하지만 아직 원고는 각 사람이 나누어 썼기 때문에 앞서서 문체나 형식을 맞추었다 해도 각자의 개성이 고스란히 담겨 여럿이 쓴 티가 팍팍 나게 된다. 이때 팀장이나 저자 군에서 윤문을 잘 할수 있는 사람이 처음부터 끝까지 문체와 형식을 고르게 수정하는 작업을 하는 것이 꼭 필요하다.

❹ 글 넘기기 [2달]

저자 군에서 최종 원고가 완성되면 출판사에 원고를 넘겨 조판이라는 디자인 작업을 시작한다. 조판 전에 통상 윤문이라는 작업이 필수로 거쳐지는데, 이는 독자에게 글이 쉽게 읽히면서 전달하고자 하는 내용이 드러나게 하는 작업이라고 생각하면 되겠다. 이때 문장의 오류나 난해한 문장을 바로잡고 오탈자를 수정하기도 한다. 이후 조판에 들어가게 되는데 조판은 인디자인이라는 프로그램으로 만들어진다.

❺ 수정 보강 [한 달]

조판본이 나왔다고 해서 바로 인쇄로 들어가는 것이 아니다. 기획과 원고 작성 후 출간이 중요하긴 하나 책이 출간된다고 알려지는 홍보 역시 중요하다. 아무리 좋은 책이라도 소문이 나지 않으면 책 출간과 동시에 사장되기 때문이다. 책이 나왔는지 아무도 모를수 있다. 출판사에 표지 시안을 몇개 달라고 하여 SNS에 올려 투표하거나, 제목을 공모하는 방식으로 홍보를 하면 사람들이 관심있게 참여한다. 조판본이 나왔을 때 검토진을 모집하여 책 출간을 알려야 한다. 검토진의 든든한 참여는 그들이 입소문을 낼 기회가 된다는 것을 알고, 적극적으로 검토진과 소통해야 한다. 또, 출판사의 협조를 얻어 검토진으로 책날개에 이름을 올리고 기념으로 증정본을 받도록 배려한다. 이렇게 검토진과 저자의 의견 반영과 수정을 거치는 작업은 약 한 달 정도 걸린다.

❻ 출간

조판 후 검토진 수정이 완료되면 인쇄에 들어가게 되고 책은 정식 출간된다. 이렇게 책은 최초 기획부터 출간까지 최소 6개월 정도 걸린다. 때에 따라 예상한 기간을 넘어 그 이상 걸리기도 하는데, 애초 기획한 대로 글이 나오질 않는 경우가 이에 해당한다. 이런 이유로 출간이 늦어지면 애초 기획한 시기를 놓쳐 홍보가 제대로 안되거나 적절한 시기가 지나버려 책이 잘 팔리지 않는 결과를 낳게된다. 그래서 우리는 어떻게 하면 초보 저자가 기획한 대로 글을 써낼 수 있을지 고민을 늘 하게 된다. 그래도 늘 저자들을 믿는다.

출간 기획과 진행을 온라인에서 저자 모집 후, 관심을 보인 예비 저자들과 진행하는데, 그간의 경험을 통해 어떤 점이 저작 프로젝트를 망하게 하는지 정리해 보았다.

3) 온라인 프로젝트 실패하는 방법 10가지

❶ 한 번 알리고 '알아서 하겠지'하고 믿고 둬라.
: 그러면 모든 일의 우선순위 끝에 놓이다가 어느새 스트레스를 주는 짐이 되어 있을 것이다.

프로젝트가 정한 기간에 성공적으로 끝나기 위해서는 프로젝트 팀원 모두 우선순위를 두고 같이 달려야 한다. 간혹 자신의 개인 일정을 미루기 힘들다고 양해를 구하며, 프로젝트 초기부터 맡은 일을 혼자서만 기간 내에 끝내지 못하는 사람이 있다. 이런 사람은 반드시 중도 하차하는 것을 자주 경험한다. 그러면서도 미안하다 생각하지 않고 팀원에게 비난의 화살을 쏘고 팀원 전체를 뒤집어 놓고 나가기 일쑤다. 초반에 팀원 모두 같은 중요도를 인지하고, 빠른 속도로 같이 움직이게 하는 것이 필수다.

❷ 단톡방에 답을 굳이 안 달아도 나는 봤으니 된 거다.
: 그러면 프로젝트가 어느새 잊혀질 것이다.

온라인으로 진행되는 프로젝트는 소통과 내용 확인이 반드시 필요하다. 성공하는 프로젝트가 되려면 이에 한마음으로 움직이는 태도와 속도가 요구된다. 특히 전국 단위의 온라인 프로젝트라 그 특성상 모든 참여인원이 디지털 플랫폼에서 움직이는 방법과 실행 방법도 잘 알고 있어야 한다. 데이터 파악, 클라우드 이용, 조사방법, 역할, 프로세스까지 모두 면에 해당한다. 한 사람이 모두를 다 잘할 수 없고, 혼자서만 맡으면 완성도는 떨어지기 마련이기에 역할을 나누어 빠른 추진을 위해 협업 역량도 중요하다. 조사해서 나온 자료를 모으고, 꼭지글을 함께 쓰는 협업을 위해 클라우드 기반 프로젝트 수행 능력과 온라인 커뮤니케이션 능력도 탁월해야 한다. 리더는 팀원들이 응답하며 움직이는지 서로 확인하고 독려하며 반응하도록 유도해야 한다.

③ 내가 해야 할 것을 완료하지 못해서 팀원에게 다음 진행에 대한 말을 못 하겠네.
: 그러면 서로 연락 없음이 편안하게 되고 흐지부지 그리 동력을 잃고, 프로젝트를 마치더라도 매력 없는 콘텐츠가 나올 것이다.

어떤 일을 수행하든지 든든한 자신감으로 진행하고, 혹시 잘 안 되더라도 다시 힘을 얻는 회복탄력성은 프로젝트 성공의 핵심 요소이다. 또한 객관적인 상황을 판단해 현실을 직시하고 어디가 문제인지 정확하게 찾아 그 해법을 고민하는 자기 조절력이 요구된다. 가장 중요한 요소는 냉정하고 객관적으로 문제를 진단하는 것이다.

문제의 원인을 분석해 스스로 어떻게 극복할 수 있을지를 판단해야 한다. 특히 프로젝트 팀장이라면 이러한 상황을 명확히 정의하여 다음 단계로 나아가기 위한 해법을 찾아 그 기준을 정해 움직여야 한다.

❹ 시간을 넉넉히 줘서 준비 시간을 넉넉히 줘야지.

: 그러면 남은 시간 아무것도 안 하다가 제출네 시간 전부터 압박받고 억지로 하다가 감정만 상하고 쓸모없는 콘텐츠가 나올 것이다.

온라인 프로젝트 실행에서 가장 중요한 것은 기준인데, 그 기준은 다시 말해 기한이라고도 한다. 완료 기한을 정했는데도 이를 지키지 않으면 프로젝트 전체가 무너지는 결과가 온다. 앞서 말한 자기조절력이 이번에도 필요하다 하겠다. 리더는 표준을 정해 그것이 무너지지 않도록 해야 한다. 혹시 완료하지 못하는 원인이 기준을 잘못 정한 것으로 파악된다면 새로운 표준을 정해 그대로 나아가야 한다.

❺ 서로 좋은 게 좋은 것이니 좀 늦어도 좋게 이해하자.

: 그러면 이후 모든 데드라인이 무너질 것이다.

무작정 '모든 것이 잘 될 거야'라고 생각하는 것은 긍정적인 해결책이 아니다. 객관적인 상황을 무시한 과도한 낙관주의는 일을 그르칠 수 있다. 긍정적으로 생각하지 말라는 것이 아니다. 일이 망가지고 있는데도 그것을 간과한 채 좋아지기만을 바라는 긍정은 독소가 된다.

⑥ '원고를 내가 책임져야지'하고 들고 있자.
: 그러면 다른 팀원이 업데이트할 기회가 없어진다. 진행이 멈추는 횟수가 늘어나며, 결국 서로 의심하기 시작하고 계속 동력이 떨어지리라.

어떤 일이든지 한 사람이 들고 있으면 그것은 영영 거기서 멈춰지는 것을 경험으로 터득했다. 원고는 돌고 돌아야 한다. 그래야 프로젝트가 유지되고 완성이 된다. 그것이 저자든 검토진이든 돌고 있어야 한다. 멈추는 순간, 그 프로젝트는 망하는 길로 향한다.

⑦ 모두 똑같이 나눠서 한 곳에서 구멍이 나면 기다리고 팀워크를 균형 있게 해야지.
: 그러면 각 구성원의 장점을 다 쓰지 못하고, 구멍은 계속 커질 것이다.

잘하는 팀원과 조금 못하는 모두에게 균등하게 배분해 시간을 주는 것은 전체 콘텐츠가 똑같이 무너지는 지름길이 된다. 사람마다 역량이 다르다. 그렇기 때문에 일을 균등하게 배분하면 큰일이 일어난다. 프로젝트 수행에서 우리가 자주 범하는 치명적인 오류는 모두에게 똑같이 일을 분배하는 공평의 오류에 빠지는 것이다. 우리도 자주 범하는 실수가 사람 모두 비슷한 수준일 거라는 착각으로 그 이해 선에 맞춰 설명하고 완전히 이해했을 것이라 믿는다. 그런데 나중에 들어보면 그 절반도 이해 못하는 경우가 많았다.

최고의 팀워크를 위한다면 일을 조금씩 나눠 시작해보고 일을 더 치고 나가는 팀원에게 나머지 일을 더 주어야 할 것이다. 그러면 일이 빠른 사람은 먼저 완료하고 지루하게 기다리는 일이 없을 것이며, 따라가기에도 벅차 포기할지를 고민하는 사람에겐 짐을 덜어주는 일이 될 것이다.

⑧ 몇 명만 알게 전체 프로젝트를 진행하라.
: 그러면 같이하는 사람들의 열정도 최고 속도로 식을 것이다.

기획 초반에 범한 오류는 중요 사항을 몇몇 사람만 알게 했던 일이다. 공개해도 큰 문제가 없는 일인데도, 상황을 모르니 다른 팀원들에게 사소한 오해가 쌓이고 이후에 큰 배신으로 돌아오며 분노를 쏟아내는 일로 연결되기도 했다. 그 이후 우리는 모든 것을 오픈한다. 진실성은 온라인 협업 프로젝트의 가장 중요한 요소이기도 하다.

⑨ 난 팀원이니 시키는 것만 하고 괜히 피곤하게 의견을 내지 말아야지.
: 그러면 세상에 주인이 없는 또 다른 쓰레기 콘텐츠를 만들게 되

거나 아예 세상에 나오지 못하는 지경에 이를 것이다.

앞서 말한 성공적인 기업이나 프로젝트의 예처럼 아무나 자유롭게 아이디어를 낼 수 있는 수평적 분위기와 주인의식을 가진 참여는 매우 중요하다.

⑩ '이거 애매한데, 그래도 서로 알아주겠지'라고 기대한다.
: 사람은 다른 사람의 수고에, 서로의 수고에 관심이 없다. 나의 수고만 기억한다. 그렇게 섭섭함만 안고 태어난 콘텐츠는 버려지고, 사람들은 배신감을 느낀 채 헤어지리라.

온라인 협업 프로젝트에서 서로가 무슨 일을 하는지 알리는 것은 프로젝트 수행만큼이나 중요하다. 협업 프로젝트에서 혼자 묵묵히 성실히 일하는 것은 미덕이 아니다. 서로의 불신과 불안을 조장하는 일이 된다. 서로 알리자. 지겨울 정도로 자신이 하는 일에 대해 다른 사람에게 계속 알려야 프로젝트는 성공한다.

1. 분야 [강의 분야]

: 가정/육아 > 자녀교육 > 독서교육, 인문 > 독서/글쓰기 > 독서 > 독서지도일반, 국내도서 > 가정 살림 > 자녀교육 > 자녀교육일반, 국내도서 > 어린이 > 초등학습 > 글짓기/독서, 국내도서 > 인문 > 인문일반 > 글쓰기/독서/번역

2. 컨셉 [강의 컨셉]

: 초중등 학부모가 자녀의 독서습관을 기르기에 도움이 될 실전 독서지도 안내서

3. 기획의도 [강의 의도]

: 학교 안(in)과 밖(after)에서 on&off 배움 공동체를 통해 전문성 신장을 통한 자기개발과 저서 집필, 진진콘(진로진학콘서트) 강연을 통한 나눔 실천으로 궁극적으로 지역 간의 교육격차 해소를 위한 공교육 교사(강사) 단체에서 진행하는 프로젝트입니다.

2016년 6월에 '학생부종합전형'을 출간했고, 2017년 상반기에 진로(생활)와 진학(입시), 학습(독서)을 주제로 유초등, 중등, 고등 대상별 생활백서와 진로백서, 입시백서, 학습백서 등을 출간할 예정입니다.

이런 계획의 일환으로 독서를 주제로 초중고 스타교사와 스타교육전문가들이 초중 학부모를 위한 자녀 독서교육지도 방법을 안내하는 책을 기획하게 되었습니다.

독서의 중요성은 다들 알지만, 실행이 어렵다는 점을 감안해 독서 습관으로 안착하는 구체적인 방법과 독후 활동을 쉽게 하는 방법을 알려주어 생활 습관의 변화로 연결시키고자 합니다.

❯ 교육 대상을 초 1~4, 초 5~중 2, 중 3~고 2 등으로 나누고 초 5~중 2 학부모를 대상으로 하는 책부터 기획했으며, 향후 초 1~4 학부모, 중 3~고 2 학부모를 대상으로 시리즈 도서도 출간 가능

4. 타켓 [강의 타켓]

: 핵심 - 30대~40대 초5~중2 학부모와 직장맘

   확산 - 30대~40대 초 1~4, 중3~고2 학부모와 교사

5. 예상 사양

: OOO*OOO / OOO쪽 / O도 / 무선 / OOOO원

6. 예상 제목 [강의 제목]

: 독해라. 삼대가 바뀐다!(독서를 해라! 삶, 대학이 바뀐다!), 올바른 공부습관을 위한 독서백서(올공독백), 놀면서 독서근육 키우러 나와 유(I&YOU), 4D 에듀테인먼트 잠깨 독서지도법(포에법, 포에버 독서지도법을 의미)' 등

7. 구성 [강의 구성]

: 4개 챕터 총 40개 내외의 실전 독서지도 방법으로 구성

8. 내용[강의 내용]

기본 포맷 : 항목별 현장 중심의 독서지도 방법을 구체적으로 제시

육아와 독서지도 문제로 고민하는 직장맘이 추천하는 책

남편이 직장인 아내의 책상에 몰래 놓는 책 ❯ 선물용

9. 홍보[강의 홍보]

사전 SNS 연동→ 출판 과정 스토리텔링 가능

(전체 인프라 OOO명 정도)

- TNTs(Teachers' Network for Talents, 가르치는 사람들의 재능 나눔 네트워크) 밴드와 카톡 (회원 약 150명)

- 각 공동저자의 카페와 블로그, 페이스북, 카카오스토리 등 개인 SNS (회원 OOO명)

10. 모델도서[강의 참고 강좌]

: 세계 명문가의 독서교육(최효찬/예담프렌드), 맛있는 독서토론 레시피(김소라/이비락), 토론의 힘(강치원/느낌이있는책), 독서교육, 어떻게 할까?(김은하/학교도서관저널), 함께 읽기는 힘이 세다(경기도중등독서토론교육연구회/서해문집) 등

11. 원고 완성 예정일 : 2022년 1월말 초고 완성

12. 출간 예정일 : 2022년 2월 말까지 희망(중학교 자유학기제, 초등 진로집중학기제 맞춤교재)

13. 샘플 원고 : 첨부 파일 참고(기획안과 A4 20페이지 내외의 원고)

14. 공동저자 프로필 [강의 프로필]

* : 티엔티즈(TNTs)의 회장으로 고등학교 영어교사로 EBS 파견 근무
(2016-2018)를 하고 있다. 중학교, 영재원, 특목고, 일반고 등 다양한
학생 지도를 하고, EBS에서 학과 진로소개 방송 활동을 하면서 티엔티
즈의 역량있는 선생님들과 함께 독서 생활 백서를 기획했다. 저서로 <
색시한 수능영어 시리즈> 다수와 <학생부 종합전형 고교백서>, 각종
생활, 학습, 진로 백서 등 저서와 500회 이상의 강연 및 방송

15. 예상 목차[강의 목차, 구성]

가제 : 독해라. 삼대가 바뀐다!(독서를 해라! 삶, 대학이 바뀐다!)

---

0. 머리말

1. 들어가기 전에 – 독서광의 성공 스토리
📌 부자들의 자녀 독서법과 유명인과 천재들의 독서법

2. 독서야 반갑다! 함께 놀자!! - 초등 고학년과 중학생을 위한 독서놀이
📌 가족이 함께하는 독서놀이
📌 친구와 함께하는 독서놀이
📌 이웃과 함께하는 독서놀이
📌 읽기를 활용한 독서놀이
📌 쓰기를 활용한 독서놀이
📌 말하기를 활용한 독서놀이
📌 듣기를 활용한 독서놀이

2

To be a program manager

PM이 되다 ─────────────

1) 좋은 콘텐츠는 새로운 기회

  이번 장은 강의 기획에 관해 이야기하려고 한다. 강의 기획은 출간과 비슷한 점이 많다. 수업 설계와도 유사하다. 강의 기획의 출발점을 수업 설계와 같은 선상에 두고 설명하겠다.

❶ 강의기획과 컨셉 잡기

가. 필요

강의는 요청한 사람이 원하는 내용이 무엇인지를 파악해서 제목을 정하고 내용을 구성해야 한다. 강연자가 하고 싶은 강의나 가진 내용을 이용해서 하고 싶은 강의를 짜두는 방식도 가능하다. 강의의 중요 포인트는 학습자나 청중이 듣고 싶어 하는 필요를 파악해 준비하는 것이 우선되어야 한다는 점이다.

맹자는 군자에겐 '3가지 행복'이 있다고 했는데, 첫째는 부모 형제가 건강하고 무탈한 것이다. 둘째는 공명정대하여 하늘에 스스로 부끄러움이 없는 것을 말하며, 마지막은 천하에 인재를 교육하는 것이라고 하였다. 가르치는 일은 맹자의 최대 행복 중 하나일 만큼 중요하다. 이 중요하고 행복한 일의 준비는 어떻게 해야 할까? 강의할 내용을 철저히 조사하고 분석해 준비한 후에 청중의 요구(needs)와 맞는지 사전 점검이 필요하다.

강의의 기본 요소는 강연자 혹은 교수자와 학습자, 콘텐츠, 환경이 있는데, 이 4가지 요소의 품질이 강의의 품격을 결정하기 때문에 학습자의 필요에 따른 강의가 철저히 기획되어야 할 것이다.

교수자
강사의 열정/역량
학습방법

학습자
학습자의 몰입도
동기부여/준비

종은 강의

콘텐츠
목적 지향의
내용 구성

환경
내용과 목적에 따른
시설/장비

나. 기획

학습자가 흥미를 느끼지 못하는 지루한 강의의 특징은 무엇일까? 그것은 준비한 내용으로 진도 빼기에 급급해 학습자와의 교감은 뒷전인, 참여와 교류가 없는 일방적인 전달 위주의 방식일 것이다. 수업이든 강연이든 교수자 위주의 일방적인 전달 강의는 품격과는 거리가 멀다. 따라서 강의 기획 단계부터 교육의 본질을 고려한 설계가 중요하다.

교육의 'education'은 '밖으로'라는 'e'와 '이끌어내다'는 뜻의 'ducare'가 합쳐진 말이다. 이는 소크라테스의 대화법에서 찾을 수 있는 개념으로, 소크라테스의 대화법은 상대방에게 질문을 던지며 스스로 그 해답을 깨닫게 한다.

집을 지을 때 가장 먼저 설계도를 그려야 하듯 강의도 교수설계(기획)가 중요한 단계이다. 어떻게 학습 내용을 학습자와 교류하며 전달할지에 대한 고민과 설계가 필요하다. 강연자가 주고 싶은 메시지를 그려 기록하면서 강의 흐름을 만드는 첫 걸음이기도 하다. 교수설계에 ASSURE 모델이 자주 이용되는데 그 설계의 과정은 학습자 분석(analysis of learner), 목표 진술(state objectives), 교수 방법 선정(select method, material), 매체와 자료 활용(use media, material), 학습자 참여 유도(require learners participation), 평가와 수정(evaluation & revise)을 거친다.

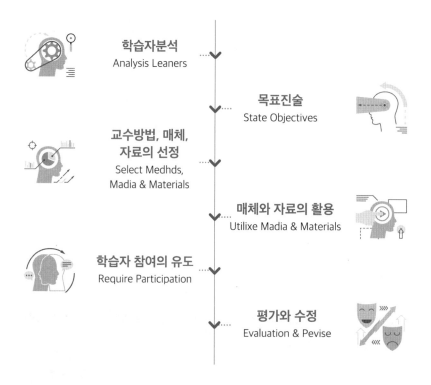

2015 개정 교육과정의 기본 이론이 된 Backward 모델 3단계를 살펴보자. Backward 모델의 특징은 학습자가 진정으로 성취해야 할 목표를 기준으로 필요한 지식을 가르치는 것이다. Backward 모델 3단계는 먼저 바라는 결과를 확인하고, 수용 가능한 증거를 결정한 후에는 학습 경험과 수업 계획하는 것이다. 이를 강의 기획에 적용하면 우선, 강의 목표를 명확히 한다. 그리고 강의 목표 달성 여부를 무엇을 통해 확인(평가 기준과 방법 계획)할지를 설정한다. 마지막으로 어떤 방법으로 목표를 달성할 것인지 설계를 한다.

바라는 결과 확인
목표

무엇을 알아야 하는가?
> 4인용 밥을 지을 수 있다.

수용 가능한
증거 결정
평가 계획

목표를 성취했는지 어떻게 알 수 있는가?
> 쌀의 양과 물 조절, 밥솥 기능과 순서를 아는가?

학습 경험과
수업 계획
수업 설계

어떤 지식과 활동으로 목표를 성취하게 할 것인가?
> 쌀 계량법, 물 조절법, 밥솥 기능, 밥짓는 순서
> 검색과 실습 활용

Wiggins와 Mc Tighe

강의안 작성에 몇 가지 요건이 충족되어야 하는데, 그것은 바로 실용성, 구체성, 명료성의 3가지다. 강의안은 멋지게 꾸미는 것이 목적이 아니다. 강의를 위해 최적화된 실용적 목적으로 구성한다. 강의 진행 시간에 맞춰 촘촘하게 가능하면 분 단위로 꼼꼼히 작성하여야 한다. 누구나 강의 교안만 봐도 강의 내용과 진행이나 흐름을 충분히 알 수 있도록 명확한 해야 한다.

강의 교안 예시

항목	교육 내용	교수 활동
도입 (서론)	1. 주의집중 2. 동기부여 3. 강의개요	· 인사말 · 주제 소개 · 중요성 강조 · 알고 있는 것을 묻는다 · 교육의 배경, 범위 등 설명
전개 (본론)	1. 대항목(결론) 가. 중항목 (1) (2) (3) 소항목 나. 중항목 (1) (2) (3) 소항목 2. 내용 요약	· 판서할 사항(주제, 주요내용 등) · 설명 · 예시 · 기법(토의, 퀴즈, 체험학습 등) · 배포자료 활용 · 관련내용 · 시청각 자료(동영상) · 참고문헌 · 질문 받기
종결 (결론)	1. 요약 2. 재 동기 부여 3. 결어	· 복습(요점의 재확인) · 중요성 재강조 · 감사의 말과 적용의 격려

다. 컨셉

강의는 그 내용을 어떤 방식으로 알려줄 것인지도 매우 중요하다. 품격 있는 강의란 콘텐츠를 효과적으로 전달만 하면 되는 것이 아니다. 학습자의 변화와 적용까지 이르도록 돕는 것이어야 하며, 이것을 교수설계에 철저히 반영해 강연자만의 특징을 드러내는 일이라 하겠다. 지식은 아는 것이 힘이 아니라 하는 것이 진정한 힘인 것을 깨닫게 하여 학습자가 움직이게 만드는 것이다.

교수설계는 강의와 학습을 창의적이고 효과적으로 디자인하는 일이며, 어떤 컨셉을 가지고, 어떻게 전달해야 할지도 중요 포인트이다. 주제와 컨셉에 맞게 수집된 자료가 적재적소에 배치되어야 하며, 그 위에 강연자만의 스토리를 입혀야 학습자에게 진정한 이해가 일어난다. 학습자에게 일어나는 진정한 이해란 다음의 6가지 요소로 나타난다.

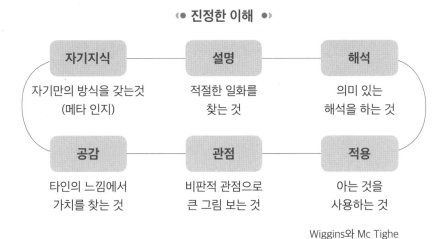

●● 진정한 이해 ●●

자기지식	설명	해석
자기만의 방식을 갖는것 (메타 인지)	적절한 일화를 찾는 것	의미 있는 해석을 하는 것

공감	관점	적용
타인의 느낌에서 가치를 찾는 것	비판적 관점으로 큰 그림 보는 것	아는 것을 사용하는 것

Wiggins와 Mc Tighe

'어떻게 강의할 것인가?'는
강사의 영원한 숙제이며 고민이다.

강사가 강의에서 빼놓을 수 없는 일은 학습에서 3가지 실재감을 드러내는 것이다.[19]

◀● 학습의 실재감 ●▶

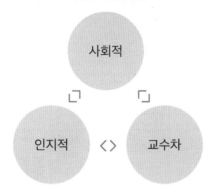

◀● 실재감 촉진 기법 ●▶

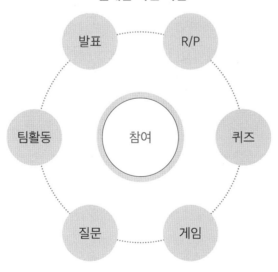

---

19) Garrison, Anderson

2) 교육콘서트의 매력

우리가 운영진으로 있는 교육봉사 단체 오늘과내일의학교(이하 오내학교)는 소외된 지역의 학생과 학부모님에게 정보를 전달하기 위해 교육콘서트를 열어왔다. 오내학교가 생긴 해부터 시작해왔으니 벌써 3년이 넘었다. 오내학교는 전국 교사와 교육전문가들이 유익한 교육정보를 공유하고 연구하는 봉사 단체다. 교육콘서트, 근심 풀기, 오내학교 TV 특강 등을 개최해 지역별 교육격차를 해소하고 양질의 교육정보를 제공하려고 노력한다.

교육콘서트는 전국에서 매달 한 지역을 선정하여 모든 참가자에게 무료로 열었다. 코로나19로 인해 집합 모임이 어려워진 후에는 오내학교 TV 특강으로 한 달에 두 번 정도 진행하다가, 2021년부터 매주 2~3회의 릴레이 특강의 형태로 탈바꿈 중이다. 이 교육 콘서트는 ZOOM 300명 방을 개설할 정도로 인기가 많다. 2022년 상반기 현재 에피소드4 나눔 릴레이 교육콘서트가 진행되고 있다.

오내학교의 교육콘서트는 코로나 시기에 정보 나눔의 격차를 축소하기 위한 교육정보 나눔의 장이다. 매주 화, 목요일 저녁 시간에 학생과 학부모를 대상으로 연다. 학생과 학부모에게 도움이 되는 다양한 주제를 다룬다. 교육콘서트는 교사와 교육전문가가 진로 진학, 자녀교육을 주제로 바로 활용 가능한 내용의 강좌로 학부모와 학생들의 학업 고민을 풀어주고자 노력한다. 사실 참가비를 받아도 될 수준의 전문 강사들이 참여하는데, 이 강사들도 순수하게 재능기부로 참여한다. 특강의 강사진은 EBS 강사, 대학교수, 진로 진학 입시 전문 연구위원, 진로 진학 컨설턴트, 기자, 현직교사, 저자 등 교육 분야에서 활동하는 전문가들이고 이들은 자발적으로 기꺼이 나눔 활동에 참여한다. 그 에너지와 열정이 참가자들에게 전달이 되니 점점 교육콘서트의 애호가가 형성되고 있다.

강사들에게도 좋은 기회이다. 새로운 내용으로 강의를 구성했을 때 미리 참가자의 반응을 보고 알차게 수정·보완할 수 있으며, 초보 강사들에겐 강의할 장소가 마련되기 때문이다. 또한 비대면 온라인으로 이루어지는 웨비나 형식의 특강이 여러 제약이 많아 힘들 수 있는데, 여기서 강의를 성공적으로 이끈다면 대면 강의는 훨씬 더 쉬워진다. 오내학교 교육콘서트를 통해 이름을 알리고 인지도를 높여 활동하는 프리랜서 강사도 많다. 오내학교 교육콘서트의 시즌별 강사를 모집할 때마다 강사가 넘쳐나는 이유일 것이다. 오내학교의 교육콘서트는 강사와 참여자 모두 윈(win)-윈(win) 할 수 있는 좋은 기회여서 더 매력적이다.

  그동안은 주로 참여자의 관심이 가장 높은 중고등 진로 진학 분야의 강의가 주류를 이루었으나, 강의 주제와 참여 대상의 확장을 위해 다양한 강의를 개설하고 있다. 우리도 다른 강사들에게 강의를 기회를 배려하고 뒤에서 운영에 도움을 주었으나, 시즌 3에서는 그동안 다루지 않았던 주제를 던져 초반에 강의하며 변화를 이끌었다. 기존에 진로 진학에 초점이 맞추어졌던 교육콘서트의 주제가 좀 더 확대되는 계기가 될 수 있었다.

강의일시	강사명	강의주제
2월 2일 (수) 오후 8시	김관우	첫 아이 학부모도 쉽게! 담임쌤이 알려주는 학생부 분석 1/2
2월 4일 (금) 오후 8시	김흥겸	수학의 어려움을 탈출하자
2월 7일 (월) 오후 8시	장희재	창의적 '생각근육' 키우기
2월 11일 (금) 오후 8시	정영은	우동생의 탄생
2월 14일 (월) 오후 8시	김관우	첫 아이 학부모도 쉽게! 담임쌤이 알려주는 학생부 분석 2/2
2월 16일 (수) 오후 8시	장필경	우리 아이 경제교육
2월 18일 (금) 오후 8시	피상훈	실전 고교학점제 문해력
2월 21일 (월) 오후 8시	이성훈	SKY도전 합격사례 분석-[성장스토리]
2월 22일 (수) 오후 8시	최영득	영재학교, 특목, 자사고 1년간의 입시준비법 (학생부 및 자소서관리)
2월 25일 (금) 오후 8시	정원구	아빠의 눈에서 교육은 변화이다
2월 28일 (월) 오후 8시	문주호	학부모 독(독이 되고) 약(약이되는) 학습법

교육봉사모임 오늘과 내일의 학교

　　전문가 교육봉사 단체 오늘과내일의학교의 목표는 교육의 상향평
준화다. 교육콘서트를 통해 여건상 정보를 구하지 못하거나 컨설팅
을 받지 못했던 학부모와 학생들에게 양질의 정보와 상담이 제공하려

노력 중이니, 이 책을 보는 독자 여러분의 참여도 언제든 환영이다. 교육의 새로운 미래를 추구하는 오내학교의 교육콘서트는 연중 이어지며, 전국의 뜻있는 교육자와 교육정보에 목마른 학부모, 진로 고민이 깊은 학생에게 좋은 기회가 되기를 희망하고 있다.

3) 나만의 킬러 콘텐츠 만들기

코로나 팬데믹으로 인해 모두가 불안에 떨고 있었을 때, 위치기반 확진자 방문지와 진료소를 알려주는 '코로나 알리미'라는 앱을 개발한 고려대학교 3학년 학생들이 있다. 코로나 알리미는 확진자가 어디를 다녔는지 지도에 정확하게 알려주어 다른 사람들이 이 알람을 보고 해당 지역을 방문하지 않게 도와준다.

이들은 공개된 오픈 소스를 이용해 프로그램을 만들어 보면서 창업 아이템을 찾는 중이었고, 코로나 알리미를 만드는 일이 경제적 유익이 되는 일이 아님에도 불구하고 공익적인 목적을 위해 며칠 밤을 새워가며 시간과 노동력을 투자했다. 학생들이 앱을 만들기 전에 이미 관계부처는 해당 내용을 알려줄 홈페이지를 운영하고 있었다. 하지만 MZ세대[20]의 요구(needs)에 맞게 구성한 것이 아니고, 그저 단편적인 정보의 나열뿐이어서 국민에게 확실히 도움이 되지는 못한 상태였다.

날 때부터 온라인 환경을 경험한 MZ세대 생각의 기준은 온라인 플랫폼을 기반에 둔다. 인터넷을 통해 학습하고 소셜 네트워크로 소통하며, 오프 소스 자료를 바탕으로 디자이너, 엔지니어, 마케터, 개발자가 협업하는 방식을 선호한다. 이런 시대의 부름과 세대의 경향을 파악하고 매력적인 킬러 콘텐츠를 위해 기획 단계에서부터 어떤

---

20) MZ세대는 날 때부터 이미 인터넷 환경이 구축되고 모두의 손에 스마트폰이 쥐어지는 것을 경험한 세대다. 다른 말로는 포노 사피엔스로라고도 한다.

플랫폼을 사용할 것인지 염두하고 진행해야 하는데 관계 부처는 그렇게 하지 못했다. 고려대 학생들처럼 온라인 플랫폼을 활용하면 프로젝트 기획과 준비에 훨씬 적은 시간을 들일 것이다. 홍보도 쉽다는 장점이 있다. 작은 소속사 출신의 BTS가 온라인 플랫폼으로 브랜딩을 하면서 세계적인 팬덤을 형성해 세계적인 아이돌 그룹이 된 사례를 보고 배워야 한다.

나만의 킬러 콘텐츠를 만들려면 문제해결 기반의 학습으로 충분히 연습한 경험이 있어야 한다. 시대가 달라졌다. 이제 기업이 요구하는 인재는 얼마나 많은 프로젝트에 직접 참여해서 문제해결 경험이 많은지에 따라 정해진다. 이들은 검색을 통해 지식을 습득하고 유튜브를 통해 학습한다. MZ세대는 빅데이터, 인공지능 등 생소한 단어가 나와도 당황하지 않고 익숙하게 자신에게 필요한 정보를 찾아낸다. 또한 신지식을 탐하여 스스로 검색해 공부하게 만든다. 필요한 정보를 찾아 스스로 노력하는 경험이 축적되면 그들이 상상하는 미래도 우리의 생각과 완전히 달라지게 할 것이다. 경험치가 상상력의 폭을 결정하기 때문이다.

대학에 잘 가기 위해 공부만을 열심히 하기를 강요하는 일은 이런 분위기와 상당히 멀다. 이전처럼 시험을 잘 보고 좋은 성적을 거두어 대학에 들어가는 사람이 좋은 인재라고 말하기가 점점 어려워진다. 스스로 검색하는 만큼, 남과 더불어 협력하는 만큼 공부의 범위는 확장된다. 또한 이런 활동을 통해 다른 분야의 지식을 얼마나 이해하느냐에 따라 문제해결의 방법이 달라진다. 이런 과정을 거치면서 나만의 킬러 콘텐츠가 나오게 된다.

여러 프로젝트에 발을 들여 보도록 한다. 프로젝트 운영을 이해하며 맡은 부분을 책임 있게 실행하는 팀플을 한 번만 경험해도 이해가 쉽고 새로운 시각도 열리게 될 것이다.

킬러 콘텐츠를 만들려면 사람과 사람이 가진 속성과 그 기질에 대해 충분히 이해하고 있어야 한다. 요즘 사회에서 인문학에 관한 관심이 높아져 각종 인문학 강좌나 강연이 자주 열리는 것을 여러 매체를 통해 확인할 수 있다. 사람들이 무엇을 재미있어하는지, 무엇에 의미를 두는지, 특정한 상황에서 어떤 행동 패턴을 보이는지에 관해 관심이 높아졌고 또한 사람들이 그러한 과정을 통해 킬러 콘텐츠를 만들고 싶어 하기 때문이다.

J는 진로 진학 분야에서 끝판왕 시리즈로 이름을 알렸다. 이전에는 청크 기반의 영어학습을 오랫동안 연구했고 그 성과도 상당하다. 이미 관련 앱이 8종이나 개발되어 있고, 오르비에서 출간한 수능 관련 영어 교재가 있다. 학생, 학부모, 교사 대상 강의를 800회 이상 진행한 전문 강사이기도 하다.

A도 영어 분야에서 나름 성과를 이룬 터라 영어 관련 기관과 여러 교육청과의 협업으로 활약 중이다. 영어 수업에 관한 강의와 교사 연수,

원어민 대상 강의를 전문으로 하고 있다. 요즘엔 진로 진학 강의와 강의 교재 개발로 영역을 확대하는 중이기도 하다. 그 외에 춘천교대 추병완 교수님의 탄탄한 이론을 바탕으로 초등긍정연구회를 이끌면서 학생 자존감 수업과 교사 자존감 연수를 연구 중이다. 또한 파워포인트를 활용한 프레젠테이션 작업 전문가이기도 하다.

킬러 콘텐츠의 기본 핵심은 실력에 있다고 한다. 실력에 기반이 되지 않은 허술한 콘텐츠는 기초가 부실한 공사가 될 뿐이다. 진정한 킬러 콘텐츠를 만들고 싶다면 먼저 원하는 분야에서 진정한 실력자가 되어야 한다. 그것이 당신의 킬러 콘텐츠와 다른 분야와의 협업에서 놀라운 시너지를 발휘하리라.

낯설게 바라보는 마음 새김

1. 당신만의 킬러 콘텐츠는 무엇인지 적어 보자.

2. 앞으로 개발하기를 원하는 분야나 킬러 콘텐츠를 적어 보자.

3. 킬러 콘텐츠 확장을 위해 당신이 할 일은 무엇일까?

3

To be a Speaker
강사가 되다

1) 청중을 내 편으로 설득하는 비밀

강의는 그 대상에 따라 주제를 정해야 하는데, 대상에 따라 그 기대치도 달라서 태도와 내용에 접근하는 방식에 차이를 두어야 한다.

강의 난이도가 쉬운 순서부터 분류하면 학부모, 일반인과 교육자 그리고 학생 순이다. 학부모 대상 강의는 주로 학기 초나 중간고사 후 학기 말에 의뢰가 많은 편이다. 학부모는 강의 콘텐츠에 대한 기대가 낮은 편이라 기본 내용을 알기 쉽게 전달하는 것이 좋은 전략이다. 우리 아이들 교육 방법을 소개하고 그것을 적용하는 것 위주로 재미있는 요소를 가미하고, 소통하는 법을 알려준다. 특히 '내 아이 이해'에 초점을 두어야 그들과 공감대가 형성되어 전체 강의가 술술 풀리게 된다. 아침마당처럼 드라마나 쇼핑, 교육, 재테크 등의 시사 소식에 관심이 많은 학부모에게 어필할 만한 내용을 이따금 넣어준다. 일전에 다문화 학부모님에게 강의하러 간 적 있었는데, 일단 한국어가 쉽지 않을 거라 예상해서 기본 핵심을 간략하게 잡아 천천히 반복해가며 강의하니 학부모가 이해하기에 쉬워 몰입도가 최상이었다.

일반인 대상의 강의는 기대치가 조금 있는 편이라 전달할 때 실제적 교육정보를 쏙쏙 주어야 한다. 청중이 교육 분야 종사자일 가능성이 있어 강의 내용을 본인이 하는 일에 반영할 의도가 있음을 이해해야 한다. 우리의 강의 대상자도 마을 교사나 YWCA에서 관련 업무에 종사 중이거나 새로 배워 진로 진학 분야에 진출하고자 하는 분들이 많았다.

교육자 대상의 강의는 강의 기대치가 상대적으로 다른 청중에 비해 낮은 편이다. 이미 각종 연수로 인해 피로도가 높은 집단이기 때문이다. 교육청에서 교사 전체가 의무적으로 참가해야 하는 연수를 개설 후 억지로 듣게 하는 경우도 많아서 강의 경청에 대한 의지가 낮은 편일 수 있다. 이때 라포 형성이 매우 중요하다. 라포 형성이 되어야 강의에 공감하기 때문이다. 또한 도움이 될 만한 실제적인 정보를 엄선해 전달하도록 하고 반드시 강의 마치는 시간을 지킨다.

학생들은 주의 집중도가 낮기 때문에 강의 몰입을 높여주어야 해서, 강사에겐 까다로운 집단이다. 전체 학생을 대상으로 강당이나 교실에 학생을 모아 놓고 하거나 영상으로 전체 방송을 한다면 적절한 선물을 준비해 참여를 유도하고 관심을 집중할 기법이나 전략을 사용하여 강의에 몰입할 수 있게 장치한다. 특히 초등학생과 중학생은 무조건 재미가 있어야 강의를 듣는다. 고등학생이나 대학생은 핵심 정보가 있고 유익하면서 재미까지 있으면 금상첨화이다.

2) 스토리로 들이대기

'싱어게인', '팬텀싱어', '나는 가수다' 음악프로그램을 즐겨 본다. 사실 일상이 바빠 TV를 거의 못 보는 편이라 주로 합숙 출장을 가는 경우 몰아서 보는 편이다. 이런 프로그램을 보면서 느끼는 점은 실력보다 해당 가수가 지닌 스토리가 더 강력할 수 있다는 것인데, 만약 탁월한 실력에 그만이 가진 배경과 스토리가 더해진다면 그 힘은 막강하다.

청중에게 깊은 인상을 남기는 강의도 스토리가 있다. 강의 기획이 그래서 중요하다. 초반부터 마지막까지 하나의 스토리로 이으면서 그 안에 어떤 철학을 담을지 생각해야 한다. 정말 재미없는 강의는 아무 스토리 없이 내용만 일방적으로 전달한다. 어떤 강의가 본인에게 맞는지는 사람마다 가진 개성과 스타일이 다르기에 정하면 되지만, 그 안에 지닌 스토리는 오랜 경험을 통한 진실에 근거해 진정성을 줄 것인지, 약간의 허구를 보태어 가상이나 재미를 주는 요소를 넣어서 들으면 웃기는데 생각할 기회를 줄 것인지, 탁월한 호소력으로 내용을 부각할 것인지 등 선택하면 될 것이다. 이 글을 쓰는 중에 갑자기 떠오른 생각은 어느 연수에서 영화 한 편을 초반, 중반, 후반까지 잘라서 사용해(물론 저작권 문제가 있을 것이다.) 그 영화로 전체 스토리를 구성하고 영화 이야기에 본인의 강의 콘텐츠를 넣어 진행했던 강의가 멋진 인상을 남겼다는 사실이다.

어떤 강의든 강의 대상이 가장 중요하다. 스토리를 세우기 전 강의 대상에 관해 객관적인 사실을 알 수 있다면 그에 기반에 짜는 것도 좋을 것이다. 강사 소개 영상을 써서 임팩트를 주거나 획기적인 메시지를 던지는 게 대부분 잘 통한다. 시작이 반이라는 속담이 있듯이 강의 시작 5분이 강의의 나머지 부분을 좌우하게 된다. 감성적인 청중이라면 관계를 잘 세워야 하는데, 이럴 때 진실성을 담은 스토리가 힘을 발휘한다. 사실적인 인상이 강한 청중이라면 신뢰 구축이 우선이다. 또한 확실한 사실과 근거를 기반한 탄탄한 강의 내용이 중요하다.

이상적인 강의는 체계적으로 구조를 설계하고 거기에 스토리를 넣어야 한다. 강의 기획 단계에서 어떻게 해 나갈지 전체적인 내용을 그려 전체 계획을 수립한다. 강의 초반에 메시지를 던져 청중의 반응을 유도한다. 첫 메시지의 형태에 따라 청중은 그 의견에 저항하는 태도를 보이던지, 의견이 분분하게 갈리던지, 매력적인 메시지에 흥미를 보이고 기대 가득한 흥분의 감정을 보일 수도 있을 것이다. 어떤 형태의 반응이든 그것은 강의에 참여하게 만들고 강의 내용을 찬찬히 들으며 자신의 지식과 강사의 전달 내용을 혼합해 생각하게 하고, 옳다고 생각하며 행동하게 만든다. 그 행동은 긍정의 대답이나 아이 컨택, 고개를 끄덕거림, 더 열심히 듣고 싶어서 상체를 강사 쪽으로 기울이는 모습으로 나타난다. 더 적극적인 반응은 강의 내용을 정리해서 메모하거나 핸드폰을 꺼내 사진을 찍는 것이다.

수립 > 저항, 양립, 흥미, 흥분 > 참여 > 검토 > 행동

강의에 재미있는 유머를 넣어 다 함께 웃게 하거나 청중이 참여할 기회를 주는 것도 강의 몰입을 올린다. 혹은 일정 시간마다 한 번씩 몸풀기를 유도하여 가만히 있는 것보다는 움직이게 하고 즉흥 질문을 던지는 것도 방법이다. 멘티미터 설문, 오픈 톡, 밴드 글 올리기같이 온라인 도구를 이용하여 설문하고 응답을 촉구해도 된다.

이렇듯 효과적인 강의는 탄탄한 콘텐츠에 메시지를 넣어 청중을 설득하는데, 그 콘텐츠, 메시지, 설득의 요소 사이사이에 스토리를 넣어 강의 내용이 연결되게 잘 꿰어주는 것이다.

● 좋은 강의의 구성 요소 ●

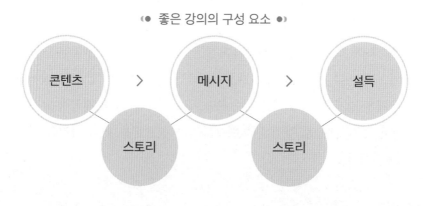

콘텐츠 > 메시지 > 설득

스토리   스토리

3) 강의의 품격을 높이는 방법

❶ 강의 실행

가. 도입

강의의 도입은 전체 강의 시간의 5~10% 정도로 배분한다. 도입에서 학습 방향과 적용 포인트를 알려준다. 오프닝 멘트로 친밀감형성이 될 수 있게 구성하는 것이 좋은데, 강사와의 친밀감은 학습자에게 동기를 유발한다. 인사말을 하거나 강사를 소개하는 짧은동영상이 있다면 사용하는 것도 좋다. 이를 통해 긍정의 분위기 만드는 것이 중요하다. 강사가 피곤하다거나 지나친 겸손의 말이나자신감이 낮아 보이는 언급은 피하도록 한다. 도입에서 강연자는반드시 강의 전체 개요와 핵심 주제를 가볍게 이야기해야 한다.

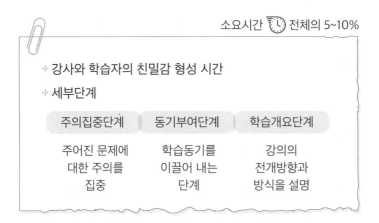

소요시간 🕐 전체의 5~10%

✧ 강사와 학습자의 친밀감 형성 시간

✧ 세부단계

주의집중단계	동기부여단계	학습개요단계
주어진 문제에 대한 주의를 집중	학습동기를 이끌어 내는 단계	강의의 전개방향과 방식을 설명

나. 본론

본론은 전체 강의 시간의 80~90%를 할애한다. 본론의 단계에서 다양한 방법으로 정보를 제공하는데 그 방법은 사례 제시나 비유, 데이터 분석이나 시범 등이 있다. 이를 통해 학습자의 참여를 유도하고 인지 수준을 평가하며, 적절한 화제를 활용해 학습자의 문제 해결해 주거나 해법을 제시한다. 준비한 다양한 학습 도구를 활용하며 강의 시간을 적절히 관리하면서 학습자의 이해도를 점검하면서 즉시 그 결과를 강의에 반영하여 진행한다. 본론은 학습자가 지루하지 않게 진행하며 명확한 주제의 전달과 일관성을 유지하도록 한다.

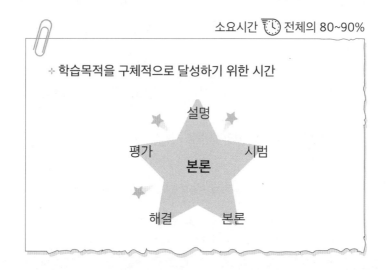

소요시간 🕐 전체의 80~90%

✦ 학습목적을 구체적으로 달성하기 위한 시간

설명

평가   본론   시범

해결   본론

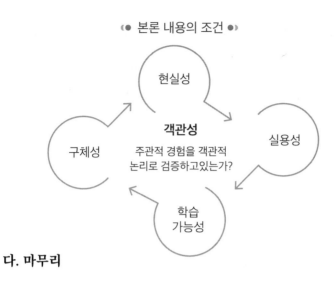

‹● 본론 내용의 조건 ●›

현실성

객관성
주관적 경험을 객관적
논리로 검증하고있는가?

구체성

실용성

학습
가능성

다. 마무리

마무리는 강의 시간의 5~10%의 정도로 하며 강의 내용을 요약
해 주고, 다시 동기를 부여한다. 속담이나 격언을 이용한 한 줄 요
약도 좋다. 모든 강의는 끝이 좋아야 다 좋은 것이다. 마지막에 임
팩트 줄 수 있는 클로징 멘트를 꼭 준비한다.

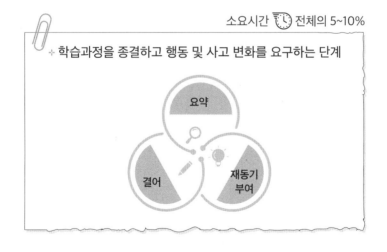

소요시간 🕐 전체의 5~10%

학습과정을 종결하고 행동 및 사고 변화를 요구하는 단계

요약

결어

재동기
부여

❷ 품격 있는 강의의 요소

품격 있는 강의의 요소를 알아보기 위해 Keller의 학습 동기부여 4요소(ARCS)를 확인해 보자.

가. 주의 집중(A) : 퀴즈, 게임, 유머, 선물이나 시상품을 이용한다.
나. 관련성(R) : 학습자 분석에 따라 그 특성에 맞게 강의 내용을 관련짓는다.
다. 자신감(C) : 학습자 수준에 맞게 난이도 조절하여 학습자도 할 수 있다는 생각이 들도록 유도하고 격려한다.
라. 만족감 (S) : 상품을 잘 이용하고, 활동한 내용을 평가 점수에 반영하여 인정과 칭찬을 한다.

◉ 학습동기 4요소 ◉

Keller의 학습동기 부여 모델

Attention (주의집중)	A 주의집중	학습자의 흥미 사로잡기
Relevance (관련성)	R 관련성	학습자의 필요와 목적에 맞추기
Confidence (자신감)	C 자신감	자식의 통제 하에 성공할 수 있다고 느끼고 믿도록 도와주기
Satisfaction (만족감)	S 만족감	보상을 통해 성취를 강화해 주기 (내재적/외재적 보상)

오마에 겐이치는 인생을 바꾸는 방법을 다음 3가지로 정의했다.

시간을 다르게 써라

다른 사람을 만나라

    강의의 품격을 위한 강사의 노력도 마찬가지인 것 같다. 더 좋은 강의를 위한다면 평소 익숙한 환경에서 벗어나 낯선 곳을 경험하는 일에 부딪혀보자. 정해진 루틴에서 벗어나는 것도 좋다. 자신의 전문 분야가 아닌 다른 분야 사람과 교류하는 노력도 필요하다. 다양한 분야에 관심과 호기심으로 접근하는 것은 강연자의 배경지식을 넓혀주고 이것이 강의의 넓이와 깊이에 영향을 미칠 것이다.

자신을 괴롭히지 말라   호기심을 잃지 말자   지나치게 경쟁하지 말라

"공부 좀 할걸!"

"그때 제대로 배워둘 걸!"

    배움의 기회가 있어도 대부분 핑계를 대고 회피하거나 귀찮아한다. 지혜로운 사람은 배움의 기회가 왔을 때, 열린 마음으로 최선을 다한다. 이것을 지적 겸손함이라고 부르는데 강사에

게 이런 태도가 필요하다고 생각한다. 강의에 가서 내가 가르친다는 느낌보다 배울 점이 있다면 그 상대가 청중이라도, 혹은 수업하는 교실 안의 학생이라도 배워야 한다고 생각한다. 내가 알고 있는 것이 전부는 아니며, 지식과 지혜는 상황과 순간에 따라 그 가치가 변한다고 생각하기 때문이다.

사회가 변화하면서 강연 시장 환경도 달라지는데, 유난히 강연이 일상화된 것도 중요한 특성이다. TV를 틀면 '아침마당', '세바시', 'TED', '차이나는 클라스', '명견만리', '어쩌다 어른'과 같은 강연 프로그램을 채널을 돌릴 때마다 어렵지 않게 찾을 수 있다. 또한 유튜브에서 자신만의 콘텐츠로 개인 방송을 하는 사람도 많아졌다. 이러한 정보 전달의 폭발적인 증가와 강의 기회 확대에 따라 학습자의 눈높이와 콘텐츠의 가치를 평가하는 기준도 높아졌다. 이러한 이유로 강사는 계속 공부해야 하며 품격 있는 강의도 요구되는 것이다.

현대 사회에서 성공하려면 2가지 능력이 필요하다. 그것은 바로 말로 설명하는 능력과 글로 표현하는 능력이다. 말과 글을 이용하여 생각을 효과적으로 전달할 수 있다면 그것은 바로 강의의 기본 역량을 갖춘 것이다. 자기 생각을 상대방이 이해하기 쉽게 전달하고 이를 요약하여 강의 슬라이드를 제작할 수 있다. 또한 이러한 생각을 모아 글로 쓰면 책으로도 낼 수 있다. 유명한 유튜버에게 출간 문의가 잇따르는 이유도 같은 맥락일 것이다.

성공을 위한 두 능력

글로 표현

말로 표현

요즘 유튜브 방송을 통해 인기를 얻는 이들이 많아지는데, 그들을 지지하는 사람들이 유튜브 셀럽에게 찾는 것은 실력과 열정 그리고 진정성이라고 한다. 실력과 열정에 대해서는 굳이 설명하지 않아도 이해할 것이므로 굳이 설명하지 않겠다. 그런데 진정성이란 무엇일까? 강사의 품격에서 品은 언어, 格은 인성적인 면으로 생각된다. 진정성은 바로 이 인성적인 면을 의미한다. 편하고 재미있는 언어가 강의 전달에 도움을 줄 수 있으나, 비속어를 남발한다거나 지나친 유머 코드 혹은 교만한 말투는 상대방에게 눈살을 찌푸리게 한다.

좋은 강의는 강사에 대한 신뢰와 호감도 중요한 요소로 작용한다. 강의할 때만 온갖 고상한 척, 멋진 척만 하고, 강의와 삶이 일치되지 않는 위선적인 모습을 보인다면 그것은 진정성이 없는 강사의 모습이라고 할 수 있다. 강사로서의 진정성을 보이려면 학습자 앞의 모습과 삶이 강사로서 말할 때이든 아니든 같은 모습이어야 한다. 강사는 학습자를 존중하고 배려해야 하며, 변화된 사회적 가치 기준에 맞는 인식 수준으로 거기에 어울리는 발언을 적절히 할 수 있어야 한다.

강사로서의 명확한 자기 인식과 목표를 세운다면, 그 목표가 달려갈 에너지를 줄 것이다. 강연자가 되고 싶은 꿈이 있다면 어떤 목표를 가슴에 품고 있는지를 스스로 확인해 보자. 하지만 지나친 담금질로서 자신을 가혹하게 다루는 것은 피하자. 다른 강사와 비교하거나 경쟁심을 갖는 것도 경계해야 할 것이다.

강사에겐 멘탈 관리뿐만 아니라 건강 유지에도 신경을 써서 최상의 컨디션을 지키는 것이 요구된다. 건강하고 긍정적인 에너지를 뿜는 강사, 그 자체만으로도 굉장히 매력적인 요소이다. 좋은 강사는 클래스가 다르다. 수준과 그릇이 다르다는 의미이다. 캐럴 드웩[21]교수가 말한대로 자신에게 성장 마인드 셋을 장착하고 불평을 하지 않으며 관대하고 올바른 품성으로 학습과 훈련으로 계속 성장하고 변화하여 품격 있는 강사가 되겠다는 믿음을 갖는 것이 중요하다.

강의를 망쳤다고 낙심하지 말라. 거기에서 얻을 교훈이 있다. 우리는 실패해 봐야 확실히 알아차리는 경우도 많다. 강의하는 강사라면, 공개 수업을 해 봤다면, 공개 수업과 강의를 망친 그날 밤 내내 이불킥을 한 경험이 있을 것이다. 지금 유명한 강사로 이름을

---

21) '마인드셋' 이론으로 전 세계적인 명성을 얻은 심리학계의 석학이다. 스탠퍼드대학교 심리학과 교수이며 40년간 탐구한 성공의 비밀에 대한 연구 성과를 담은 마인드 셋을 펴냈다.

떨치는 그들도, 수업을 잘한다고 소문난 교육자에게도 처음에는 실패를 거친 긴 시간이 있다. 어떻게 잘못한 일인지 어디를 수정해야 발전할 것인지를 분석하여 알아차리는 것이 더 중요한 일이다. 부정적 감정으로 빠져 전체를 부정하는 일을 만들지 말고, 상황 자체보다 발전적 해석으로 거듭나야 한다.

당신의 강의를 모두 좋아해야 한다는 오만에도 빠지지 않기를 바란다. 청중의 20~30%는 만족하지 않을 수 있다. 모든 학습자가 완벽히 강의에 만족할 수 없는 일이나, 명백한 것은 충분한 준비와 연습이 사전에 있다면 불안 요소를 줄인다는 점이다.

To be a Designer
디자이너가 되다

1) 눈높이 맞추고 청중을 사로잡는 프레젠테이션

❶ 청중을 홀리는 발표의 신

프레젠테이션은 영어 단어 'presentation'을 그대로 가져와서 쓰는데, 발표라는 의미를 담고 있다. 단순 발표 행위라기보다 시청각적 발표 자료를 준비하여 이를 보여주면서 발표하는 것을 뜻하고, 혹은 이 발표에 쓰이는 자료를 자체를 프레젠테이션[22]이라고 부르기도 한다. 자신의 기획서를 제안하는 행위 자체를 프레젠테이션 업무라고 부르는 직종도 있다고 한다.

---

22) 이 글에도 프레젠테이션의 두 가지 의미를 모두 사용할 예정이니 잘 따라오길 바란다.

요즘은 프레젠테이션이 보편화되어 강의할 때, 연구학교 보고회 때, 윗사람에게 일의 진척 상황을 알릴 때, 고객에게 상품을 소개할 때, 경영진이 주주에게 경영실적을 보고할 때 등 다양한 상황에서 쓰인다. 어떤 정보나 기획 안건을 제시하는 과정에서 반드시 해야 할 필수 요소로 자리 잡았다. 왜냐하면 프레젠테이션 자체가 설득력 있는 정보제공을 통해 발표자가 의도한 변화를 얻어내는 과정이 되기 때문이다. 프레젠테이션할 때 시각적인 보조자료를 사용한다면 전달하고자 하는 것을 빠르게 이해시키고 원하는 방향으로 그들을 설득할 수 있다.

자, 프레젠테이션하면 우리 머릿속에 딱 어떤 사람이 떠오를 것이다. 청중을 홀리는 발표의 신 스티브 잡스처럼 프레젠테이션을 통해 전 세계 사람들을 단번에 매료시키는 카리스마를 발휘한 사람은 전무후무하다. 검정 티셔츠에 평범한 청바지 차림의 그가 가진 무기는 바로 감각적인 전달 자료와 적절한 스토리 그리고 거침없이 세상에 질문을 던지는 오만한 언변이라고 생각한다.

그의 발표를 도운 프레젠테이션은 깔끔하고 군더더기 없는 게 특징인데, 특히 배경색과 서체가 비밀의 키다. 생전의 스티브 잡스가 사용한 테마는 애플의 키노트에 기본적으로 제공하는 그라디언트[23]였다. 또한 Myriad alpple와 helvetica라는 서체만을 고집했다. 이는 마치 애플의 시그니쳐 같이 현재 애플사의 신제품 발표에

---

23) 지금도 키노트를 실행하면 그라디언트 테마는 메인에 떠서 누구나 쉽게 사용할 수 있다.

이 테마와 서체가 고정적으로 사용되고 있다. 특히 스티브의 프레젠테이션은 간결해서 오직 발표자에게 모든 시선이 더 유지되도록 디자인되었다고 평가받는다.

일반적으로 발표할 때 시각 자료를 활용하면 전달하고자 하는 의미의 전달 효과는 55%정도라고 생각하면 된다. 청각 자료는 38%, 말하는 사람이 사용하는 어휘가 7%로 그 뒤를 잇는다.

‹● 의미전달의 효과 ●›

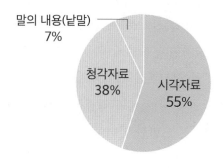

그냥 말하기와 보여주면서 전달하기의 두 가지만을 놓고 다시 비교한다면, 다음과 같이 시청각 자료를 활용하는 경우의 전달 효과가 훨씬 높다.

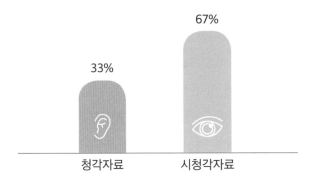

‹● 프레젠테이션의 효과 ●›

67%

33%

청각자료　　　　시청각자료

인체의 감각기관은 대부분 시각에 의해 지배를 받기 때문이다. 이를 스티브 잡스는 이미 파악하고 자신의 프레젠테이션에 이용했다고 생각된다. 그는 프레젠테이션의 핵심을 파악하고 그에 알맞게 슬라이드를 디자인한 것이다.

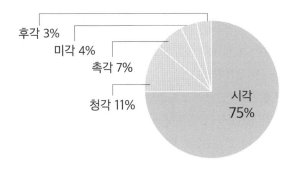

‹● 감각별 정보습득 비율 ●›

후각 3%

미각 4%

촉각 7%

청각 11%

시각
75%

프레젠테이션에서 가장 중요한 것은 'Who'와 'Why'를 파악하는 것이다. 프레젠테이션에 참석한 사람들이 누구인가를 알고 그들이 듣고 싶어 하는 이야기를 해야 청중의 마음을 얻을 수 있다. 발표자가 하고 싶은 이야기만 한다면 그것은 이미 실패한 것이다. 또한 '왜'라는 질문에 상대방에게 명쾌한 해답을 주어야 한다. 평창 올림픽 유치전은 IOC 위원들에게 '왜 평창에서 올림픽을 열어야 하는가'에 관한 답을 제시하는 게 관건이었다고 한다. 유치팀은 프레젠테이션을 통해 이전 유치전의 '우리는 준비가 이미 되었다'라고 자신감을 보이는 진부한 틀에서 벗어나 올림픽 정신과 꿈, 희망, 명분에 대해 호소했다고 한다. 다음과 같은 순서의 발표로 '왜'라는 질문에 부합하는 명확한 설명과 처음과 나중의 깔끔 정리를 통해 그들의 마음을 사로잡았다.

◦● 평창올림픽 프레젠테이션 발표 순서와 내용 ●◦

1. 나승연 대변인 프레젠테이션 멤버와 슬로건 소개 'New Horizon'
2. 조양호 유치위원장 세 번째 동계올림픽에 유치에 도전하는 평창의 경험
3. 이명박 대통령 올림픽에서 한국의 위상과 개최 성공에 대한 약속
4. 김진선 특임대사 컴팩트한 경기장 배치 소개 및 개최에 대한 자신감 표명
5. 김연아 선수 젊은 한국 선수들의 꿈과 Drive the Dream 프로그램 소개
6. 문대성 IOC위원 편의, 안전에 기반한 세계 최고의 선수촌 소개
7. 박용성 대한체육위원장 대한민국의 관광 문화 소개
8. 토비 도슨 평창의 잠재력과 본인 성장담을 통한 스포츠의 희망 이야기
9. 나승연 대변인 올림픽 무브먼트 확산을 위한 아시아 개최 필요성

마지막으로 말하고 싶은 것은 프레젠테이션이 기억에 미치는 영향이다. 단순히 말로만 전달하거나 시각 자료만 제시할 때보다 말과 시각 자료를 활용한 프레젠테이션이 기억이 오래 유지될 가능성이 크다. 다음 시각 자료를 보면 더 이해가 쉬울 것이다. 당신이 전달하고자 하는 것을 상대방에게 오래 기억시키고 싶다면 프레젠테이션을 활용해야 한다.

◀● 시각 자료가 기억에 미치는 영향 ●▶

시간의 경과 ⟶	3시간 후 ⟶	3일 후
말	70%	10%
시각자료	72%	20%
말&시각자료	85%	65%

❷ 프레젠테이션에 대한 오해

내용이 훌륭하면 전달 방법은 중요하지 않다.

내용은 시각 자료에 다 넣어두어서 읽기만 해도 된다.

언변이 좋아야 프레젠테이션도 잘 할 수 있다.

프레젠테이션은 있는 사실을 부풀려 전달하는 기술이다.

프레젠테이션 능력은 타고난다

흔히 프레젠테이션에 멋진 사진을 넣고, 글자 수는 되도록 적게, 타이포그라피를 넣으면 멋지고 좋은 프레젠테이션이라고 생각한다. 물론 발표 내용이 가장 중요하다. 알맹이 없이 기술만 화려하면 될 일도 안 된다. 하지만 발표 내용이 아무리 좋아도 전달 방법이 마이너스 효과를 가져올 수 있으므로 효과적으로 전달할 방법에 대해 고민해야 한다. 아무리 좋은 동영상도 청중에겐 3분이 넘어가면 지루하기 때문이다. 시각적인 발표 자료는 강사의 것이 아닌 청중을 위해 만드는 것이다. 그들의 이해를 도울 최적의 도구가 아니라 단순히 보여주거나 그냥 읽을 용도라면 강사의 원고로만 출력해서 사용해야 할 일이다.

프레젠테이션은 강의가 원활히 진행되게 돕고, 청중이 강의 내용을 잘 이해하도록 도움을 중요한 도구이다. 프레젠테이션 도구는 파워포인트, 프레지, 키노트, 화이트보드, 인쇄물을 포함하는데, 요즘 일반적으로 쓰이는 도구는 파워포인트 프레젠테이션이다. 이 책에서도 프레젠테이션의 도구로 파워포인트 프로그램을 이용하는 경우로 한정해 설명한다.

좋은 프레젠테이션은 감정에 충실할 때 나온다. 청중의 머리가 아닌 마음을 두드려야 한다. 하지만 프레젠테이션의 한 슬라이드에 너무 많은 내용을 담거나 현란한 그림이 있으면 청중의 주의 집중에 방해된다. 심지어 멋진 사진 때문에 기억해야 할 중요 내용보다 사진만 남게 된다. 프레젠테이션 자료는 청중의 집중력 유지시키고, 이해를 돕는 객관적인 보조자료가 되도록 구성해야 한다.

일반적인 강의에서 청중이 원하는 것은 다음과 같다.

- 청중이 속한 조직의 계획이나 목표에 부합하는가?
- 청중의 문제를 정확히 파악했는가?
- 해결과 대안, 실행 방법은 실현 가능한가?
- 해결과 대안, 실행 방법은 최적의 것인가?
- 투자한 자원 대비 효과가 있을 것인가?
- 믿을 수 있는 결과를 가져올 것인가?
- 실행 후에 나타날 향후 과제는 무엇인가?
- 실행에서 예상되는 문제점은 무엇인가?
- 실행에 실패할 때 피해 규모나 정도는 얼마나 되는가?

❸ 뛰어난 커뮤니케이션으로 프레젠테이션 성공하기

수업 시작 5분이 수업 전체의 성공을 좌우한다고 여기고 신규·저경력 교사들을 컨설팅한다. 강의도 초반 5분이 강의의 성패를 좌우한다. 수업과 강의는 비슷한 점이 많다. 시작부터 발표자가 긴장하면 시선과 자세가 불안하거나 어색해지고 불필요한 동작을 반복한다. 목소리도 작아져 청중에겐 들리지 않고, 반대로 발표자는 자기가 열심히 말하는 것에 빠져 참여자의 반응을 볼 수 없다. 신규 교사의 공개 수업에서 이러한 면이 확 드러난다. 교사는 미리 준비한 것을 보여주기에 바빠서 학생들이 어떤 행동을 하는지 거의 보지 못하거나 알 수도 없다. 실제로 어느 공개 수업에서 한 여학생이 자리에서 일어나 책상 위에 올라가 한참을 서 있었는데도 해당 교사는 그것을 전혀 인식하지 못했다. 또 다른 수업에서는 짝 활동을 하던 학생끼리 싸움이 일어나, 한 학생이 울었는데도 수업이 끝날 때까지 해당 교사는 전혀 알아차리지 못한 사례도 있다. 이들이 그것을 보려면 좀더 수업에 익숙해지고 여유가 생겨야 한다. 초보 강사도 비슷한 실수를 저지를 수 있는데, 강의 기획부터 꼼꼼히 계획하고 살펴야 한다.

강의 시작

강의실 중앙에서 간단히 소개하고 인사를 한 후에 시작한다. 말을 시작하기 전에 안정감 있는 자세로 서며, 발표할 화면을 가리지 않는다. 가장 이상적인 발표자의 위치는 청중 기준으로 화면의 오른쪽에 서서 발표화면을 향해 약
30도 정도 돌린 자세이다. 강의 시작
은 듣는 사람의 주의를 환기해 주제
를 명확히 제시하는 단계이다. 주제
의 중요성을 알려야 청중에게 강의를
끝까지 듣고 싶은 욕구를 일으킨다.
또한 강의의 배경과 목적을 설명하고 참여자가 앞으로 진행될 내
용에 대해 예감하게 한다. 참여자의 주의를 집중하기 위해 딱딱함
을 완화할 인상적인 질문이나 트렌드 이슈에 관해 간단히 나누는
것도 좋다. 이 부분에서 적절한 동기부여를 위해 이번 강의를 통해
얻을 이익을 말하거나, 강의를 제대로 듣지 못하면 받을 불이익을
살짝 언급해도 괜찮다.

강의 전개

강의가 본론으로 들어가면 앞서 이야기한 주제나 결론에 타당한
근거를 제시하는데, 객관적인 데이터와 구체적인 사례를 들어 논
리적으로 설명한다. 지루함을 방지하기 위해 다양한 매체를 활용
해 역동감을 주고 학습자도 강의에 참여하게 유도한다. 학습자를
강의에 참여하게 하는 방법은 학습자에게 슬라이드 내용을 읽게
하기, 간단한 미션을 주변 사람과 수행하게 하기, 활발한 에너지가
보이는 사람에게 모델링 요청하기, 한목소리로 읽자고 요청하기,
간단한 퀴즈를 내서 맞추게 하기, 적절한 질문을 던져 손을 들거나
일어나게 하기 등이 있다.

강사는 의도적으로 주어진 공간을 이동하여 주의를 환기하고, 공간 활용의 무게를 균형적으로 두어 어느 한 자리에만 머물러 있지 않도록 한다. 자신감 있는 태도로 진행하되 강조하고 싶은 요점에서 힘을 주어 강조하는 제스처를 보여준다. 청중이 많으면 뒤에서 앞으로 시선을 이동해 눈을 맞춰가며 말하고, 시선을 지그재그로도 움직인다. 한 사람만 바라보거나 건물 바닥이나 천정만 시선을 고정하지 않도록 주의한다. 또한 청중에게 등을 보이거나 산만하게 움직이는 행동은 삼가도록 한다. 뒷짐을 지거나 주머니에 손을 넣고 발표하는 등 무례해 보이는 제스처는 취하지 않는다.

강의 전개에서 청중이 부정적인 반응을 보인다면 신중한 태도로 장단점을 균형있게 설명한 후에 그 필요성을 입증하는 방식을 쓴다. 반대로 청중이 중립적이거나 긍정적인 태도를 보인다면 필요성보다 효과나 장단점을 중심으로 청중의 행동을 촉구하는 전략을 사용한다.

청중의 배경지식 수준에 따라 대응 전략도 달라야 하는데, 다음과 같이 정리해 보았다. 강사는 강의 내용을 암기해서 말하기보다 전체의 내용을 이해하고, 키워드 중심으로 외워 태연한 태도로 말한다.

청중의 배경 지식	강의 전략
배경지식이 적을 때	단편적인 요소로 제시 어려운 내용이나 개념을 쉽게 예시를 들어 설명 쉬운 용어 사용
배경지식이 많을 때	입체적인 요소로 제시 청중의 경험과 지식 인정 기초적인 내용은 생략 전문 용어를 적절히 사용

강의 정리

강의의 끝이 다가옴을 미리 알리고 다시 한번 강의 전체 내용과 중요 포인트를 짚어준다. 간단한 인사보다 감동을 줄 만한 동영상이나 감동 사례를 들면서 마무리한다. 강의 마지막에 질문을 받는데, 질문을 받을 때는 겸손하게 질문자의 말을 경청하는 태도로, 질문이 끝나면 질문자를 칭찬한다. 해당 질문은 전체 청중이 들을 수 있게 다시 공유하고, 답변은 간단명료하게 한다. 답변이 끝나면 질문자에게 답변이 적절한지 확인하고 추가 질문이 있는지 다시 묻는다.

발표할 때 잘 쓰이는 파워포인트 단축키

처음부터 프레젠테이션 시작: **F5**

지금 페이지부터 프레젠테이션 시작: **Shift + F5**

슬라이드 번호 이동: **해당 슬라이드 번호 + Enter**

화살표를 잉크 펜으로 변경: **Ctrl + P**

잉크펜으로 작성한 내용 삭제: **E**

잉크펜으로 작성한 내용 숨기기/표시하기: **Ctrl + M**

윈도우 상태바 표시: **Ctrl + T**

강의나 발표 후 다음 점검표를 이용해 확인하자.

구분	번호	확인 내용	체크
시작	1	발표 내용과 대상에 알맞은 옷차림을 한다.	
	2	발표 장소의 중앙에 바르게 선다.	
	3	소개 후 공손히 청중에게 인사한다.	
	4	발표에 적절한 위치에 서서 발표를 시작한다.	
목소리	5	목소리 크기와 속도가 알아듣기 쉽고 발성이 자연스럽다.	
	6	'음', '아', '저' 등의 쓸데없는 발음을 하지 않는다.	
	7	중요한 부분을 강조하거나 일부러 쉬는 등의 효과를 준다.	
시선처리	8	청중의 눈을 보면서 말한다.	
	9	한 사람만 보거나, 바닥이나 천장 등 한 곳만 바라보지 않는다.	

구분	번호	확인 내용	체크
시선처리	10	핵심 인물에게 적극적으로 눈을 마주치고 시선을 이리저리 옮기지 않는다.	
시각자료	11	슬라이드 내용이 강연의 핵심을 이해하기에 쉽다.	
	12	슬라이드 간 연결이 스토리가 있으며 자연스럽다.	
태도	13	손의 움직임과 제스처가 자연스러워 편안함을 준다.	
	14	요점을 강조하는 제스처를 하며 적절히 공간을 이동한다.	
	15	여유와 자신감 있는 태도로 진행하되 예의를 갖춘다.	
마무리	16	끝나감을 알려주며 발표 내용을 요약하고 핵심을 언급한다.	
	17	예의 바르게 인사하고 마무리한다.	
질문받기	18	질문을 경청하고 질문자를 칭찬한다.	
	19	질문 내용을 청중 전체에게 알리며 공유한다.	
	20	간결히 답변하고 질문자에게 적절했는지 확인한다.	

나의 체크 개수 (   )개

2) 매력적인 파워포인트 디자인

    프레젠테이션은 발표 내용으로 청중을 이해시키고 그들을 설득해 발표자가 원하는 방향으로 움직이게 결정하고, 동기부여를 통해 받은 영감을 실행하게 만드는 것이 목적이다. 이 목적을 달성시켜 줄 효과적인 프레젠테이션을 위해서 시각적 보조자료를 잘 사용해야 한다. 쉽고 강력한 메시지를 전달하여, 참여자가 발표 내용에 집중하게 할 보조자료를 파워포인트로 만들어 본다.

    시각적인 보조자료의 활용은 청중의 이해를 돕고 집중력을 떨어뜨리는 요소를 제거하기 위함인데, 오히려 이런 시각 자료가 집중의 방해 요소로 작용하기도 한다. 시각 자료는 그 목적에 알맞게 간단히, 객관적인 사실을 드러내는 용도로 사용해야 한다. 일본 디자이너가 만든 젠[24)]스타일이 프레젠테이션의 트렌드로 여겨졌던 시기가 있다. 젠스타일은 발표자가 말하고자 하는 키워드를 이미지에 녹이고 실제 사용하는 키워드는 추상명사를 사용해 텍스트로 적어 넣는 방식을 사용한다. 동양적인 여백의 미를 중요하게 여겨 그런 여백의 미가 깃든 멋진 사진을 넣는다.

    사진이 멋지면 좋은 프레젠테이션이라고 할 수 있을까? 주제와 명확한 관련이 있고 객관적이어야 한다. 이미지는 개인의 경험에 따라 다르게 해석될 수 있기 때문이다. 공간이 비어 허전하니까, 알

---

24) 젠이란 선을 의미하는 일본어이다. 동양적인 따스함을 표방하는 일본식 디자인 방식을 의미한다.
  -저자 설명-

맞은 것을 못 찾아서 주제와 관련이 없어도 멋진 사진을 넣기도 한다. 하지만 이런 경우 사진이 청중의 집중을 방해한다.

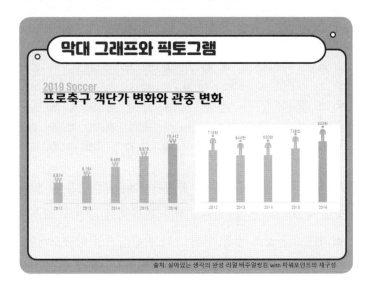

아이콘은 사진보다 명확한 객관적인 의미를 전달할 수 있고, 청중에게 호감을 준다. 아이콘을 다른 말로 픽토그램이라고 하는데, 픽토(picto)와 텔레그램(telegram)이 결합한 용어이다. 픽토그램은 중요사항이나 특정 장소 등을 알려주는 것으로, 언어가 달라도 같은 의미로 통하는 그림 언어라 할 수 있다. 픽토그램은 무료사이트 픽토그램을 무료로 내려받을 수 있는 사이트[25]에서 내려받아 사용할 수 있다. 파워포인트 프로그램의 아이콘 메뉴를 이용해도 된다. 찾는 방법은 [삽입]탭 -[일러스트레이션]-[아이콘]을 누르면 나온다.

---

25) 픽토그램을 무료로 내려받을 수 있는 사이트
  : 더나운프로젝트, 플랫아이콘, 프리픽, 아이콘파인더, 아이콘몬스터, icooon-mono 등

   픽토그램의 제공 형식은 파일 확장자에 따라 불러올 수 있는 프로그램도 각기 달라진다. 픽토그램을 편집해서 나만의 색으로 다시 입히려면 오픈소스 전문 벡터 그래픽 편집기인 잉크스케이프를 활용하면 되는데, 이 방법은 온라인 검색만 해도 쉽게 그 방법을 찾을 수 있으므로 잉크스케이프에 관한 설명은 생략한다.

<● 픽토그램 제공 형식 ●>

형식	정의	확인 내용
PNG Potable network graphics	웹에서 최상의 이미지를 구현하기 위해 W3O에서 만든 포맷	뒷면이 투명한 이미지 사용
SVG Scalable vector graphics	2차원 벡터 그래픽을 표현하기 위한 XML기반의 파일 형식	그대로 사용하거나 EPS, EMF로 변환하여 사용
EPS Encapsulated postscript	Postscript를 이용하여 수정이 자유로운 고품질의 인쇄용 파일	그룹을 해제해서 원하는 대로 사용
EMF Windows metafile	윈도우에서 벡터 그래픽스를 응용 프로그램 간 교환 위한 파일 형식	그룹을 해제해서 원하는 대로 사용
PSD Photoshop document	포토샵 파일 포맷 방식	사용불가
AI Adobe illustrator	일러스트레이터 포맷 방식	사용불가

출처: 살아있는 생각의 완성 리얼비주얼씽킹 with 파워포인트

프레젠테이션에 포함된 세련된 인포그래픽은 발표 내용을 객관적으로 전달하여 강력한 설득력을 전파한다. 보통 차트나 그래프를 이용할 수 있는데 슬라이드 한 장에 차트는 1개만 넣는 것이 가장 좋고, 사용한 통계 자료는 명확한 출처를 표기해야 한다. 가끔 웹에서 구한 도표를 그대로 넣는 경우가 있는데, 이런 경우 새로 그려야 한다. 불필요한 데이터가 포함되어 있거나 작은 글씨로 인해 가독성이 떨어지기 때문이다.

다음에 직접 작업한 인포그래픽과 픽토그램을 활용한 예시 슬라이드 자료를 넣으니 참고하길 바란다.

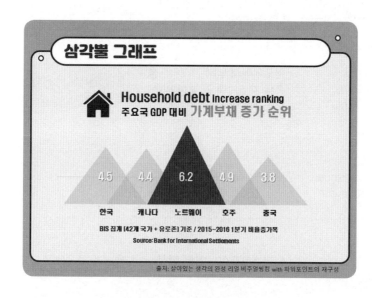

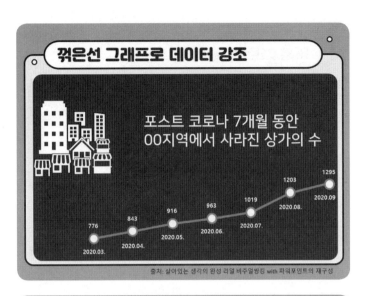

꺾은선 그래프로 데이터 강조

포스트 코로나 7개월 동안
OO지역에서 사라진 상가의 수

1295
2020.09
1203
2020.08.
1019
2020.07.
963
2020.06.
916
2020.05.
843
776
2020.03.
2020.04.

출처: 살아있는 생각의 완성 리얼 비주얼씽킹 with 파워포인트의 재구성

이미지를 이용한 비중 그래프

5 Surprising Foods With
More Sugar Than a
K Doughnut

So much sugar is hiding in the American diet
that a bowl of soup can amount to multiple
donuts' worth of the sweet stuff.

April 17, 2014 Kristina Bravo

출처: 살아있는 생각의 완성 리얼 비주얼씽킹 with 파워포인트, 영진닷컴

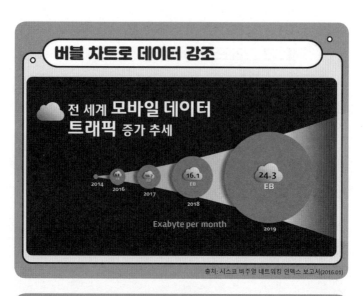

버블 차트로 데이터 강조

전 세계 **모바일 데이터**
트래픽 증가 추세

2014
2016
10.7 EB 2017
16.1 EB 2018
24.3 EB 2019

Exabyte per month

출처: 시스코 비주얼 네트워킹 인덱스 보고서(2016.01)

픽토그램 합성 이미지

Microbead | 마이크로비드
5mm 이하 미세 플라스틱

마이크로비드는 정수 처리 과정에서 걸러지지 않고 하수구를 통해 바다로 스며든다. 바닷새에는 물고기 알로 보일 수 있어
주식처럼 먹고 있다고 한다. 가벼운 비닐봉 해파리로 오인해 먹기도 하고, 고래는 씨지 않는 플라스틱 때문에 위가 파열돼 죽은
채로 발견되기도 한다.

76.6%
[일본] 2015년 집전 연차
76.6% 플라스틱 검출

99.8%
[CSIRO] 2050년 호주
바닷새의 99.8%가 플라스틱

S
[호주] 바닷물로 만든 소금 1kg당
550~681개의 미세 플라스틱

[식품1첨손성] 바닷물에서 1
마이크로비드 발견

출처: 살아있는 생각의 완성 리얼 비주얼씽킹 with 파워포인트의 재구성

우린 최고의 기획자다   288

3) KISS[26]를 담은 비주얼

Keep It Short and Simple

좋은 프레젠테이션은 슬라이드 내용만 보아도 5~10초 안에 이해할 수 있다. 강의를 통해 청중을 설득시킬 방법은 쉽고 강력한 메시지로 시종일관 집중력을 유지하는 것이다. 이때 빠른 이해를 돕는 객관적 보조자료가 프레젠테이션이다. 따라서 프레젠테이션은 자료만 보아도 이해하기 쉽게 구성하도록 한다. 텍스트로만 설명하기에 복잡하거나 해당 수치를 청중이 이해하기 어렵다면 다이어그램을 사용해 한눈에 파악하기 쉽도록 표현한다.

슬라이드 작성 전에 가장 먼저 해야 할 일은 발표할 내용을 간결히 다듬는 것이다. 어느 강사의 발표를 본 적이 있는데 자신이 할 말을 모두 슬라이드에 넣어 그것을 줄줄이 읽었다. 가독성은 고사하고 도대체 무엇을 말하려는지 슬라이드를 보아도 알 수 없었는데, 정작 강사는 그렇게 해 두고 자신은 딱히 강의 시연을 할 필요가 없다고 자랑스레 말해서 듣는 사람이 숨이 막힐 정도였다. 발표 자료는 되도록 짧고 간단히 정리하고, 학습자의 시각을 자극하도록 그림이나 사진 도표 등의 자료를 적절히 사용한다. 적절한 그림의 사용은 청중을 집중하게 하고 내용을 요약해서 알려준다. 각종

---

26) KISS(키스)는 "Keep it small and simple.", "Keep it short and simple.", 또는 "Keep it simple, stupid."의 첫 글자만 따서 만든 약어이다. KISS 원칙이란 디자인에서 간단하고 알기 쉽게 만드는 편이 좋다는 원리를 말한다. 1960년에 미국 해군이 고안했다. (위키백과)

통계 자료는 강사가 전달하는 내용의 신뢰도를 높여주므로 자료를 수집하여 적절히 넣되 반드시 출처를 표기한다.

사람의 시선은 상하보다 좌우로의 움직임이 편하고 시야도 넓어서 가로 형태의 레이아웃이 안정감 있게 보이며 읽기도 쉽다. 프레젠테이션을 짤 때 시선의 방향이 왼쪽에서 오른쪽으로, 위에서 아래로, 시계방향으로 움직이는지 염두에 둔다.

프레젠테이션의 왼편 위쪽에 중요한 내용을 넣고, 글꼴은 깔끔하고 선명한 것을 고른다. 본문 텍스트의 글자 크기도 중요하다. 통상 20~36pt 정도를 쓰는데, 우리는 28~36pt를 기본으로 한다. 제목의 경우는 40~56pt까지 쓰는 편인데, 제목은 같은 크기, 같은 위치, 같은 글꼴을 유지해 주는 게 좋다. 영문은 대문자보다 소문자로 쓰는 것이 훨씬 읽기에 쉽다. 또, 한 슬라이드 안에 3개가 넘는 글꼴을 쓰면 혼란함을 주니 주의한다. 슬라이드에 들어가는 텍스트에 서술형 어미와 조사, 문장부호[27]는 생략해야 깔끔하다.

다이어그램은 컨셉에 따라 나누어 표현하는데, 5가지 이상의 컨셉이라면 슬라이드는 여러 슬라이드로 나누고, 부득이 한 장에 들어가야 하면 다이어그램을 작게 표현하고 텍스트의 위치를 통일해서 깔끔하게 나타낸다. 다이어그램은 파워포인트 프로그램에서 제공하는 SmartArt나 차트를 이용하면 초보자도 손쉽게 표현할 수 있다.

---

27) 쉼표, 마침표, 따옴표 등

강의를 시작하려고 파워포인트를 열면 갑자기 폰트가 깨지는 현상이 일어나서 곤란했던 경험이 있을 것이다. 자신의 컴퓨터를 사용한다면 미리 글씨 드래그 → 마우스 오른쪽 버튼 클릭 → 텍스트 효과서식 → 텍스트 채우기 탭에서 '단색 채우기'선택 후에 투명도를 1%로 지정하면 된다. 다른 컴퓨터에서 프레젠테이션을 재생할 때 글꼴이 깨져 낭패를 보지 않으려면, 파워포인트 프로그램에서 화면 위쪽의 office 단추/파일을 클릭하여 powerpoint 옵션을 누른다. 대화 상자에서 저장 버튼을 선택하고 '이 프레젠테이션 공유 시 화질 보존'의 '파일의 글꼴 포함'을 체크하고 아래에 나오는 두 항목[28] 중 하나를 선택한 후에 확인을 누른다.

---

28) *프레젠테이션에 사용되는 문자만 포함(파일 크기를 줄여줌) ▶ 현재 문서에 사용된 글자를 표현하는데 필요한 글꼴만 포함하여 저장한다. 다른 문자의 삽입이나 수정이 되지 않고, 파일의 크기를 줄여준다.

*모든 문자 포함(다른 사람이 편집할 경우 선택) ▶ 현재 문서에 사용된 모든 글꼴을 포함하여 저장한다. 다른 문자의 삽입과 수정이 되고, 파일 크기가 늘어난다.

Shift키

수직선, 수평선을 45도 간격으로 선 그리기
15도 간격으로 도형 회전시키기
정방형 도형 그리기
수직, 수평 방향으로 도형 이동시키기
여러 개의 도형 선택하기
가로와 세로 비율 유지하며 크기 조절하기

Ctrl키

중심으로부터 그리기
중심으로부터 크기 조절하기
도형 복사하기
세밀하게 도형 이동하기(키보드 이동키)

ALT키

세밀하게 도형 이동하기(마우스)

자주 사용되는 단축키

복사 : Ctrl + C
붙여넣기 : Ctrl + V
서식 복사 : Ctrl + Shift + C
서식 붙여넣기 : Ctrl + Shift + V
그룹 묶기 : Ctrl + G
그룹 깨기 : Ctrl + Shift + G
개체 복사 : Ctrl + 클릭 → 드래그

5

To be a Creator
*강의의 품격을 높이다*_____

1) 원격연수 촬영 콘텐츠 정리법

그동안 연구한 결과를 바탕으로 기획서를 만들어 제출하고 그것이 통과되면 원격연수 촬영의 기회를 잡을 수 있다. 원격연수도 컨셉에 따라 각각 다른 방식으로 촬영을 한다. 강의 주제에 따라 실내에서 대형 스크린을 놓고 서서 촬영하거나, 같은 환경이지만 앉아서 스크린 없이 촬영할 수 있다. 우리가 경험한 촬영 방식 중에서는 오픈 특강의 형식으로 청중을 초청하여 촬영하면 훨씬 자연스러운 것 같다. 요즘에는 세 명 정도가 대담하는 형식으로 차시 주제에 관해 이야기 나누는 촬영도 진행되는 것으로 알고 있다. 여기에 학생 자존감 연수를 소개한다. 1, 15차시는 대담형식으로, 나머지 13개 차시는 스튜디오 촬영과 오픈 강의를 혼합해 진행했고, 이후 강의의 품격이라는 강좌는 모두 오픈 강의 형태로 제작했는데 화면이 훨씬 멋지게 나와서 만족스러웠다.

연수 기획서가 먼저 나와야 하고, 연수 기획서 외에 준비할 것은 각 차시에 들어갈 콘텐츠이다. 매 차시 강의용으로 프레젠테이션 내용을 약 25분 분량으로 만든다. 또한 각 차시의 학습 목표와 학습정리 문제를 여유 있게 만들어야 하고 학습정리 스크립트도 따로 정리한다. 학생 자존감 연수의 경우 초등긍정교육연구회에서 춘천교대 추병완 교수님의 이론을 바탕으로 현직교사 10명이 7년간 현장 연구한 콘텐츠를 정리하였다. 현장에 바로 사용 가능한 활동 중심의 콘텐츠라는 것이 특징이다.

　출간 서적이나 연구 저작물이 있으면 콘텐츠를 활용할 기회가 많아지고 원격연수 촬영 콘텐츠 정리도 쉽다. 원격연수 촬영이 궁금한 독자를 위하여 연수 기획서와 1차시 대담형 촬영의 큐카드 내용을 붙인다.

학생들의 긍정적인 삶 메이커

1. 연수 특성

가. 긍정심리학을 기반으로 한 긍정교육 실천으로 학생의 삶의 목적을 위한 긍정 마인드 셋을 길러준다.

나. 긍정교육을 통해서 성공적인 과목 학습을 위해 필요한 공부 기술과 학습 기법을 가르쳐줄 선생님의 수업역량 향상을 돕는다.

2. 연수 목표

가. 긍정심리학을 기반으로 한 자존감 수업으로 학생의 자존감을 회복하고 삶의 목적에 대한 이해를 돕는다.

나. 자존감 수업을 통해 학생의 공부 동기와 공부 생각과 행동으로 마음을 단단하게 이끌 선생님의 수업역량 향상을 돕는다.

3. 교수진

가. 안혜숙 수석교사

초등긍정교육연구회 부회장.

춘천교육대학교 '수업전문가와 춘천교대생이 함께 하는 수업캠프'에 2017년부터 참여하고 있으며, 초등긍정교육연구회 부회장. 춘천교대 추병완교수의 자문을 받아 긍정교육의 실제적인 수업안과 콘텐츠를 만들고 있음.

교육전문가 봉사단체 '오늘과 내일의 학교' 사무국장. 2010-2017년 교사 해외연수 전문 코디네이터로 삼성크레듀, 멀티캠퍼스와 활동. EBS TESOL 평가위원 역임. EBS 진학 마스터 심화과정 강사. <초등교사를 위한 행복한

교실 만들기:12가지 Tips>, <사(思)고치면 영어가 된다>, <협력학습, 팀티칭, 플립러닝을 통한 배움 중심 수업의 이론과 실제>, <공학계열 진로, 진학, 직업>, <공부끝판왕>, <의학 생명 자연과학 계열의 진로 진학 직업>, <진로끝판왕> 의 저자.

꿈구두의 모든 끝판왕 시리즈 감수 및 디자인 자문, 현재 강원 영어 책임교육 정책연구 TF팀 활동을 하고 있으며 국제교육원, 춘천교대 교수학습개발원과 수업콘텐츠를 공동 연구하며 강의, 컨설팅 중. 팟캐스트[초등주책쇼], [진학주책쇼] 진행.

나. 정동완 진로진학교사
교육전문가 봉사단체 '오늘과 내일의 학교' 회장.
EBS 2017-2018 파견교사, 진로 진학 대표 강사 역임. 베스트셀러 <끝판왕 시리즈 : 자소서, 면접, 학생부 인문&공학, 공부> <유초등생활백서> <중학생활백서> <나만의 학생부 만들기> <드디어 공부가 되기 시작했다> 등 35권 기획 및 저작.
EBS<4차 산업 혁명 시대의 미래교육과 신직업>, <진학마스터 심화과정>, T셀파 <대입 진학지도 끝판왕>. 원격연수 총괄 기획. 초등학교와 중학교, 고등학교를 위한 학생 <My Best 맞춤 가이드 E북> 콘텐츠 검토 및 개발. 교사, 학부모, 학생 대상 앙코르 특강 및 캠프 운영 800회 이상.

다. 민승기
민승기는 19년차 기업 교육 전문 강사로 활동하면서 주로 리더십과 사람에 초점을 맞추어 강의, 저술, 방송 활동을 하고 있다. 일본어를 전공했음에도 직장은 미국계 한국 법인에서 세일즈 업무를 담당하는 독특한 경험으로 사회생활을 시작했다. 이후 교육 컨설팅 기업에서 컨설팅 업무를 담당하면서 산업공학을 공부하였고, 다시금 예전 회사로 돌아가서 교육 담당 팀장으로 직장생활을 마쳤다.

기업 교육 전문 강사로 독립하여 리더십을 중심으로 코칭, 대인 관계, 소통 등을 테마로 강의하면서 사람에 관한 연구에 집중했다. 또한 삶의 경륜이 더해지면서 평소 관심 분야인 기독교 교육학으로 학위를 따고 강의 영역을 더욱 확장했다. 에니어그램 전문 강사, 맥스웰 리더십 퍼실리테이터, 지오피아 도형심리 상담사 등 사람에 관한 공부를 지속했고, 결혼 26년을 맞으면서 가정과 행복의 주제까지 다루게 되어 최근에는 인성과 대인 관계를 주제로 집필하기에 이르렀다.

《인성이 경쟁력이다》,《다시 생각하는 리더십》,《행복한 부모 리더십》 등 다수의 저서를 통하여 강의 활동에서 경험하고 느낀 부분을 책으로 펴내는 작업을 꾸준히 이어오고 있다.

3. 차시 운영계획

차시 제목 & 개요   강의형태

차시 제목 & 개요	강의형태
1. 긍정심리학을 기반으로 긍정교육? - 긍정 목적(웰빙) - 긍정교육의 실제 사례 - 긍정교육의 4가지 수준 - 긍정교육이 주는 교육에의 시사점	**대담** 정동완 민승기 안혜숙
2. 학생의 성장 마인드셋을 만들 기초: 긍정교육 - 긍정교육의 실제: 성품강점, 긍정관계, 긍정정서, 긍정건강, 긍정관여, 긍정성취 이론 - 성장 마인드셋	**강의** 민승기

3. 소중한 나를 찾아서

- 주사위 하브루타(더블주사위 활동으로 나에 대해 이야기 하기)
- 나는 나야!(긍정교육과 비주얼씽킹을 접목한 활동으로 나의 소중함과 가치 찾기)
- 감정출석부(나의 감정을 표현함으로 자신에 대해 이해하기)

*수업안과 활동지 제공

오픈형 강의

안혜숙

---

4. 너를 통해 나를 세우다

- 친구 투명 얼굴 그리기
- 변신가위바위보

*수업안과 활동지 제공

오픈형 강의

안혜숙

---

5. 동행, 함께 가야 해

- 우정 가치 사전
- 우정 수프 만들기
- 희망 팔찌 만들기(양동이를 채워라:Bucket Filler day)

*수업안과 활동지 제공

오픈형 강의

안혜숙

---

6. 나의 강점을 찾아 미래로

- 나는 미인이에요
- JAM병 만들기

*수업안과 활동지 제공

강의

안혜숙

---

7. 함께 성장하기

- 허니보드로 우리반 문제점 파악하기
- 월드카페로 목표 세우기

*수업안과 활동지 제공

강의

안혜숙

8. 긍정 정서(감사)와 회복탄력성으로 행복한 나 만들기

긍정정서와 회복탄력성을 감사중심으로 이론 강의
- 가치수직선 활동
- My Favorite things

강의
민승기

9. 감사함으로 세우는 미래

- 슈링클스로 감사의 마음 전하기
- 크고 아름다운 사랑(비주얼씽킹)
- 평화롭고 정의로운 세상(젠탱글)
**수업안과 활동지 제공

강의
안혜숙

10. 스트레스를 이겨라

- 눈물의 바다 (Storytelling)
- 나의 희망 버디에게
  회복탄력성 관련 수업으로 어려움을 딛고 일어서는
  방법 알고 실천하기
*수업안과 활동지 제공

강의
안혜숙

11. 함께 빠져들어라!

협력 학습, 팀빌딩과 몰입의 경험 제공하는 수업활동
- 느림보 구슬
- 컵 나르기

오픈형 강의
안혜숙

12. 살짝 찔러 봐!

교육적 넛지와 긍정교육 접목, 삶의 목적과 긍정교육
에 대한 이론
- 학교 주변의 문제에 넛지 활용
- 손씻기, 건널목 이용 등
*수업안과 활동지 제공

강의
민승기

13. 삶의 목적 1

그릿과 삶의 목적을 연결해 진지한 시각에서 삶 돌아
보고 다짐하기
-비전선언문
-만다라트
*수업안과 활동지 제공

강의
안혜숙

14. 삶의 목적 2

-그릿 내러티브
-봉사활동
-달팽이의 꿈
*수업안과 활동지 제공

강의
안혜숙

15. 긍정 성취 습관

- 소감 듣기
- 학생의 강점을 찾아 강화하는 활동에서 최종 삶의
  목적까지 여정
- 상위의 삶의 목적인 봉사활동까지의 관계와 실제 현상
- 학생 긍정마인드 셋과 선생님의 수업역량, 학급경영

대담
정동완
민승기
안혜숙

다음은 원격연수원에서 촬영한 연수의 1차시 대담형식 큐 카드 예시자료이다.

대담 큐 카드 예시자료

Q1. 이번 강좌는 학생들의 긍정적인 정서를 기르기 위한 긍정심리학을 기반으로 한다고 들었습니다. 긍정교육이 무엇인가요?

민 ✦ 이제는 행복을 배우는 시대입니다. 더 나아가서 웰빙의 삶을 향해 나아가는 시대입니다. 웰빙은 주관적 웰빙도 있지만, 심리적 웰빙도 있습니다. 자아실현적 웰빙이라고 하는데요, 단지 쾌락이나 지나친 긍정 정서만으로는 현실적인 행복이 아니라는 것입니다. 인간은 진정한 자아의 발견과 몰입, 그리고 봉사 등을 통해서 웰빙의 삶을 살게 됩니다. 이런 심리적 웰빙 상태일 때 개인이 성장하고 타인과의 긍정적 관계를 형성하게 되는데, 학교가 학생들의 웰빙을 향상시키는 제도가 되어야 한다는 것입니다. 학생들의 스트레스와 그에 따른 우울증, 자살 문제 혹은 학교폭력 등의 예방과 치유 방법으로서 긍정 교육의 도입이 필요한 것이지요.

안 ✦ 간단히 말하면 긍정교육은 긍점심리학을 교육적인 맥락으로 적용하고 응용하는 것을 말합니다. 긍정적인 마음으로 삶을 잘 살기 위한 장기적인 비전을 학생에게 알려주고 이를 기르는 것을 의미하기도 합니다.

Q2. 긍정심리학은 들어보기도 했던 용어인데요. 그 역사나 시초가 궁금해집니다. 누가 설명해주실까요?

민 ✦ 기존의 심리학은 인간의 부정적인 면을 중심으로 질병 치료에 초점을 두었습니다. 그런데 마틴 셀리그만은 환자나 문제가 있는 사람이 아닌 정상적인 일반인이 더 행복하고 건강하게 살아가는데 심리학이 주목해야 한다고 생각했습니다. 그가 미국심리학회 회장이 되면서 본격적으로 긍정 심리학이 연구되고 표면으로 부상하는 계기가 되었습니다. 더이상 인간을 환자로만 대하지 말고 인간 계발의 측면과 행복한 삶을 이루는데 심리학의 역할이 있다고 본 것이지요. 이미 70년대에 학습된 무기력 실험을 통해 무기력이 학습된다고 밝힌 것을 토대로 90년대에는 낙관성도 학습이 된다고 발표했습니다. 그러니까 인간은 얼마든지 타고난 기질에 상관없이 배우고 훈련하면 낙관성을 강화하여 행복과 웰빙의 상태로 발전할 수 있다는 것입니다. 그래서 구체화 된 웰빙의 측정 지표로 긍정적 감정, 몰입, 관계, 의미, 성취의 PERMA라는 5가지 요소를 기초로 긍정심리학이 일반화된 것입니다.

안 ✦ 2008년에 호주의 지롱 글래머 학교가 긍정심리학을 적용하기 시작했습니다. 셀리그먼을 비롯한 긍정심리학 전문가의 도움으로 실행에 옮겼지요. 긍정심리학의 핵심이 되는 주제 즉 강점, 감사, 인내, 창의력, 자기 옹호, 회복탄력성, 명상에 초점을 둔 교육과정을 운영했습니다. 2년 뒤 지롱 그래머 학교는 20명의 긍정심리학 전문가를 초청하여 실행모델에 대한 자문을 받고 그 결과를 바탕으로 긍정교육 모델을 정교하게 만들었지요. 이후 긍정교육 모델은 성품강점, 긍정관계, 긍정정서, 긍정건강, 긍정관여, 긍정성취 이론으로 나타납니다.

Q3. 긍정정서가 왜 중요할까요?

안 ✦ 4가지 측면에서 말하면, 지적으로 창의성, 문제해결 기술을 발달시키고요. 신체적 힘과 심혈관 건강을 발달시켜 장수하게 한답니다. 긍정정서 단어의 양이 높은 사람과 낮은 사람의 수명 차이가 약 9.4년이라고 해요. 또 사회적으로도 친구들끼리 우정과 관계, 유대감의 질과 양을 증가시킵니다. 심리적으로도 회복탄력성과 낙관성을 발달시킵니다.

민 ✛ 요즘 아이들이 가장 많이 하는 말이 '몰라요, 그냥요, 짜증 나'입니다. 대체로 부정적 감정과 표현이 많습니다. 감정과 정서를 비교하자면 감정은 표면의 작은 파도라고 하겠고 정서는 파도 아래에 형성된 커다란 물줄기라고 할 수 있습니다. 우리는 살아가면서 여러 감정을 느끼게 되지만 그 사람의 정서가 어떤 상태냐에 따라서 말과 행동이 결정됩니다. 순간적으로 부정적 감정을 느끼더라도 긍정 정서가 바닥에 흐르고 있다면 쉽게 화를 내거나 부정적인 반응을 보이지는 않지요. 아이들이 긍정정서를 갖게 된다는 것은 이와 같은 사회성과 대인관계를 만들 수 있다는 것입니다. 단순히 감정 하나하나를 어떻게 다룰 것인가 보다 어떤 정서를 갖추고 살아갈 것인가가 더 중요한 문제입니다. 그래서 부정 정서가 아닌 긍정 정서를 갖춘 아이로 교육하고 훈련하는 과정이 중요한 것이지요.

Q4. 긍정심리학을 적용한 학교에 정말 긍정적 결과가 있었는지요?

민 ✛ 우리의 뇌는 부정적 감정에서는 편도체가 활성화되어 지나치게 위기감을 느끼고 해마가 위축되어 기억력이 손상되는 구조로 되어 있습니다. 그렇게 되면 당연히 집중력이나 정보 해석력이 저하되어 성과가 제대로 나오지 않는 것입니다. 쉽게 말씀드리면 중요한 시험이나 발표를 앞두고 부정적 감정을 느끼게 하면 똑같이 준비한 상황이라도 나쁜 결과가 나오게 되는 것입니다. 반대로 긍정적 감정을 느낄수록 훨씬 더 좋은 성과를 만들게 됩니다. 미국 육사생도를 중심으로 연구한 결과에도 긍정 심리 배경의 생도들이 더 끈기와 목표 지향성이 좋았습니다. 긍정 심리가 그저 좋은 게 좋다는 식으로 살라는 것이 아니라 삶의 프레임을 바꾸고 보다 행복한 삶의 토양을 다듬는 것으로 보면 좋겠습니다.

안 ✦ 2013년 2월과 12월에 수행된 사전 사후 검사 결과에 따르면, 긍정교육을 이수한 지롱 그래머 학교의 9학년 학생들은 웰빙에서 주목할 만한 향상을 보여줌과 동시에 우울과 불안 증세가 감소했습니다. 이와 달리 통제 집단의 9학년 학생들은 웰빙 수준에서의 감소에 그쳤어요. 실제로 긍정정서가 향상되니 공부 실력이 월등히 향상되었다고 하는 게 가장 주목할 점이었다고 합니다.

Q5. 와! 대단하네요. 긍정교육의 교육적 시사점 즉 긍정교육이 학생들에게 꼭 필요한 이유를 말씀해주세요.

민 ✦ 미래의 교육은 마음의 균형과 감정 지능이 핵심이라고 유발 하라리 교수가 말했습니다. 지식 위주의 교육에 머물러만 있으면 안 되는 시대입니다.

그런 의미에서 아이들의 웰빙이라는 커다란 교육적 목표를 지향하면서 다음과 같은 관점에서 긍정교육을 적용해야 합니다.

- 교사교육 및 부모교육의 중요성 (교사와 부모가 먼저 훈련이 되어 실천해야)
- 긍정교육을 학교에 내장하는 것의 중요성 (학교에서의 생활 방식이 되어야)
- 긍정 관계 구축: 교사-학생, 학생-학생
- 성품 강점 활용
- 증거 기반 프로그램 활용

안 ✦ 학생들의 성장 마인드 셋을 각성시키면 좋을 거 같아요. 구체적으로 저는 이렇게 말씀드리고 싶네요.

- 학생들의 지능을 칭찬하지 말고, 노력과 공부 전략을 칭찬하라.
- 학생들에게 그들의 뇌를 성장시킬 수 있다고 말해 주어라.
- 학생들이 성과가 좋지 않을 때는 노력을 더 하고 개선된 전략을 사용하게 만드는 피드백에 초점을 맞춰라.
- 학생들에게 도전에 직면하는 능력은 실제 기량이나 역량의 문제가 아니라 도전에 응하는 그들의 마인드 셋에 달려 있다는 사실을 명심하라.
- 현재의 성과는 단순히 현재의 기술과 노력이 반영된 것일 뿐 지능이나 가치를 대변하는 것은 아니라는 사실을 학생들에게 인식시켜라.
- 학생들의 고정된 믿음이 틀렸다는 증거를 제시하고, 학습에 필요한 공부 기술과 학습 기법을 가르쳐주어라.

2) 참여자 중심의 강의

참여자 중심의 강의는 지식과 정보를 나누고 융합하여 새로운 지식과 정정보를 창출하는 과정이면서, 경험을 중심으로 하는 간접적인 교수 전략이라고 할 수 있다. 학습자들의 활발한 상호작용을 통해 서로 배울 수 있는 장점이 있는데, 이때 강사는 촉진자, 격려자, 안내자의 역할을 한다.

참여자 중심의 강의는 강사 혼자만 잘해서는 강연의 성과가 나올 수 없다. 이 강의 방식 자체가 대인관계 기술을 요구하기 때문에 강의 준비를 철처히 한다. 혼자서 진행하는 강의보다 어느 정도 난이도 있는 편이다. 학습자들은 활동을 통해 타인을 배려하는 사회적 기술을 익히고, 공동의 과제를 이루어 나가는 과정을 경험한다. 학습자에게 요구되는 사회적 행동은 칭찬하기, 경청하기, 내 생각 말하기(I-message), 동의 구하기가 있다.

다양한 참여자 중심의 강의가 있는데 여기에 몇 가지만 소개하기로 한다.

❶ 월드카페

참여자 중심의 강의에서 나의 대표적인 강의 형태인 월드카페를 소개한다. 월드카페[29]는 2007년에 후 아니타 브라운, 데이비스 아이잭스가 제안한 집단지성을 끌어내는 대화의 형태라고 말할 수 있다. 월드카페란 '나누자! 놀자! 그리자!'의 모토 아래 참여자의 대화에서 통찰력의 불꽃이 일어나기를 기대하고, 카페처럼 편안한 가운데 토론하는 형태를 말한다. 월드카페는 이 방식을 이용해 다양한 관점 교류와 연결 짓는 것을 목표로 한다. 학교 수업에서도 월드카페를 다양한 수업에 활용하기도 한다. 실제로 이를 연구하여 수업에서 시행한 보고서도 일부 시도에서 편찬된 적이 있다.

월드카페는 집단지성을 통해 참여자 생각의 유기적 연결을 목표로 함에 따라, 참여자의 활발한 논의를 위해서는 강력한 질문이 매우 중요하다. 월드카페가 소개된 이후 재계, 정부, 학교, 의료분야 등 전 세계에서 수만 명 참여하며 실행하고 있다. 카페같이 편안한 장소에서 차와 간식을 먹으며 자유롭게 이야기하는 모습을 담고 있는 카페형 대화는 큰 전지가 필요하고 참여자는 펜을 들고 자기 생각을 말하면서 전지에 그 내용을 요약하여 선이나 그림으로 나타낸다. 참가자들의 마음을 편안하게 할 배경음악이 있으면 효과적이다. 각 역할을 맡은 참여자들이 질문하고, 다른 사람이 말한 내용에 보충하며, 서로의 의견을 격려해주고, 공감하는 활동을 이어 나간다.

---

29) 월드카페, 북플래너, 2007

월드카페의 등장은 집단의 공통된 의견을 도출해 내기 위한 대화 방식의 변화를 가져왔다. 대화 방식이 말이 바로 행동으로 이어졌다면 이제는 집단사고를 통해 피드백을 주고받아 그것을 평가하고 반영하는 것이 그 변화이다. 이런 과정은 참여자의 대화를 통해 발견, 실행, 적용, 계획 나눔의 다양한 요소를 포함한다. 우리는 원어민 강의, 신규교사 강의, 학교혁신이나 교직원 문화 혁신 관련 강의, 고등학생의 영어캠프, 영어 수업에서 다양하게 활용하고 있고 이런 방식으로 강의를 진행했을 때 강의 만족도는 항상 매우 좋았다. 심지어 어느 강의에서는 남아있는 시간이 별로 없어서, 그만 토의를 끝내자고 사정해야 마무리할 정도로 참여자의 몰입도와 참여 동기가 높았다.

월드카페 활동

월드 카페 마무리는

❷ PBL(문제기반 학습법) 활용

문제기반학습법(Problem-Based Learning)은 현실적인 문제를 참여자가 직접 해결하는 방식의 교수법이다. 문제해결을 하면서 참여자는 전문적인 사고를 경험하고, 이는 실제 상황에서의 해결

역량을 높일 수 있다. 강의 효과를 위해 강사는 실제적(Authentic)인 문제 상황을 만들어야 한다. 또한 참여자가 문제를 이해하고, 효과적으로 수행하도록 적절한 피드백과 질문으로 학습을 촉진해야 한다.

PBL 강의는 참여자 중심으로 진행되어야 하므로, 참여자의 수에 따라 그 방식과 강사의 역할이 달라진다. 30명 정도의 규모라면 6개 정도의 소그룹으로 편성하고 그룹당 보조강사를 배치한다. 강사는 각 소그룹에 적절한 질문과 참여자의 이해를 도와주는 역할을 한다. 문제기반 학습 강의는 다른 그룹 간의 학습이 가능하고, 인터넷 등 다양하게 정보를 탐색할 수 있는 공간에서 이루어져야 한다. 또한 활동에 참여하지 않거나, 내용을 이해하지 못하는 참여자에게 언제라도 충분한 지원활동을 할 수 있는 구조로 책상을 배열하고, 필요한 기자재와 물품을 지원한다.

먼저, 참여자는 과제 해결을 위해 개별학습과 자기주도학습을 한다. 학습자는 전공 서적, 인터넷, 학술지, 비디오 동영상과 같은 매체와 동료, 선배, 전문가와 면담 등의 인적 자료도 사용할 수 있다. 강사는 지원자가 참고할만한 예시자료를 제시하거나, 동료나 선배, 전문가와의 만남을 주선해도 된다. 이 과정에서 참여자들에게 참고자료나 학습 과정에 관한 피드백을 주어야 한다.

학습자는 개별학습으로 내용을 파악한 후에 그룹으로 모여 학습 결과를 공유하고, 의견을 종합하여 확인된 사실을 바탕으로 문제를 분석하고 최상의 해결 방안을 도출한다. 강사는 참여자의 활동이 의미 있게 이루어지도록 "인용한 자료는 신뢰할만한가?", "수렴된 의견은 타당한가?", "학습 내용을 충분히 숙지하였는가?", "논의된 내용이 문제해결에 적합한가?", "추가 조사가 필요한가?" 등을 질문해야 한다.

문제해결 방안이 나오면 그룹별로 발표한다. 그룹별로 진행된 공동의 학습 결과와 결론을 전체에게 발표함으로 다른 그룹의 아이디어와 비교하고 다시 전체 토의를 통해 최종 해결안을 찾는다. 마지막으로 정리와 평가를 통해 문제해결 과정에서 무엇을 배웠고, 그것이 문제해결에 어떻게 활용되었는지 파악한다. 이때 자기 평가나 동료 평가 같은 방법을 활용해도 좋다.

문제기반학습법이 학습자 중심의 활동이라고 해서 강사가 학습에서 배제되거나 역할이 없는 것은 아니다. 강의가 끝나고 강사는 이 강의에서 어떤 교육적 효과가 있었는지, 활용된 문제는 적절했는지, 보조강사는 제대로 역할을 했는지, 강의 운영은 적절했는지 등을 종합적으로 평가해 그 결과를 이후 강의에 반영한다.

PBL을 활용한 세계시민교육

❸ 과정 드라마 활용

학습자의 참여를 위해 과정 드라마를 활용하면 해당 주제에 대한 집중과 더불어 해결하는 과정에서 성취감을 맛보게 할 수 있다. 강의 내용에 만족했다는 강의 평가는 그들이 직접 강의 안에서 참여하고 체험할 때 우세하다.

즉흥성에 기초를 두는 과정 드라마(Process Drama)는 현대 교육연극 분야에서 널리 활용되고 있다. 과정 드라마는 1960년대에 헤스콧이 학습의 매체로 과정적인 드라마를 이용하는 방법을 만들어 교육적 목적으로 활용하면서 알려졌고, 이후 세실리 오닐이 과정 드라마라는 새로운 연극 장르를 만들면서 등장하게 된다. 이는 관객을 위한 공연보다 학습자 자신을 위한 발표에 목적을 둔다. 즉, 연기 훈련을 통해 대본을 연기하는 것이 아닌, 연기자가 내적 상상력을 발휘해 자발적인 행동으로 옮기는 움직임이라고 이해하면 된다.

과정 드라마는 참여자가 강사와 함께 학습 주제로 연극적 앙상블을 구성하고, 참여자가 자신을 위해 의미를 만드는 것이 핵심이다.[30] 과정 드라마는 일반적으로 다음 내용을 포함하고 있다.[31] 유기적으로 연결된 개별적 장면의 단위, 단편적이고 가벼운 풍자 거리가 아닌 주제를 탐색할 이야기, 이미 쓰인 대본에 의존하지 않는

---

30) Planning Process Drama, London. Pamela Bowell and Brian S. Heap. David Fulton Publisher. 2001.

31) 한국교육연극학회. Taylor and Warner. 2013.

우발적인 사건과 경험, 참여자의 관점에 변화를 가져올 수 있는 그들만의 주 관심사, 즉흥 활동, 미리 결정되지 않고 활동 과정에서 도출되는 결과, 드라마 활동을 진행하면서 필연적으로 나오게 되는 대본이 그것이다.

신규교사 연수에서 활용한 정지 장면

  과정 드라마를 통한 전개에 중요한 요소는 바로 드라마 관습 (Drama Convention)[32]이다. 강사는 주제와 내용, 참여자의 배경 지식과 흥미도를 고려하여 드라마 관습을 사용하는데, 과정 드라마에서 활용할 수 있는 드라마 관습[33]을 다음에 정리한다. 과정 드라마는 수업의 어느 과목에나 강의에도 적절히 활용 가능하다.

---

32) 여러 차시에 걸쳐 하나의 맥락과 스토리를 가지고 진행하는 방식인 드라마 강의에서 사용할만한 기법을 드라마 관습이라고 한다. 일회성의 강의나 학습에도 사용한다.

33) structuring drama work. Jonathan Neelands. Cambridge University press. 1992.
    배우와 일반인을 위한 연기 훈련. 아우구스또 보알/이효원. 울력. 2003.
    Theater games for the classroom. Viola Spolin. Illinois: Northwestern University press. 1986.

드라마 관습

드라마 관습	진행 방법
인물 그림 그리기	모둠원이 특정 소재에 대해서 떠오르는 대로 자기 생각이나 이미지들을 논리적인 연속성 없이 적는다. 단어나 문장으로 적을 수도 있다. 드라마 소재가 추상적일 때 드라마 활동의 초점을 설정하기 위해 이러한 방식을 사용한다.
빈 의자	참여자들이 가상 상황의 특정 인물에 대해 느낌과 생각을 말한다. 예를 들어, 사진 속의 여자아이에 대해 "11살이에요", "부모님 말씀을 잘 듣지 않는 아이예요","수영을 잘하지 못해요" 그 인물을 모두가 알고 있는 누군가라고 자신이 설정하고 말하는 것이다.

오지희샘 정리자료 재구성 및 보강

드라마 관습	진행 방법
hot seating	학습자들이 극 중의 중요한 인물을 인터뷰하는 활동이다. 인터뷰를 통해 문제해결의 정보를 얻는데, 질문을 받는 인물은 강사나, 학습자 중의 자원한 사람으로 정하고 즉흥적으로 대답한다.
집중광선	즉흥 활동 중에 한 부분이나, 한 사람만 움직일 수 있고, 다른 사람을 움직이지 않는다. 강사가 "정지"를 외치면 지적한 부분만 행동할 수 있고, 나머지는 정지하여 그 사람이나 지적한 행동만 관찰한다.
고백	정지 장면에서 한 사람씩 앞으로 나와 이 상황에 대한 속마음이나 의견을 말한다. 이 방법은 완전히 극중 인물도 아니고, 배역을 벗어난 개인 자신도 아닌 중간 상태, 즉 개인과 배역의 통합을 뜻한다. fiction과 reality의 중간 지점으로 극중 인물이나, 제 3자, 자신이 한 인물 속에 혼합될 수 있다.
조각상 만들기	한 명이 조각가가 되어 다른 사람을 재료로 이미지를 만든다. 의미를 가장 강력하고 경제적인 이미지로 정지화면을 만든다. 말보다 더 많은 것을 표현할 방법이다.

드라마 관습	진행 방법
인터뷰	드라마 속 주요 인물이나 상황과 밀접한 관련이 있는 어떤 한 인물을 불러와 적절한 질문을 통해 정보를 알아낸다.
마음의 소리	한 인물이 결정을 내려야 하는 순간에 다른 사람도 그 사람의 마음이 된다. 그 인물의 마음속에 여러 가지 생각이 들끓고 있는 상황에서 의견을 이야기해준다.
브레인스토밍	모둠원이 특정 소재에 대해서 떠오르는 대로 자기 생각이나 이미지들을 논리적인 연속성 없이 적는다. 단어나 문장으로 적을 수도 있다. 드라마 소재가 추상적일 때 드라마 활동의 초점을 설정하기 위해 이러한 방식을 사용한다.
짝 대변인 활동	참가자들이 둘씩 짝을 지어, 즉흥 토론이나 간단한 인터뷰 활동을 한다. 2인 1조 활동 후에 참가자가 모두 모여 각자 알아냈거나 조사한 내용을 공유하는 시간을 갖는다.
말 풍선	정지 장면에서 참가자가 정지 장면 속의 한 인물 뒤로 가서 그 인물 내면의 생각을 이야기하는 방법이다.

드라마 관습	진행 방법
회의	드라마에 포함된 여러 인물이 계획을 토론하고 결정을 내리고 새로운 정보를 듣거나 문제를 해결하기 위해 함께 모여서 토론하는 방식이다. 다양한 의견들이 제시되고 이것을 조정하기 위해 강사가 의장이나 자문 역할을 맡아서 극 속에서 조절하는 힘을 가질 수 있다.
포럼 연극	아우구스또 보알(Augusto Boal)[34] 이 고안한 것으로 민중 연극의 한 방법으로 유명하다. 논쟁이 되는 하나의 주제나 상황에 대해 구성한 짧은 연극을 한 모둠이 앞에서 보여준다. 다른 참여자는 관객이 된다. 보여준 후, 다시 한번 그 장면을 연기하는데, 이번에는 관객 중에서 아무나 "정지!"라고 외치고, 자신이 원하는 역할을 맡아 다음 대사나 행동을 바꿀 수 있다. 혹은 역할을 맡은 배우에게 "~하게 행동하고 말하라."라고 요구할 수 있다.
정지 장면	정지된 입체 사진과 같다. 참여자는 자신의 몸을 이용하여, 사건이나 주제의 이미지를 만들어낸다.
판토마임	드라마 안에서 중요한 상황이나 단서를 몸짓이나 손짓으로 만들어낸다. 움직임은 소리, 타악기, 음향, 음악과 같이 만들면 좋다.

---

34) Augusto Boal(1931~) : 브라질 출신의 연극연출자이자 정치가이며, 『억압받는 사람들의 연극』의 저자이다.

드라마 관습	진행 방법
생각 말하기	정지 장면에서 강사가 학습자의 어깨를 살짝 건드리면 학습자는 자기 맡은 역할로 내면의 생각을 이야기하는 기법이다.
표제어 만들기	한 모둠이 만든 스틸 이미지를 보고 제목을 붙이거나, 신문 기사를 작성하면서 '헤드라인'을 만들어 보는 활동이다.
일기/편지 /신문 기사/메세지	주로 과정 드라마의 도입에 많이 사용한다. 이는 참가자에게 긴장감 있는 사건의 단서가 될 수도 있다. 또는 드라마 활동이 끝난 후 학습자에게 드라마 활동의 주제에 생각하고, 명료화할 수 있다.
소그룹 연극 만들기	소그룹으로 즉흥적으로 내용을 계획하고 다른 모둠 앞에서 발표한다. 참가자는 인물의 성격을 생각해보고, 대사와 사건을 고안하게 되며, 또한 객관적인 표현과 소통을 위해 여러 공연기술을 개발하게 된다.
유사 상황	주요 상황의 시간, 장소, 인물 등을 달리해보는 것이다.
전문가의 망토	참가자는 그 상황에 관련된 전문적인 지식을 지닌 인물이 된다. 이 관습은 전문가적인 책임감과 진지한 태도를 요구한다.

Ⅳ. 이제 실전! 낯선 나 만들기

드라마 관습	진행 방법
게임	복잡한 상황을 단순화시켜 게임의 형태로 경험하는 방법이다.
전체 그룹 역할놀이	관객 없이 모두가 역할을 맡아 가상의 상황을 펼치는 것이다. 강사도 역할을 맡아 참여한다. 모든 행위를 자신이 맡은 역할에 적합하게 한다. 전체 그룹 역할놀이는 드라마의 시작과 끝을 명확하게 짚어주어야 한다.
삶에서의 하루	그 인물이 되어 하루 동안의 일상적인 생활을 살아보는 것이다. 강사가 시간을 알려주고, 학습자들은 다른 이들과 관계 맺지 않은 채, 인물로서 그 시간대를 살면서 행위하고 말한다.
해설	드라마의 진행에서 활동과 활동 사이를 서술하는 방식이다. 내러티브한 분위기나 정보를 제공해서 활동을 진전시키고 극적인 긴장감을 주기 위해 진행자가 사용할 수도 있다.
전화 관습	드라마 안에서 정보를 주거나 긴장을 돋우기 위해서 한 사건에 대해 가상의 누군가와 역할 내에서 전화로 대화하는 방법이다.

드라마 관습	진행 방법
소리 조각 모으기	참가자들의 목소리나 악기를 통해 소리를 창조하는 기법이다. 극의 분위기를 창조하고, 장소를 암시한다. 목소리뿐만 아니라 언어, 노래 등을 모아 극의 여러 효과를 높일 수 있다.
천사와 악마	A와 B의 양자택일 입장의 주인공이 있다. 다른 참가자는 A와 B의 입장으로 명확하게 나누고, 각자의 편에서 주장하여 주인공을 설득한다.
엿듣기	참가자 전체가 드라마 내 한 이슈에 대해 관련된 인물이 나누고 있는 대화를 엿듣는다. 이렇게 함으로 참가자들은 다른 관점을 의식하게 된다.
공간의 설정	주요 사건이 일어나는 장소를 현재의 사건에 정확하게 재현하기 위해 주변의 가구나 물건들을 이용하여 표시한다. 마음속으로 상상한 공간을 실재하게 만드는 작업이다.

강의에서 전체 역할극이나 2인 1조 역할극을 활용하기도 하는데, 그 순서는 다음과 같다.

| 준비 | ⋯▶ | 강사 | 역할극에 적극 참여하도록 분위기 조성 |
| | | 참여자 | 역할극 운영의 순서와 규칙 이해하기 |

| 입장이해 | ⋯▶ | 강사 | 역할별 입장 이해를 위한 질문으로 분석활동 유도 |
| | | 참여자 | 상황과 역할별 입장 이해를 위해 생각해 보기 |

| 역할극 | ⋯▶ | 강사 | 역할극 진행을 보면서 필요시 개입하기 |
| | | 참여자 | 주인공의 입장이 되어 심리를 보여주기 |

| 개입 | ⋯▶ | 강사 | 역할극 진행을 보면서 피드백하기 |
| | | 참여자 | 피드백에 따라 수정하고 다시 역할극 참여하기 |

| 정리 | ⋯▶ | 강사 | 역할극 결과를 정리하고 참여자에게 감사하기 |
| | | 참여자 | 자신의 비슷한 경험 나누기 |

3) 협력으로 세우는 강의

강의기획과 준비 강의 스킬에 대해 앞에서 많이 다루었던 부분이라 이번에는 다른 형태의 강의를 소개하기로 한다. 사실 가장 자신 있는 강의 분야이기도 하다. 팀티칭(Team teaching)은 전문성을 가진 두 명 이상의 강사가 함께 강의를 준비하고 진행하는 강의 형태로 교육효과를 높일 수 있다는 장점이 있다.

팀티칭이야말로 전문적인 협업 기술이 필요한 강의 형태이다. 팀티칭이 어려운 이유는 강사 선정에 신중해야 하기 때문이다. 강사의 질이 서로 너무 차이가 나거나 결이 다르다면 함께 하는 것이 오히려 짐이 될 소지가 있다. 또한 강의 목표 및 내용 결정을 함께 내리므로 그만큼 시간이 걸린다. 역할 분담에 대한 이슈가 항상 나오며 운영방식에 대한 합의를 위해 충분한 협의가 필요하다. 그래서 단독 강의 준비보다 더 시간이 소요되기도 한다. 또한 결이 너무 다른 강사와 호흡이 잘 맞지 않으면 학습자에게 혼란을 줄 여지도 다분하다.

팀티칭 강사 선정 시 고려할 점은 다음에 정리한다.

공통의 관심과 철학이 있는가?
팀티칭 형태에 적합한 강사인가?
팀티칭에 대한 사전 경험이 있는가?

공동강의를 운영할 소통과 관계에 긍정적인가?

해당 분야에 대한 풍부한 지식의 소유자인가?

강의 실전 경험이 풍부한가?

팀티칭이 주는 효과도 있다. 2명 이상의 전문가 강의하기 때문에 학습자가 얻어가는 것도 두 배 이상이다. 충분한 아이디어 공유로 높은 수준의 강의 진행이 가능하고 융합형 인재 양성을 위한 통합교육과 다양한 분야 연계도 생각해 볼 만하다. 여러 사람이 준비하는 만큼 호흡만 잘 맞는다면 강의 부담이 적어진다.

두 사람 혹은 그 이상의 강사가 참여하기 때문에 팀티칭은 조금 어려울 수 있다. 참여하는 강사의 수와 형태에 따라 강의 목표나 내용, 강의 기술, 학습자의 필요에 따라 학습자 규모를 정하고 강의 시간을 다르게 운영할 수도 있다.

Team Teaching 유형

1. 리더+보조강사 Team Teaching

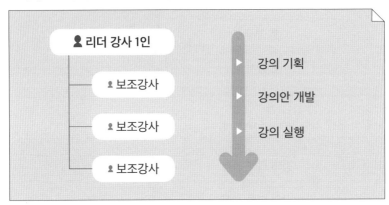

팀티칭을 활용한 교사 연수

2. 여러 강사 Team Teaching

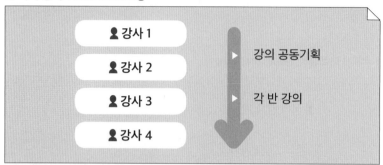

3. 강의 공동 기획 Team Teaching

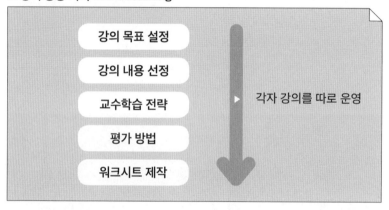

4. 강의 분담 Team Teaching

5. 강의 공동 개발 Team Teaching

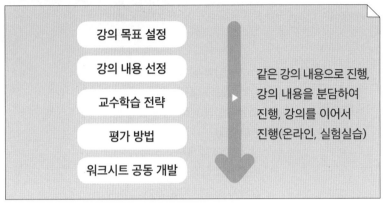

강의 목표 설정

강의 내용 선정

교수학습 전략

평가 방법

워크시트 공동 개발

같은 강의 내용으로 진행,
강의 내용을 분담하여
진행, 강의를 이어서
진행(온라인, 실험실습)

6. 한 공간에서 동시 진행 Team Teaching

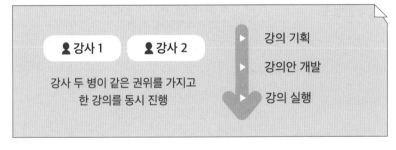

👤 강사 1　　👤 강사 2

강사 두 병이 같은 권위를 가지고
한 강의를 동시 진행

강의 기획

강의안 개발

강의 실행

팀티칭의 공통적인 준비 과정을
요약하면 다음과 같다.

1
강의 준비

강사 선정과 팀 구성
강의 목표와 내용 설정
교수 방법과 전략, 평가 방법 설정
역할 분담
팀 운영 규칙 세우고 공유
소통 채널 설정
강의에 필요한 자료 개발

2
강의 진행 중

강의 전후 협의
각 반 상황 점검과 조율
다음 차시 예고와 연계성 점검

3
강의 후

개선사항 협의
강의 만족도 조사
강의안 수정 및 보완

　팀티칭 강의에서 우선 고려할 점은 강사들이 서로 강의자료 공
유하고 강의 진행에 필요 내용과 전략으로 소통해야 한다는 것이
다. 각 단계의 준비 과정에서 해당 강사가 얼마나 준비하고 진행하
고 있는지를 꼭 사전에 점검한다. 또한 서로 중요 공지를 확인하는
지, 중요 자료가 공유되는지도 꼼꼼히 체크해야 수준이 높고 만족
도 있는 협력 강의가 될 것이다.

우린 최고의 기획자다　　　　　326

6

To be a Bridge
세상과 연결하다

1) 팟캐스트로 세상과 만나기

코로나 때문에 잠깐 쉰다는 것이 아쉽게도 지금까지 쉬게 된 팟캐스트가 두 가지 있다. 팟빵과 팟티에서 청취 가능한 진학주책쇼와 초등주책쇼이다. 진학주책쇼는 아직도 기억하는 사람들이 많고 여전히 듣고 있다는 소식을 가끔 전해주어 깜짝 놀랄 때가 있다. 진학주책쇼의 뜻은 '진짜 학습으로 주인공 만드는 책방 쌤들'이고, 진학을 위한 도움 방송이다. 진로진학 교사와 전문가가 하나의 주제로 대화를 통해 이야기를 풀어가는 방식으로 진행된다.

팟캐스트
진학주책쇼

진짜
학습으로
주인공 만드는
책방쌤들~!

방송 순서

1. 오프닝뮤직(20초)
2. 타이틀 소개(30초)
3. 시작 인사와 출연진 소개(1분)
4. 오늘의 주제 소개(1분)
5. 본문 방송(20분 정도)

6. 그래서 우리 아이는(5분)
7. 오늘 내용정리(3분)
8. 다음 주 예고(1분)
9. 마무리 인사(1분)
10. 엔딩뮤직(30초)

녹음 큐시트

1. 오프닝 음악

2. 제목 외치기

진짜 학습으로 주인공 만드는(정동완)

책방쌤들(안혜숙)

진학주책쇼!(출연진 모두)

3. 10초 조용히 기다리고 인사말

(예) 안녕하세요, 진학주책쇼 1화가 시작됐습니다

먼저 정동완 인사드립니다.

안녕하세요! ㅇㅇㅇ입니다. 안녕하세요? 오늘 날씨가 많이 춥네요. 옷은 따뜻하게 입고 출근하셨는지요. 오늘 주책쌤들께서 여러분의 궁금증을 해결할 수 있는 ㅇㅇㅇ에 관하여 말씀드리려 합니다.

4. 주제 토크 + 마지막에 요약 정리

우린 최고의 기획자다

5. 그래서 우리 아이는!

6. 맺음 전 인사말

(예) 오늘 ○○에 관하여 얘기 나눠봤습니다. 우리 사회가 이렇게 공정하게 흘러갔으면 좋겠습니다.

7. 끝인사

진학주책쇼 1화는 여기까지 하겠습니다.
여러분 모두의 가정에 행복이 깃드시길 기원합니다.
감사합니다. 다음 주를 기대하세요~~~!

8. 제목 외치기

진짜 학습으로 주인공 만드는(정동완)
책방쌤들(안혜숙)
진학주책쇼!(출연진 모두)

9. 엔딩음악

진학주책쇼 팟캐스트는 [공학계열 진로 진학 직업][35] 집필 당시 출판사의 제안으로 시작되었다. 출판사 대표님이 직접 해당 분야 음향전문가와 조율 후에 제안해 주셨다. 녹음은 서울 홍대의 녹음 실에서 매주 방송되는 분량을 생각해 몰아서 진행했다. 팟캐스트 출연진이 경남, 전남, 강원, 서울, 대구 등 전국에서 모이므로 한 번 의 녹음 진행도 사실 쉽지는 않았다. 다양한 사안도 발생해서 우여 곡절 끝에 녹음했다. 첫 녹음 후 녹음실 대표님이 혀를 내둘렀다고 들었다. 아마츄어들이 와서 첫 녹음을 해봤자 '뭐 하나라도 제대로 하겠어'라고 생각했는데, 첫 녹음에 무려 8개를 진행해버렸기 때문

---

35) 정동완, 안혜숙, 김두용, 정유희 저. 왕의서재. 2019.

이다.(사실 녹음 버튼을 누르지 않아서 4회차 열심히 떠들고 녹음이 안되어 날려버린 일은 안비밀이다.) 출연진이 사전에 철저한 준비를 했고, 각자 풍부한 강의 경험이 있어서라고 해석한다. 팟캐스트를 준비하거나 어떤 절차로 이뤄지는지 궁금한 독자를 위해 설명한다.

팟캐스트 준비의 시작은 방송을 위한 포스터를 제작하는 일이다. 이것이 방송의 썸네일로도 사용되기 때문에 신중해야 한다. 진학주책쇼의 경우는 미리 녹화하면서 다 모였을 때 사진을 찍어서 디자이너에게 보냈다. 다음을 보면 사진이 어떻게 디자인되어 나왔는지 볼 수 있을 것이다.

20190201_변선욱님 시안_01

기획 단계에서 팟캐스트 이름은 무엇으로 할지, 어떤 구호를 외칠지, 방송에서 다룰 중심 내용과 각 회차의 목차는 어떻게 구성할지 담아 기획서를 만들어야 한다. 우리의 작업 특성에 맞게 온라인 회의와 구글 문서를 이용해 진행했는데 사전 기획서는 다음과 같다.

팟캐스트 [초등주책쇼] 기획서

초등학생 등등한 자존감으로 주인공 만드는 책방쌤들 !

---

1   목적

초등 학부모에게 아이 학교생활을 이해할 수 있는 현직교사의 멘토링을 생생한 방송으로 전달하여 시기별, 상황별 구체적 도움 자료로 자녀의 학교생활을 돕게 함.

---

2   대상

가. 초등학생
나. 초등학생 학부모
다. 초등학생 지도 교육자

---

3   진행 플로우

가. 인트로(들어가기)
 1) 구호
   초등학생
   등등한 자존감으로
   주인공 만드는
   책방쌤들 !
 2) 인사 및 주제 관련 사담
 3) 월별 초등학교 행사 이야기

나. 주요 내용

1) 질문 풀기 1
   - 담당 주제별 답변
   - 주변 보강 답변

2) 질문 풀기 2
   - 담당 주제별 답변
   - 주변 보강 답변

3) 그래서 학년별 우리 아이는!
   - 1, 2학년: 안혜숙
   - 3, 4학년: 문주호
   - 5, 6학년: 김기용

다. 정리

1) 차시 예고
2) 홍보
3) 구호

   초등학생
   등등한 자존감으로
   주인공 만드는
   책방쌤들!

4　**진행 차별화 전략 (마케팅 전략)**

가. 주제 매트릭스로 호흡을 길게 방송
나. 출간할 시리즈 책과 연계
다. 실제적인 부분과 '재미' 연결
라. 옛날 놀이나 등등 공감 형성
마. 시기별 이슈들을 달별 강조
바. 질문이나 답변에 아이들 현장 목소리 넣기
사. 질문이나 답변에 학부모 목소리 넣기
아. 웃긴 답이나 발표
자. 웃기는 에피소드 준비 초등 아이들

5　**비교 방송**

가. 김선호의 팟캐 초등교육나침반
　　1) 책 소개를 해 주는데, 듣기에 지루함.
　　2) 녹음을 그냥 휴대폰으로 하는 듯해 음질이 칙칙거리고 툭툭 소리가 많이 남.

나. 샤론코치가 엄마마음연구소라는 제목으로 천재교육과 같이 하는 방송
　　1) 밀크티 구독자 수가 꽤 많음.
　　2) 엄마마음연구소도 조회수 높음.
　　　https://www.youtube.com/watch?v=upOTP2loreE

다. 이동순의 엄마학교 부모교육특강
　　1) 내용이 진부하나, 조회 수는 몇만 명씩 나옴.
　　　https://www.youtube.com/watch?v=_lh9ytFC1m8

라. 초등사춘기

    1) 김선호 초등교육나침반의 그 선생님이 하는 또 다른 방송.

    2) 사립학교 초등교사이고 현직 경험을 풀어내는데 여자 MC가 진행하고 답변하는 식. 재미는 없음.

마. 그 외 [샘다방], [나 초등교사다]는 팟빵에 방송분이 없음.

바. [노래로 배우는 초등 문법]은 비용을 결제해야 볼 수 있음.

사. 젊은 초등교사의 솔직한 이야기(팟티)

    1) 저 경력 초등교사가 혼자 방송.

    2) 말투 어색, 재미없고 에피소드 4개뿐인데, 재생은 천 건이 넘음.

---

6   방송 녹음일자

가. 일시

    1) 첫 녹음 : 6월 8일(토)

    2) 다음 녹음 : 7월 6일(토), 8월 17일(토)

---

7   팀 프로필

◎ MC: 정동완선생님 ◎

경남 고등학교 영어교사. '오늘과 내일의 학교' 회장. EBS 2017-2018 파견교사, 진로진학 대표강사 역임.

베스트 셀러<중학생활백서>, <나만의 학생부 만들기>, <드디어 공부가 되기 시작했다>, <사(思)고치면 영어가 된다> 등 25권 기획 및 저작. EBS<4차 산업 혁명 시대의 미래교육과 신직업> 원격연수 총괄 기획. 초등학교와 중학교, 고등학교를 위한 학생 개인 맞춤형 콘텐츠를 교육 상향 평준화를 위해 개발 중

◎ 안혜숙선생님 ◎

수석교사, 오늘과 내일의 학교 운영진, 팟캐스트[진학주책쇼] 진행

춘천교육대학교를 졸업하였고 숙명여대대학원, 미국 애너하임 대학교, 캐나다 SFU, 캐나다 TRU, 캐나다 TWU 등에서 TESOL과정을 수료하였다. 2010~2017년 교사 해외연수 전문 코디네이터로 삼성크레듀, 삼성멀티캠퍼스와 활동했다. 다양한 교육기관과의 협업을 통해 강의, 수업컨설팅과 콘텐츠 개발을 계속하고 있으며, 현재 팟캐스트[진학주책쇼]를 진행하고 있다.

저서 : 『초등교사를 위한 행복한 수업 만들기:12가지 Tips(박영스토리)』, 『사(思)고치면 영어가 된다(박영스토리)』, 『협력학습, 팀티칭, 플립러닝을 통한 배움 중심 수업의 이론과 실제(춘교대출판부)』, 『공학계열 진로·진학·직업(왕의서재)』

◎ 문주호선생님 ◎

속초 청봉초등학교 수석교사로 근무하고 있으며 현대차정몽구재단 교육자문위원, 메세나협회 협력위원, 청소년과놀이문화연구소 협력교사, 교육부 2015 교육과정 연구위원, 강원도교원단체연합회 대변인, 국민생활체육 플라잉디스크 교육이사, 국가보훈처 산하 나라사랑연구회 교육국장으로 활동 중에 있다.

저서로는 대한민국 십대, 건강은 하십니까(꿈결), 초등 5, 6학년 공부법의 모든 것(꿈결), 드디어 공부가 되기 시작했다(우먼센스), 옆집 아이 성적의 비밀, 건강에 있다(우먼센스), 초등교사를 위한 행복한 수업 만들기:12가지 Tips(박영스토리)가 있다.

◎ 김기용선생님 ◎

광주도평초등학교 교사, 오늘과 내일의 학교 정회원, 서울교육대학교 대학원을 졸업하였고, 2013년부터 현재까지 5년 동안 영재학급 수업을 하고 있으며, 2018년부터 교육청 영재교육원에서 영재학급 수업을 하고 있다. 현재 경기도교육청의 학교로 찾아가는 SW교육 강사로 활동 중이며, 독서와 아동심리에 관해 지속적인 연구를 진행 중이다. 독서 연구회 및 Design Thinking 연구회 정회원으로 활동하고 있으며, 대표 저서로는 온 작품 읽기: 한 학기 한 권 읽기로 성장하는 아이들(맘에드림)이 있다.

팟캐스트 초등주책쇼 시즌1

0608 녹음 대본

놀기만 좋아하는 아이 어떻게 해야 하나요? #1

1. 구호 외치기
초등학생 등등한 자존감으로 (정동완)
주인공을 만드는 책방쌤들(안혜숙)
초! 등! 주! 책! 쇼!(다같이)

2. 인사
안녕하세요. 초! 등! 주! 책! 쇼! 000,000,000,000입니다.

3. 주제 소개: 놀기만 좋아하는 아이 어떻게 해야 하나요?

4. 주제 이야기: 공부 습관, 예·복습 요령, 공부에 도움이 되는 체험학습 등
질문1) 내 자녀의 공부 습관 어떻게 하는 게 좋을까요?
질문2) 예습, 복습하는 요령이 있다면서요?
질문3) 자녀 학습을 도와주는 11가지 전략이 뭐죠?
질문4) 공부 갈등 어떻게 해결하죠?

5. 그래서 우리 아이는?(답변 순서)
질문1) 문주호. -안혜숙 보충
질문2) 김기용. -문주호 보충
질문3) 안혜숙. -김기용 보충
질문4) 문주호. 안혜숙, 김기용(자유롭게 의견 제시)

6. 정리/예고
다음 시간에는 '학원에 가는 싫어하는 아이' 어떻게 해야 하나? 라는 주제
로 이야기 나눌게요.

7. 마무리

지금까지 들어주셔서 감사합니다. 정동완, 문주호, 안혜숙, 김기용이었습니다.

8. 구호

초등학생 등등한 자존감으로 (정동완)

주인공을 만드는 책방쌤들(안혜숙)

초! 등! 주! 책! 쇼!(다같이)

학원에 가기 싫어하는 아이 어떻게 해야 하나요? #2

1. 구호 외치기

초등학생 등등한 자존감으로 (정동완)

주인공을 만드는 책방쌤들(안혜숙)

초! 등! 주! 책! 쇼!(다같이)

2. 인사

안녕하세요. 초! 등! 주! 책! 쇼! 000,000,000,000입니다.

3. 주제 소개: 학원에 가기 싫어하는 아이 어떻게 해야 하나요?

4. 주제 이야기: 아이의 기질 파악하기, 학원 고르는 법, 영재성 키우기

질문1) 아이의 기질을 파악하는 방법이 있나요?

질문2) 내 자녀에게 맞는 학원 고르는 법이 있다면서요?

질문3) 아이의 영재성은 어떻게 키우나요?

5. 그래서 우리 아이는?(답변 순서)

질문1) 안혜숙-문주호 보충

질문2) 문주호-김기용 보충

질문3) 김기용-안혜숙 보충

6. 정리/예고

다음 시간에는 '학원에 가는 싫어하는 아이' 어떻게 해야 하나? 라는 주제로 이야기 나눌게요.

7. 마무리

지금까지 들어주셔서 감사합니다. 정동완, 문주호, 안혜숙, 김기용이었습니다.

8. 구호

초등학생 등등한 자존감으로 (정동완)
주인공을 만드는 책방쌤들(안혜숙)
초! 등! 주! 책! 쇼!(다같이)

누구나가 경험하기 힘든 팟 캐스트 방송은 방송 그 자체로 매우 의미가 있다. 일반인에겐 드문 경험이었고, 그동안 만든 콘텐츠를 기반으로 방송 내용은 매우 탄탄했으며 재밌게 진로 진학 이야기를 나누는 경험은 소중했다.

무엇보다도 젊은 사람들로 넘치는 홍대에서 맛보는 신선한 경험은 더 성장하고 있다는 느낌을 선사했다. 현재 코로나로 멈춘 상태이긴 하나 곧 시작되길 바란다.

2) 유튜브/밴드 라이브로 공유하기

코로나로 인해 집단 대면이 어렵고, 대규모 특강도 거의 사라져 강사들이 매우 힘든 시간을 보냈다고 한다. 특히 강의로만 살아야 하는 프리랜서 강사들의 어려움은 굳이 찾지 않아도 이해가 될 것이다. 이름만 대면 누구나 알 만한 유명 강사도 코로나 때문에 특강이 줄줄이 취소되면서 힘든 시간을 보냈다고 말하는 것을 심심찮게 접할 수 있었다.

온라인 방송 기술을 잘 이용한 강사들은 이런 상황을 뒤집었다. 실시간 온라인 방송을 통한 강의를 생중계하는 등 발 빠른 대처가 유용했다. 자본이 있다면 굳이 나서지 않아도 스텝들이 알아서 해 주겠지만, 요즘엔 기계를 모르는 사람도 조금만 알아두면 쉽게 자신의 특강을 외부로 송출을 할 수 있다. 팟캐스트 녹음이 사실상 어려워지자 온라인 특강을 외부 방송으로 송출하는 프로젝트를 진행한 적이 있다. 바로 한시적으로 운영한 '진도를 담다, 진담토크쇼'를 통해서다.

라이브 방송 송출은 웹캠과 노트북만 있으면 어디서나 가능하다. 다만 웹캠의 화질은 휴대폰만큼 고성능은 아니어서 보다 깨끗한 화질을 원한다면 휴대폰을 사용하도록 한다. 라이브 강의의 필수 조건은 마이크를 잘 점검하는 것이다. 오디오가 잘 들리는지 적절한지 채팅이나 음성을 통해 물으면 대부분 잘 대답해준다. 이에 따라 알맞게 조정하면 된다. 만약 참여자들에게서 소음이 들려온다면 청중의 오디오를 조정하게 안내한다. 라이브 강의를 진행할 때 채팅창도 사용하면 강연자와 청중 사이의 상호작용 효과로 청중이 강의에 더 몰입할 수 있게 돕는다. 판서를 하며 강의를 진행한다면 전자판서 도구를 이용하면 된다. 전자판서 도구는 줌잇, 아이캔줌잇, 스티키즈, 클래스스크린 등이 있다.

라이브 강의는 강연이 있을 때 이를 송출하면 보는 사람에게 현장감을 전달할 수 있어서 매력적이다. 다만 사전 체크 할 점은 와이파이가 잘 되는 곳에서 송출해야 하고 라이브 중계 프로그램이 조금은 무거운 점도 있어, 과부하가 걸려 송출에 문제를 일으키지 않을 성능이 좋은 휴대용 컴퓨터를 준비해야 한다.

　라이브 중계 프로그램은 OBS, 스트림야드, 프리즘 라이브, 엑스 필릿 등이 있다.

　우리는 진담쇼를 진행하면서 프리즘 라이브를 이용했는데, 기본 세팅 방법을 소개한다. 초반에는 엔지니어가 자원하여 도와주셨지만, 후반에는 직접 프로그램 사용법을 배워 진행하기도 하셨다. 이를 이용하면 줌에서 특강을 하면서도 라이브로 생중계할 수 있으며, 특강 중에 다른 강사를 초청하여 진행하거나, 강의 내용이나 영상을 화면에 띄워 보여주면서 강의하는 방식의 특강도 가능하다.

라이브 방송 송출 가이드(프리즘 사용)

이찬양샘 가이드 윤문

다음 링크에서 '프리즘 라이브 스튜디오'를 내려받는다.
https://prismlive.com/ko_kr/pcapp/

프로그램 설치 후, 열어 송출할 채널을 등록해준다. 유튜브, 밴드, 페이스북 등
다양한 채널 설정이 가능하다. 진담쇼는 주로 유튜브와 밴드로 송출했기 때문
에 이를 기준으로 설명한다. 유튜브, 밴드 클릭한 후 송출할 채널 아이디와 송
출 권한이 있는 밴드 아이디로 각각 로그인하면 된다.

채널 하나를 등록하고 나면 선택할 수 있는 아이콘이 사라진다. 화면 왼편 위
쪽에 보이는 '나의 채널' 옆에 있는 점 3개를 클릭해서 채널을 추가하면 2개 이
상 등록이 가능하다. 송출 전에는 반드시 모든 채널 옆에 'online'이라고 표시
되는지 확인해야 한다.

장면 등록

화면 왼편 아래쪽의 장면 목록 옆에 "+" 표시를 눌러 장면을 등록해야 한다.

여기서 '장면'은 전환할 화면의 개수를 의미한다. 방송을 송출하다 보면 방송 포스터, 진행자만 나오는 장면, 패널을 초대해서 같이 3~4명이 나오는 장면 이렇게 3개 정도로 구분해서 화면이 나와야 한다. 진담쇼의 경우 질문이나 내용을 자막으로 넣어 줄 칠판도 추가했었다. 혹은 패널로 나오는 사람이 강의용으로 프레젠테이션 자료도 준비했다면 장면이 더 추가되는 셈이다.

장면마다 들어갈 소스를 선택해주어야 하는데, 이 소스엔 이미지, 줌 화면 등의 비디오 소스와 마이크, 데스크탑 오디오 등의 오디오 소스가 포함되어 있다. 쉽게 장면마다 들어갈 소리나 화면을 여기서 선택하는 것이라 이해하면 되겠다. 사진과 비디오 소스는 소스 목록에서 위에 있는 것이 겹쳐서 위치한다고 생각하면 된다.

장면 1 ✅ 여기서 데스크탑 오디오는 배경음악 송출용이다.

장면 2 ✅ 오른쪽 오디오 믹서에 사용하려는 오디오 소스 볼륨이 켜져 있는지 확인해야 한다.

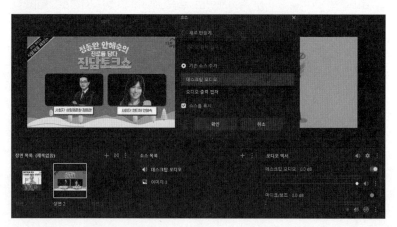

장면 3 ✅ 장면 2와 거의 비슷하다. 넣고 싶은 장면을 캡처해서 넣어주는 것인데, 줌 회의 화면은 '모니터 캡처' 혹은 '윈도우 캡처'에서 한 사람, 한 사람의 얼굴 범위를 설정해서 불러오면 된다. 이때 일정한 순서로 예를 들어, 동완샘-혜숙샘-패널 이런 순서로 줌 채팅창에서 핀으로 고정해놓고 설정해야 나중에 화면이 바뀌지 않으니 꼭 주의한다.

줌 화면 범위 설정해서 가져오면 일정한 비율로만 크기 조정이 가능한데, 이러면 화면에 맞춰 넣기가 어렵다. Alt 키를 누르고 크기 조정하면 보내고 싶은 범위만 자유로운 설정이 가능하다. 출연진 얼굴 화면 크기 설정 및 배치가 끝나면, 반드시 배경 화면 이미지를 소스 목록 최상단으로 옮겨야 한다. 그래야 크기나 모서리 각도 등이 예쁘게 나온다.

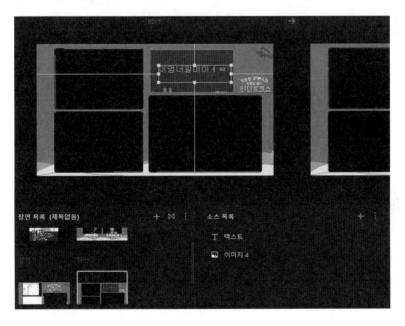

텍스트를 넣는다면, 텍스트를 입력한 후에 소스 목록에서 눈 모양 아이콘 클릭하면 빠르게 가리거나, 보이거나 할 수 있다.

방송 송출

장면 및 소스 세팅이 다 끝났으면, 화면 상단에 있는 'Go Live' 눌러 방송을 시작하면 된다. 시작 전에는 꼭 유튜브, 밴드 모두 'online'으로 되어 있는지 확인한다. 메인 화면에 'EDIT'이라는 글자 아래 화면은 송출 준비 화면이라 방송에 나가지 않는다. 즉 다음에 송출할 화면을 미리 세팅하는 미리보기 화면이라고 이해하면 된다. 오른쪽에 'LIVE' 아래 화면이 실제 방송되고 있는 화면이다. 이 두 단어 사이에 있는 '→'버튼을 눌러야 준비 중인 화면이 실제 송출화면으로 전환된다. 텍스트나 이미지 등 송출 예정 화면을 왼쪽에서 미리 편집한 후에 내보낼 때만 화살표를 꾹 누르면 된다.

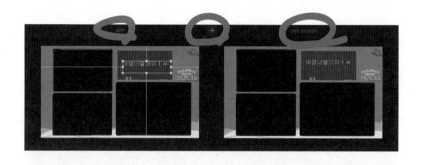

*주의사항

· 매 화면에 필요한 '오디오 소스'가 잘 입력되어 있는지 확인한다.

· 화면 오른쪽 아래에 '오디오 믹서'에 소리 입력 신호가 들어오는지 확인한다.

  방송 진행 중인 사람이 방송 송출까지 동시에 한다면, 줌에는 핸드폰으로 참여하고 컴퓨터는 방송 송출용으로만 쓰도록 한다. 동시에 하려면 컴퓨터 CPU에 부담이 되기도 하고, 다른 사람 목소리와 본인 목소리를 컴퓨터 한 대로 내보내려 하면 서로 간섭이 생겨 음질이 떨어질 위험이 있다.

· 모든 송출 채널이 'online' 상태인지 반드시 확인한다.

3) 무료 강의로 팬덤 형성하기

우리가 활동하는 교육단체 오늘과내일의학교는 이 집필 작업을 마무리하는 현재도 시즌 4 무료특강을 매주 화, 목요일에 온라인으로 진행하는 중이다. 이미 지난 2021년 한 해 동안 매주 2회 이상의 재능기부 무료 나눔 특강을 완료했다. 진로, 진학, 수업, 독서, 공부법, 영어, 자존감 등 각 분야의 전문가가 자유롭게 자신의 강의 콘텐츠를 가지고 강의 나눔에 참여할 수 있으며, 강의 안내를 보고 학생, 학부모, 교사, 전문가 등 누구나 자유롭게 특강을 들을 수 있다.

시즌 1은 평균 300명 이상 참여하는 특강이 매주 2회 무료 참가로 진행되었고, 시즌 2에선 오늘과내일의학교 정회원을 위해 정회원만 무료 참가를 허용하고 회원이 아닌 이에겐 약간의 참여비가 있었다. 약간의 참가비이지만 역시 참가율이 시즌 1에 비에 낮아져서, 다시 시즌 3부터 무료로 진행한다.

주로 이런 강의는 외부 전문가나 강의를 하고 싶어 하는 사람들에게 내어주는데, 가끔 시간을 내 참여한다. 여러 일정상 매우 바쁘지만, 사람들을 만나고 자신의 전문 분야를 나누는 기회는 매우 특별하다. 새롭게 연구하고 있는 분야를 나누기도 하고, 외부에선 잘 들을 수 없는 특강 주제로 진행하기도 한다. 시즌 4까지 이어지는 무료특강은 이미 좋은 강의를 많이 나눈다는 좋은 평판을 듣고 있다. 오늘과내일의학교에선 각종 특강의 기회가 많다. 자신의 브랜딩을 위해, 혹은 아직 강의 경험이 없어 더 해보고 싶다면, 강의 역량을 스스로 시험하고 다른 사람과 나눠보고 싶다면 언제든 참여할 수 있다.

나눔의 기회는 매우 소중하다. 사람들과 소통하고 공유하는 기회가 성장의 밑거름이 되기 때문이다. 과거엔 지식이나 콘텐츠를 각자 소유하고 소수의 사람에게 제한된 기회에서 오픈했다면, 이제는 공유해야만 더 큰 브랜딩으로 가는 시대이다. 우리는 비주얼씽킹과 월드카페로 생각 나누기를 선호하는 편인데, 학생들과 수업, 강의 후기 나눔, 원어민과의 수업컨설팅 등 다양한 경우에 활용한다. 생각을 나누고 공유하면 자신만의 브랜딩 가치가 떨어질까 염려하는 사람들이 있다. 하지만 그렇지 않다. 나누고 공유하면 그 가치는 더욱 커진다. 가치가 없다면 어째서 수많은 사람이 유튜브에서 자신의 콘텐츠를 나누고 보여주겠는가? 그 자체가 자신의 가치가 되고 브랜딩 파워가 되기 때문이다. 경제적 이득이나, 명예는 부차적인 것이다. 공유는 자신의 성장이고 경험의 나눔을 통한 콘텐츠의 확장이라고 생각해야 한다. 사실 당신의 강의안을 누군가에게 나눠도 그것을 받아 가는 사람이 똑같이 하기는 매우 어렵다. 이미 쌓아온 경험과 그만이 가진 기질에 따른 개성과 역량을 흉내 낼 수 없기 때문이다.

무료특강 기회를 통해 다져지고 공유하면서, 콘텐츠를 나눠보자. 좋은 콘텐츠는 소문이 나기 마련이다. 팬덤 형성으로 이어지고 당신만의 브랜딩 파워로 연결될 것이다.

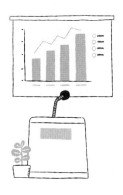

우리가 해야 할 일은
끊임없이 호기심을 갖고
새로운 생각을 시험해 보고
새로운 인상을 받는 것이다.

월터 페이터

별난 그대는 꿈의 유산

1

어떤 모습으로 살 것인가

꿈꾸는 아이들처럼
우리도 매일 성장할 수 있다면 ————————

길

GOD

내가 가는 이 길이 어디로 가는지
어디로 날 데려가는지 그곳은 어딘지
알 수 없지만 알 수 없지만 알 수 없지만
오늘도 난 걸어가고 있네.

사람들은 길이 다 정해져 있는지
아니면 자기가 자신의 길을 만들어 가는지
알 수 없지만 알 수 없지만 알 수 없지만
이렇게 또 걸어가고 있네.

나는 왜 이 길에 서 있나
이게 정말 나의 길인가?
이 길의 끝에서 내 꿈은 이뤄질까?
무엇이 내게 정말 기쁨을 주는지
돈인지 명예인지

우린 최고의 기획자다   352

아니면 내가 사랑하는 사람들인지
알고 싶지만, 알고 싶지만, 알고 싶지만
아직도 답을 내릴 수 없네.

자신 있게 나의 길이라고 말하고 싶고 그렇게
믿고 돌아보지 않고 후회도 하지 않고
걷고 싶지만 걷고 싶지만 걷고 싶지만
아직도 나는 자신이 없네.

나는 왜 이 길에 서 있나?
이게 정말 나의 길인가?
이 길의 끝에서 내 꿈은 이뤄질까?
나는 무엇을 꿈꾸는가?
그건 누굴 위한 꿈일까?

그 꿈을 이루면 난 웃을 수 있을까?
오, 지금 내가 어디로 가는 걸까?
나는 무엇을 위해 살아야 살아야만 하는가?

나는 왜 이 길에 서 있나,
이게 정말 나의 길인가?
이 길의 끝에서 내 꿈은 이뤄질까?
나는 무엇을 꿈꾸는가?
그건 누굴 위한 꿈일까?
그 꿈을 이루면 난 웃을 수 있을까?

비긴어게인 코리아 전주 버스킹 편을 보면서 덩달아 마음이 뭉클해졌다. 가수 크러쉬가 이 노래를 부르는 동안 자신의 파트도 잊은 채 눈물을 흘렸기 때문이다. 유명 가수인 크러쉬의 삶이 성공한 듯 멋져 보이나 내면의 상태는 다른 것에서 오는 연민이리라. 나중에 보게 된 인터뷰에서 그는 가수로 8년 동안 앞만 보고 달려왔다면서, 이게 맞는 길인지 바르게 가고 있는지에 대해 갑자기 복잡한 감정이 밀려오는 바람에 노래를 이어나갈 수 없었다고 말했다.

우리도 진로 진학에 비전을 갖고 지난 3년 동안 경주마처럼 앞만 보고 달려왔다. 열정 충만으로 밤낮을 가리지 않고 일을 했으며 모든 일에 우선순위를 두고 움직였다. 요즘 순간순간 버럭버럭하게 된다. 돌아보면 너무 앞만 보고 달렸나 하는 생각과 진짜 이 길이 맞는지에 대한 의구심이 고개를 드는 이유인 것 같다. 하지만 새롭게 이룬 것이 많고, 단체가 조직을 이뤄 시스템이 갖춰지고 성과도 보여 나쁘지 않다.

교육자로서 오늘과내일의학교 운영진으로, 오늘도 열정으로 이 길을 걷고 있으나 항상 고민스럽다. 어떤 모습으로 살 것인가, 이 길이 맞는지, 이 길로 가는 것이 나의 꿈인지 고민스럽다. 아마 이 책을 보는 독자도 어디로 가야 할지, 어떻게 살아야 할지 고민이 있을 것이다.

우리는 두렵다. 가르치는 것이 학생들에게 불필요한 일이 되고 쓸모없는 지식이 될까 봐 두렵다. 우리의 안일함이나 무지함으로 학생을 바르게 키워내고 있는지 걱정스럽다. 수업 설계에서의 평가가 학생에겐 반복되는 실패를 경험하게 해 거기서 무기력하게 만들까 두렵다.

우리는 외롭다. 이상적인 꿈과 현실 사이에서 끊임없이 흔들리고 있는 자신을 남들에게 쉽게 드러내기 어렵다. 사람들 관계에서 수없이 넘어지고 상처 입고 있다는 사실을 인정하기 어렵다. 더 나은 단체의 모습을 갖추기 위해, 더 정보를 더 많은 사람과 나누기 위해 고군분투하나 책을 많이 팔려는 속셈이라고, 맨날 저 자랑이나 한다고 그렇게 살지 말라고 할 때 오는 상실감에 외롭다.

늘 고민스럽다. 더 나은 수업을 위해, 학생들의 진로에 더 좋은 방향을 찾아 주기 위해 여러 토론과 회의에서 아이디어를 얻기도 하고 다양한 전략을 배워 써 보기도 한다. 여러 곳에서 이론과 가설이 증명된다. 하지만 현장에 돌아가면 늘 아는 사람만 실천하고, 모르는 사람은 늘 그 상태라 안타깝다.

교육 현장은 끊임없이 변화하며 살아 움직이는 생태계이므로 모든 이론과 전략은 현장 속에서 깨어지고, 다듬어지고 다양한 상황 속에서 치밀한 전략과 더불어 진행되어야 한다. 상향평준화라는 목표를 향하는 과정에서 내가 학생에게 놓아주는 징검다리가 적절한 것이 되도록 가설을 세우고 실행하며 수정하고 나아가는데, 때로는 힘을 잃기도 하고 여러 가지 요인으로 방향을 놓치기도 한다.

남들이 가보지 않았던 것, 새로 시도하는 일이 많아 정확한 피드백과 점검을 받을 수 없어서 방향을 잃으면 힘이 빠지고 방어벽을 치며 행위를 합리화하게 되고 결국 고질적인 문제점이 툭 튀어나오기도 한다. 생각은 빠르고 실천이 급해서 가끔 팀원이 따라오질 못하거나, 기반이 마련되지 않아 지체되는 등 지속적인 문제가 나타나기도 한다.

지속과 실천, 피드백과 성장이 있는 현장의 움직임이 되어야 한다. 늘 새로운 길을 가는 만큼 운영진과 뼈대를 세우고, 실천에 옮기며, 같은 고민과 같은 꿈을 꾸는 사람과 협업한다. 혼자서는 절대하기 힘든 이 고단한 여정을 서로 지지하며 힘을 내어 오늘도 다시 걷는다.

Into the unknown!
여전히 알려지지 않은 내일 속으로 오늘도 걸어간다.

우린 최고의 기획자다

2

Best one이 아닌 Only one을 위해

세상은 매우 경쟁적이다. 그동안 우리 사회는 최고가 되기 위해 다른 사람을 누르고 그 위에 올라서려 노력했다. 남들보다 더 좋은 성적을 받아 앞에 서기 위해 한 문제라도 더 맞히고, 더 외우려 치열한 시간을 보냈다. 그렇게 해서 경쟁에 이긴들, 다음에 맛보는 것은 행복이 아니었다. 그다음 경쟁 상대와 목표가 존재하여 또다시 경쟁에 내몰린다. 최고가 되기 위한 노력은 늘 그렇다. 다른 사람을 제치고 한 단계 올라서면 다시 누군가 그 자리를 꿰차고 있다는 것을 인지하게 된다. 살면서 경쟁을 피하기가 쉽지는 않으나 이제는 관점을 바꾸어야 할 시대이다.

경쟁심을 버리고, 더 확실한 경쟁력을 갖추면 된다. 그 전략은 바로 유일한 존재인 Only one이 되는 것이다. 선수들 여럿이 같은 출발선에서 앞만 보고 뛰면 결승점에 도달하고, 거기엔 반드시

순위가 매겨진다. 하지만 이어령 교수님의 말씀처럼 선수들이 원 모양으로 동그랗게 서서 각자 바라보는 방향으로 뛰면 모두가 일 등을 하게 된다. 이 레이스의 진정한 일인자가 되기 위해선 힘들어 서 쉬고 싶어도 참고, 희망이 보이질 않아서, 끝이 어디인지 몰라 잠시 멈추어도 된다고 말하고 싶은 '나'를 이겨야 할 것이다. 이렇 게 진정한 경쟁 상대를 자신으로 두고 어제보다 더 성장할 나, 어 제보다 더 가능성을 발견해가는 나에 집중해야 한다.

이 책에서 공유한 많은 정보와 경험과 노하우가 당신에게 어떤 영향을 끼칠지는 아직 가늠할 수 없다. 그저 저자로서의 소망은 '아, 이런 길을 가는 사람이 있구나. 제한된 길에서 이런 노력을 했 구나. 나도 껍질을 깨고 나가볼까?'라는 움직임이 일어나는 것이 다. 자신의 가능성을 찾고, 남과 다른 아이디어를 찾아 기획과 실행 으로 나아가 보길 바란다. 그런 노력이 최고가 아닌 유일한 당신을 찾는 과정이 되어줄 것이다.

교육의 상향평준화를 목표로 시작한 오늘과내일의학교는 전국 의 선생님, 학생, 학부모, 교육전문가가 밴드라는 한 공간에 공존하 고 있다. 여기서 자료를 공유하고 자녀 교육정보와 새로운 소식을 나누며, 질문하며 소통한다. 누군가 꺼내 놓은 고민과 질문에 서로 시간과 마음을 내어 진심으로 도와준다. 세상은 보이는 것으로 인 해 자칫 그것들이 이 세상을 움직인다고 착각하게 만드나, 진정으 로 세상을 바꾸고 움직이게 하는 것은 보이지 않는 것들이다. 우리가 만든 상향평준화의 이상(理想)과 노력이 변화하게 만들 것이다.

우리는 자주 남에게 더 멋져 보이려, 늙어져 가는 외모를 유지하려, 더 날씬해 보이려 나타나는 것을 바꾸려고 노력한다. 그러나 진정 필요한 것은 생각을 바꾸고 그것을 디자인하는 것이다. 질문을 던져보자. 익숙한 것에, 습관화된 것에서 파문이 일어나게 된다.

스탠포드 대학의 연구 결과에 따르면, 사람은 나이가 들어갈수록 어릴 때보다 질문이 적어진다고 한다. 5살 어린아이는 하루 평균 65번 내외의 질문을 하지만, 그들이 자라 나이를 먹고 45세가 되면 질문이 현저히 줄어 5~6번 정도가 된다. 40년 동안 무려 90%의 질문 가능성이 사라지는 것이다. 늙는 것도 서러운데, 주변에 대한 호기심과 궁금함이 없어져 간다.

"원래 그런 거야."
"당연한 일이야."
"물론이지."

라는 말로 모든 질문이 대체된다. 삶을 바라보는 시각도, 세상을 바라보는 아이디어도 모두 그 속에 갇힌다. 남들이 하는 대로 좋은 집, 좋은 차, 돈을 더 많이 벌어서 갖기에 집착하고 이를 생애 최고의 목표로 여기며 살아가는 모습은 아닌지……

호기심이 없어지면서 궁금함도, 삶에 대한 명상도, 열정도 희미해진다. 열정을 잃어버리면서 삶의 회의가 늘고 소소한 즐거움도 사라진다. 우리가 스스로 뒤집지 않으면 외부에서 오는 자극과 영향으로 우리 마음도 뒤집혀지고 만다. 이대로 순응하고 있을 것인가? 세상을 움직이는 본질을 찾아 나의 가치를 재해석하고 업데이트해야 한다. 이것이 내 삶과 가치를 디자인하는 방법이다.

세상이 만들어 낸 것에 따라가지 말자. 나를 재해석하고, 일어나는 일을 다른 관점에서 바라보고, 디자인하자. 다른 사람이 만들어 놓은 법칙을 따라 살기보단 다른 눈으로 바라보자. 이 책을 읽으면서 느낀 점을 상기하고 실행 계획을 세워 진짜로 해 보는 것이다. 그러면 여러분의 세상도 디자인 되어질 것이다. 진짜 Only one이 되어질 것이다.

그날을 기대한다.

초판 1쇄 발행 2022년 5월 15일

지은이　　안혜숙 정동완
펴낸이　　꿈구두
펴낸곳　　꿈구두
디자인　　안혜숙 맨디디자인

출판등록　2019년 5월 16일, 제 2019-000010호
블로그　　https://blog.naver.com/edu-atoz
이메일　　edu-atoz@naver.com

ISBN　　979-11-91607-20-8

MEMO ● ● ●